Tim Thabe

Bewertung von Kreditrisiko bei unvollständiger Information

GABLER EDITION WISSENSCHAFT

Tim Thabe

Bewertung von Kreditrisiko bei unvollständiger Information

Zahlungsunfähigkeit, optimale Kapitalstruktur und Agencykosten

Mit einem Geleitwort von Prof. Dr. Dr. h. c. Wolfgang Bühler

Deutscher Universitäts-Verlag

Bibliografische Information Der Deutschen Nationalbibliothek
Die Deutsche Nationalbibliothek verzeichnet diese Publikation in der Deutschen Nationalbibliografie; detaillierte bibliografische Daten sind im Internet über <http://dnb.d-nb.de> abrufbar.

Dissertation Universität Mannheim, 2006

1. Auflage September 2007

Lektorat: Frauke Schindler / Stefanie Brich

Der Deutsche Universitäts-Verlag ist ein Unternehmen von Springer Science+Business Media.
www.duv.de

Umschlaggestaltung: Regine Zimmer, Dipl.-Designerin, Frankfurt/Main
Gedruckt auf säurefreiem und chlorfrei gebleichtem Papier
Printed in Germany

ISBN 978-3-8350-0847-2

Geleitwort

Herr Thabe befasst sich in seiner Dissertationsschrift mit der Bewertung von ausfallgefährdeten Fremdkapitaltiteln und damit mit einem zentralen Thema des Finance, das die Bereiche Asset Pricing, Corporate Finance und Banking gleichermaßen betrifft. Er erweitert in seiner Arbeit typische Strukturmodelle, wie sie von Merton (1974), Black/Cox (1976), Leland (1994) und Duffie/Lando (2001) u.a. entwickelt wurden, um den zusätzlichen Insolvenzgrund "Zahlungsunfähigkeit". Die Schwierigkeit besteht dabei, diese Modelle in balancierter und ökonomisch überzeugender Weise um Friktionen zu erweitern. Der Autor wählt hierzu den folgenden Modellrahmen: Zwischen dem im Interesse der Altaktionäre handelnden Management und den neuen Kapitalgebern bestehen Informationsasymmetrien hinsichtlich des wahren Unternehmenswertes. Diese können durch eine Due-Diligence-Maßnahme beseitigt werden, deren Kosten zunächst von den neuen Kapitalgebern zu tragen sind. Ob eine Due Diligence durchgeführt wird, hängt insbesondere von der Höhe der unverzerrten, aber verrauschten Bilanzinformation ab. Zahlungsunfähigkeit tritt ein, wenn das erwartete Ergebnis der Due Diligence unter Berücksichtigung eines sich anschließenden Verhandlungsprozesses über die Emissionskonditionen die von den externen Financiers zu leistenden Zahlungen nicht deckt.

Die Entwicklung dieses einfaktoriellen Strukturmodells, in dem zusätzlich zur Überschuldung die Zahlungsunfähigkeit als eigenständige Insolvenzursache berücksichtigt wird, stellt den wesentlichen theoretischen Beitrag der Dissertationsschrift von Herr Thabe zur Literatur dar. Das von ihm entwickelte neue Modell ist aber auch von hoher praktischer Relevanz, da in der Bundesrepublik ca. 90% der Ausfälle von Aktiengesellschaften auf einer Zahlungsunfähigkeit und nicht auf einer üblicherweise in Strukturmodellen erfassten Überschuldung beruhen. Mit Hilfe seines Modells analysiert der Autor drei große Fragenkreise:

- Welchen Einfluss besitzt die zusätzliche Ausfallursache "Zahlungsunfähigkeit" auf den Wert des verschuldeten Unternehmens, den Wert des Eigenkapitals, den Wert des Fremdkapitals und auf die Höhe der Credit Spreads im Primärmarkt?

- Welchen Einfluss besitzt eine mögliche Zahlungsunfähigkeit auf die Werte der Finanztitel im Sekundärmarkt?
- Welche Konsequenzen besitzt eine mögliche Zahlungsunfähigkeit für die optimale Kapitalstruktur und für die Höhe der Agencykosten?

Mit der Beantwortung dieser drei Fragenkreise leistet die Arbeit von Herrn Thabe einen hervorragenden Beitrag zur Bewertung von Fremdkapitaltiteln, zur optimalen Kapitalstruktur und zur Begründung endogener Agencykosten. Die erzielten Ergebnisse sind teilweise sehr überraschend, lassen sich aber durchgängig mit Hilfe eines einheitlichen Argumentationsmusters begründen. Ich wünsche der Dissertationsschrift von Herrn Thabe eine wohlwollende Aufnahme im Markt der Dissertationsschriften. Sie hat es verdient.

Prof. Dr. Dr. h.c. Wolfgang Bühler

Vorwort

Die vorliegende Arbeit ist das Ergebnis meiner fast vierjährigen Tätigkeit als wissenschaftlicher Mitarbeiter am Lehrstuhl für Finanzierung an der Universität Mannheim. Sie wurde in der vorliegenden Form im Dezember 2006 von der betriebswirtschaftlichen Fakultät zur Promotion angenommen.

Mein erster Dank gebührt meinem Betreuer und wissenschaftlichen Mentor, Professor Dr. Dr. h.c. Wolfgang Bühler, ohne den ich dieses Projekt wohl nicht begonnen und mit Sicherheit nicht in dieser Form beendet hätte. Ich habe von ihm während meiner Zeit in Mannheim sehr viel gelernt und profitiere immer noch und immer wieder von den gesammelten Erfahrungen. Sein kritischer Blick hat wesentlich dazu beigetragen, dass ich viele Aspekte meiner Arbeit immer wieder hinterfragt habe, was einen entscheidenden Einfluss auf das Ergebnis hatte.

Besonderer Dank gilt darüber hinaus Professor Dr. Peter Albrecht, der trotz einer sehr kurzen Bearbeitungsfrist das Korreferat für diese Arbeit übernommen hat.

Ohne meine Kollegen am Lehrstuhl für Finanzierung wäre die Zeit dort nur halb so schön und wahrscheinlich doppelt so lang gewesen. Mein Dank für all die Unterstützung und Hilfe über die Jahre gilt Marion Baierlein, Martin Birn, Jens Daum, Christoph Engel, Sebastian Herzog, Christoph Heuman, Prof. Dr. Olaf Korn, Jens Müller-Merbach, Stephan Pabst, Marcel Prokopczuk, Monika Trapp, Prof. Dr. Marliese Uhrig-Homburg und Volker Vonhoff. Zweien meiner ehemaligen Kollegen bin ich zu besonderem Dank verpflichtet. Dr. Christian Koziol hat mich im Frühjahr 2001 erst auf die Idee gebracht, eine Promotion in Mannheim in Betracht zu ziehen, und mich davon überzeugt, dass die enge Zusammenarbeit am Lehrstuhl große Vorteile haben kann. Dr. Peter Sauerbier hat Christians Vorhersage wahr gemacht, indem er an entscheidender Stelle die eine Idee hatte, die mir noch gefehlt hat, um mein Modell über den Berg zu bringen. Vielen Dank euch beiden!

Natürlich gibt es auch in meinem privaten Umfeld eine ganze Reihe von Menschen, die wesentlichen Anteil an dieser Arbeit haben. Ich möchte insbesondere meiner Familie danken, die jederzeit an mich geglaubt und mich nach Kräften unterstützt hat. Dr. Carolin

Weinmann hat mich ein gutes Stück des Weges begleitet und die Zeit der anfänglichen Rückschläge und Frustrationen wahrscheinlich am direktesten erlebt.

Last but in no way least geht mein herzlichster Dank an meine Verlobte Anne Reiser. Du bist das Beste, was mir in meiner Zeit in Mannheim passiert ist, und ich bin Dir unendlich dankbar, dass du den Umzug nach London auf dich genommen hast, um bei mir zu sein. Dieses Buch ist für Dich.

Tim Thabe

Inhaltsverzeichnis

Symbolverzeichnis

$\tilde{B}_t$	möglicher Bilanzwert im Zeitpunkt t
B_t	realisierter Bilanzwert im Zeitpunkt t
B_t^*	kritischer Bilanzwert im Zeitpunkt t
C	Kosten der Sonderprüfung im Kupontermin
$EK(V_{ti})$	(Markt-)Wert des Eigenkapitals im Zeitpunkt t und Zustand i
$FK(V_{ti})$	Marktwert des Fremdkapitals im Zeitpunkt t und Zustand i
FK	Nominalwert des Fremdkapitals
K	Nominalwert des Kupons
m	langfristige Unternehmensrendite
p	risikoneutrale Wahrscheinlichkeit einer Aufwärtsbewegung
P	Wahrscheinlichkeit
r	risikoloser Zinssatz
s	Unternehmenssteuersatz
t	beliebiger Zeitpunkt
T	Fälligkeitszeitpunkt des Fremdkapitals
$\tilde{U}$	Störgröße bei der Bilanzerstellung
V_{ti}	Wert der Aktiva des Unternehmens im Zeitpunkt t und Zustand i
V_B	Ausfallschranke bei Überschuldung
W	eindimensionaler Wiener Prozess
$Z(t)$	Rendite der Aktiva des Unternehmens
$\nu(V_{ti})$	(Markt-)Wert des verschuldeten Unternehmens ($= EK(V_{ti}) + FK(V_{ti})$) im Zeitpunkt t und Zustand i
μ	kurzfristige erwartete Unternehmensrendite
κ	Standardabweichung von $\tilde{U}$
η	Marktmacht der potentiellen Neuaktionäre
ρ	Insolvenzquote
σ	Volatilität der Unternehmensrendite
τ	Ausfallzeitpunkt des Unternehmens
$\Theta(V_{ti})$	Anteil der Neuaktionäre am Unternehmen im Zeitpunt t und Zustand i

Abbildungsverzeichnis

Tabellenverzeichnis

Kapitel 1

Einleitung und Motivation

Die Bewertung ausfallrisikobehafteter Fremdkapitalansprüche ist ein seit langer Zeit diskutiertes Problem. Seit Black/Scholes (1973) und Merton (1974) wird Fremdkapital in sogenannten Strukturmodellen als Derivat auf das Vermögen des emittierenden Unternehmens interpretiert. Hierbei wird in der Regel unterstellt, dass der Wert der Aktiva des Unternehmens als exogene Variable einem Diffusionsprozess folgt. Der Ausfall des Unternehmens (Insolvenz) tritt ein, wenn der Wert der Aktiva eine untere Schranke unterschreitet. Kreditrisiko entsteht in dieser Modellklasse dadurch, dass der Wert der Vermögensgegenstände des Unternehmens, die als Haftungsmasse für die Gläubiger dienen, unter Umständen nicht ausreicht, um die Forderungen der Gläubiger zu befriedigen. Während die Begründung des Ausfalls durch eine sich stetig verschlechternde Vermögensposition des Schuldners ökonomisch sinnvoll und realistisch erscheint, lassen die Ergebnisse bei der Modellierung zu wünschen übrig. Sofern man keine unvorhersehbaren Sprünge für den Unternehmenswertprozess unterstellt, wird ein Ausfall kurzfristig vorhersehbar.

Diese Vorhersehbarkeit führt im Ergebnis dazu, dass Strukturmodelle nicht mit positiven Ausfallintensitäten verbunden sind und somit für kurze Laufzeiten risikolose Fremdkapitalrenditen liefern, die in dieser Form am Markt nicht beobachtet werden[1]. Auch sind die frühen Erweiterungen des Grundmodells von Merton (1974), wie z.B. die Modelle von Black/Cox (1976) und Geske (1977), nicht in der Lage, für realistische Parameter die am Markt beobachteten Renditen zu erklären, oder wenn, dann nur zu Lasten unrealistisch hoch angenommener Insolvenzkosten. Modellerweiterungen, die die Ausfallschranke endogenisiert, Zinsrisiko eingeführt und Abweichungen vom Vorrecht der Gläubiger auf

[1] Vgl. z.B. Eom/Helwege/Huang (2004).

bevorrechtigte Bedienung im Insolvenzfall zugelassen haben, generieren höhere Risikozuschläge, führen aber nicht zu akzeptablen Risikoprämien für kurze Restlaufzeiten.

Als Alternative zu den Strukturmodellen verfolgen die sogenannten Reduktionsmodelle einen anderen Ansatz bei der Bewertung ausfallgefährdeter Anleihen. Die Modellierung erfolgt hier auf Basis von Sprungprozessen, wobei der Ausfallzeitpunkt des Fremdkapitals durch den Sprungzeitpunkt des unterliegenden Prozesses bestimmt wird. Die exogen unterstellte Intensität des Sprungprozesses bestimmt somit die Ausfallintensität der zu bewertenden Fremdkapitalien. Reduktionsmodelle sind in der Lage, Risikoaufschläge auch für kurze Laufzeiten zu erklären, da ein Ausfall bei positiver Sprungintensität jederzeit möglich ist. Sofern die Zahlung an die Gläubiger im Insolvenzfall unter dem Wert der Anleihe vor dem Ausfall liegt, gehen die Inhaber der Anleihen in jedem Moment ein Risiko ein und verlangen entsprechend auch für kurze Laufzeiten Risikoaufschläge (Spreads). Während die Ergebnisse der Reduktionsmodelle somit realistischer sind als die der Strukturmodelle, bleibt bei diesen Modellen die ökonomische Ausfallursache unklar. Dies stellt zwar für die Bewertungspraxis kein Problem dar, ist aus ökonomischer Sicht aber unbefriedigend.

Einige Autoren haben in der jüngeren Vergangenheit versucht, die Vorteile der beiden Modellklassen zu kombinieren, indem ihre Modelle die Ausfallursache ökonomisch fundieren und trotzdem "kurzfristige Risikolosigkeit" vermeiden. Zu dieser hybriden Modellklasse zählen unter anderem die Arbeiten von Madan/Unal (2000), Duffie/Lando (2001), Giesecke (2001) und Cathcart/El-Jahel (2002). Duffie/Lando (2001) konnten zeigen, dass es durch die Modellierung einer unvollständigen Informationssituation bzgl. des Unternehmenswertes gelingt, eine Ausfallintensität in einem Strukturmodell zu generieren, ohne die Stetigkeit des Unternehmenswertprozesses und/oder der Ausfallschranke in Frage zu stellen. Positive Spreads für kurze Laufzeiten im Sekundärmarkt ergeben sich in ihrem Modell dadurch, dass die Gläubiger den Wert des Unternehmens nicht genau beobachten können und daher jederzeit mit einem Ausfall rechnen müssen, der von den besser informierten Managern des Unternehmens in deren Sinne optimal ausgelöst wird. Giesecke (2001) erweitert den Ansatz von Duffie/Lando (2001) um eine ungewisse Ausfallschranke.

Die vorliegende Arbeit wird das Konzept der unvollständigen Information bezüglich des Unternehmenswertes von Duffie/Lando (2001) aufgreifen und weiterführen. Ausgangspunkt ist dabei die Behandlung der verfügbaren öffentlichen Informationen im Primär- und Sekundärmarkt im Modell von Duffie/Lando (2001). Während sich im Primärmarkt der Emissionskurs, das Emissionsvolumen und damit die optimale Kapitalstruktur unter der Annahme vollständiger Information aller Beteiligten über den wahren Unternehmenswert einstellt, findet die Bewertung am Sekundärmarkt auf Basis von unvollständiger Information statt. Der Beitrag unserer Arbeit zur Literatur besteht in zwei wesentlichen Punkten. Erstens berücksichtigen wir die Effekte unvollständiger Information im Sekundärmarkt auf die Preisfindung am Primärmarkt, indem wir die Deckung zukünftiger Auszahlungsverpflichtungen nur durch neue Eigenkapitalgeber zulassen. Zweitens erweitern wir die Insolvenzursache "Überschuldung" um die empirisch bedeutsamere Insolvenzursache "Zahlungsunfähigkeit". Zahlungsunfähigkeit findet in der Regel in dynamischen Modellen keine eigenständige Beachtung, da nicht überschuldete Unternehmen in friktionslosen Welten immer neues Eigenkapital aufnehmen können, um ihren Zahlungsverpflichtungen nachzukommen. Wir begründen Zahlungsunfähigkeit dadurch, dass unvollständig informierte Agenten mit ihren Handlungen einen Einfluss auf das Unternehmen haben. Die aus ihrer Sicht rationalen Handlungen können zu Zahlungsunfähigkeit bei einem nicht überschuldeten Unternehmen führen.

Die unvollständige Information führt somit zu Zahlungsunfähigkeit auch ohne gleichzeitige Überschuldung und wirkt sich so im Gegensatz zu den Modellen von Duffie/Lando (2001) und Giesecke (2001) auf den Wert einer Fremdkapitalemission im Primärmarkt aus. Auf diese Art und Weise erreichen wir bei der Modellierung einen Einfluss der Informationsunsicherheit sowohl auf den Wert des Unternehmens als auch auf die optimale Kapitalstruktur. Diesen Zusammenhang nutzen wir, um den Effekt verschiedener Grade von Informationsunsicherheit auf die optimale Kapitalstruktur des Unternehmens zu untersuchen, und die Kosten der Informationsunsicherheit zu ermitteln.

Die Arbeit ist im Weiteren wie folgt aufgebaut. **Kapitel 2** legt zunächst die notwendigen Grundlagen der Bewertung ausfallrisikobehafteter Ansprüche gegen Unternehmen und gibt einen Überblick über die relevante Literatur. **Kapitel 3** beschreibt darauf aufbauend aus unserer Sicht die Lücken in der bestehenden Literatur und definiert die Ziele für die Entwicklung unseres Modells. Im Anschluss entwickeln wir ausführlich ein Modell mit unvollständiger Information, das die von uns identifizierten Lücken in der bestehenden Literatur und die vorgegebenen Ziele adressiert. **Kapitel 4** beschreibt die Bewertung ausfallrisikobehafteter Ansprüche gegen Unternehmen in unserem Modell bei unvollständiger Information. Hierbei gehen wir sowohl auf die Bewertung zum Zeitpunkt der Emission im Primärmarkt als auch auf die Bewertung im Sekundärmarkt zu einem späteren Zeitpunkt ein. Eine ausführliche numerische komparativ statische Untersuchung unterstützt das Verständnis des Modells und zeigt zahlreiche unerwartete Aspekte der Bewertung bei unvollständiger Information auf. **Kapitel 5** behandelt das Thema der optimalen Kapitalstruktur bei unvollständiger Information. Wir erläutern, wie die optimale Kapitalstruktur in unserem Modell zu ermitteln ist, und beschreiben die Effekte einer optimalen Kapitalstruktur auf das beobachtete Modellverhalten. Ebenfalls im Rahmen dieses Kapitels ermitteln wir die Kosten der unvollständigen Information, da diese unter der Prämisse einer optimalen Verschuldung errechnet werden. Die Ergebnisse unserer Modellierung werden auch hier mit einer komparativ statischen Untersuchung unterlegt. **Kapitel 6** beschließt die Arbeit mit einem Fazit und einem Ausblick.

Kapitel 2

Bewertung von riskanten Kapitalansprüchen gegen Unternehmen

2.1 Finanzierungsbeziehungen und Risiken

Unternehmen benötigen zur Erfüllung ihrer realwirtschaflichen Aufgaben finanzielle Mittel, die ihnen in Form von Eigen- und Fremdkapital von Investoren zur Verfügung gestellt werden. Die Unternehmen als Kapitalnehmer streben nach Wertschöpfung, indem sie Projekte durchführen, die mindestens die Kosten des Kapitals erwirtschaften. Positive Kapitalwerte lassen sich hierbei entweder bei der Investition, also auf der Aktivseite des Unternehmens, oder bei der Finanzierung auf der Passivseite erreichen. Hat ein Unternehmen beispielsweise exklusiven Zugang zu einer Technologie, sind durch den so eingeschränkten Wettbewerb Projekte denkbar, die mehr als die risikoadäquate Rendite und somit positive Kapitalwerte liefern. Positive Kapitalwerte auf der Passivseite ergeben sich, wenn Unternehmen ihr Kapital zu günstig bekommen. Zu günstig bedeutet in diesem Fall, dass die Investoren keine faire Entschädigung für das eingegangene Risiko erhalten und das Unternehmen bzw. die übrigen Kapitalgeber davon profitieren.

Die Frage nach der fairen Entschädigung für eingegangenes Risiko wird uns im weiteren Verlauf dieses Kapitels im Besonderen, aber auch im Verlauf der gesamten folgenden Arbeit im Allgemeinen beschäftigen. Der Fokus der Betrachtung wird hierbei auf der Fremdkapitalbeziehung zwischen einem Unternehmen als Schuldner und Investoren als Gläubigern liegen. Wir werden eine marktorientierte Sichtweise einnehmen, bei der sich die Konditionen dieser Finanzierungsbeziehung im Marktkontext bilden. Diesem Konzept hinterliegt die Vorstellung, dass viele potentielle Marktteilnehmer im Wettbewerb um lohnende Anlagemöglichkeiten stehen und sich faire Preise und Renditen in Kredit- bzw. Anlagemärkten im Marktgleichgewicht einstellen[1].

Wir gehen weiterhin davon aus, dass die kreditnehmenden Unternehmen einer Rechtsform mit beschränkter Haftung unterliegen, was dazu führt, dass die Gläubiger lediglich einen Anspruch gegen das Unternehmen selbst besitzen, nicht aber gegen dessen Eigentümer oder Manager. Wenn sich die wirtschaftliche Lage des Unternehmens während der Laufzeit der Kapitalüberlassung verschlechtert und das Unternehmen seinen Verpflichtungen gegenüber den Gläubigern nicht nachkommen kann, haben diese somit kein Durchgriffsrecht auf Dritte. Die Gläubiger gehen daher bei der Kapitalüberlassung das Risiko ein, die verliehenen Mittel und die vereinbarte Verzinsung gar nicht, nur unvollständig oder zumindest nicht termingerecht zu erhalten. Eine Situation, in der das Unternehmen seinen vertraglichen Verpflichtungen gegenüber seinen Gläubigern nicht nachkommen kann, werden wir im Folgenden als Ausfall des Unternehmens bezeichnen. Einem Ausfall nach unserem Verständnis entspricht der juristische Tatbestand der Insolvenz, auf den im Weiteren noch genauer einzugehen sein wird. Einen ausfallrisikobehafteten Anspruch zeichnet somit aus, dass seine vollständige und fristgerechte Bedienung nicht garantiert ist, sondern von der wirtschaftlichen Lage des Unternehmens abhängt.

Ausfallrisikobehaftete Ansprüche bestehen nicht nur gegen Unternehmen, sondern auch gegen Staaten und staatliche Institutionen, wie die Beispiele des Zahlungsverzugs bzw. -ausfalls von Russland und Argentinien in den letzten Jahren sehr deutlich gemacht haben. Andererseits gibt es aber auch Unternehmen, für die sich auf Grund ihrer ausgezeichneten Bonität ein Ausfall in absehbarer Zeit mit hoher Wahrscheinlichkeit ausschließen lässt und die man entsprechend ebenso als ausfallrisikolos bezeichnen könnte. Wir werden im Folgenden lediglich Unternehmen betrachten und diese stets als ausfallrisikobehaftet ansehen, unabhängig davon wie gut ihre Bonität ist. Die faire Risikoprämie für ausfallrisikobehaftete Ansprüche werden wir relativ zu einer ausfallrisikolosen Alternativanlage messen. Unter dieser Alternative kann man sich beispielsweise eine Staatsanleihe eines Schuldners mit erstklassiger Bonität wie den USA oder Deutschland vorstellen, für die ein Zahlungsausfall praktisch ausgeschlossen ist. Beim Vergleich der Rendite einer Unternehmensanleihe mit diesem ausfallrisikolosen Instrument werden wir Unterschiede in der Liquidität der

[1] Alternativ könnte man eine entscheidungsorientierte Sichtweise einnehmen, die das Entscheidungsverhalten der kreditgebenden Instanz, bspw. einer Bank, in den Mittelpunkt stellt. Zu Unterschieden und Gemeinsamkeiten der beiden Sichtweisen vgl. Uhrig-Homburg (2001), S. 3 ff.

Instrumente, für die Investoren unter Umständen weitergehende Entschädigungen verlangen würden, nicht betrachten[2].

Die ersten Schritte auf dem Weg zur Bewertung ausfallrisikobehafteter Ansprüche gegen Unternehmen werden im Folgenden darin bestehen, sich zunächst klar zu machen, woher das Ausfallrisiko stammt, wie ein Ausfall letztendlich zu Stande kommt und was die Konsequenzen aus einem Ausfall für die Investoren sind. Im Anschluss daran werden Modelle zur Bewertung von Kreditrisiken diskutiert, eine Thematik, die schon seit langer Zeit Gegenstand intensiver Diskussionen ist.

Die offensichtlichsten Risiken, die Unternehmen[3] im Zuge ihrer Tätigkeit eingehen, sind die realwirtschaftlichen, die das Vermögen der Unternehmen betreffen. Hierunter verstehen wir zum Beispiel Preis-, Mengen- und Absatzrisiken, die das operative Geschäft eines Unternehmens mit sich bringt. Diese Risiken sind Ursache dafür, dass die Aufwendungen und Erträge des Unternehmens schwanken und das Vermögen des Unternehmens somit einem Gewinnrisiko ausgesetzt ist. Während das Vermögen in guten Zeiten durch die (tesaurierten) Gewinne anwächst, schrumpft es in schlechten Zeiten als Folge der Verluste. Eine Vielzahl von Arbeiten hat sich mit dieser Klasse von Risiken und den Möglichkeiten ihrer Vermeidung beschäftigt. Zu nennen sind hierbei zum Beispiel Arbeiten zum Thema Hedging von Rohstoffpreis- oder Währungsrisiken[4].

Als eine zweite Klasse von Risiken verstehen wir die finanzwirtschaftlichen Risiken. Diese Risiken entstehen, wenn sich das Management eines Unternehmens entschließt, Projekte oder das Unternehmen selbst teilweise mit Fremdkapital zu finanzieren. Bei reiner Eigenfinanzierung gehen Vermögensänderungen vollständig zu Gunsten oder zu Lasten des Eigenkapitals. Zahlungsverpflichtungen aus dem Geschäftsbetrieb werden aus dem Vermögen des Unternehmens bedient, und da sich das Unternehmen seinen Aktionären gegenüber zu keinerlei Zahlungen verpflichtet hat, kann ein Ausfall nicht stattfinden[5]. Diese Situation ändert sich grundsätzlich, sobald das Unternehmen Fremdkapital aufnimmt. Da das Vermögen des Unternehmens als einzige Haftungsmasse für die Gläubiger dient, ist ihr Anspruch gefährdet, sobald der Wert des Vermögens unter den Wert der Zahlungsverpflichtung an die Fremdkapitalgeber fällt. Hierbei ist intuitiv verständlich, dass die

---

[2] Zur Frage nach fairen Liquiditätsprämien vgl. z.B. Bühler/Sauerbier (2003).

[3] Wir beziehen uns im weitern Verlauf dieses Abschnitts auf den einfachsten Fall eines Unternehmens in einer Black/Scholes/Merton-Welt das nur durch Überschuldung ausfallen kann.

[4] Vgl. z.B. Korn (2004) oder Gebhardt/Mansch (2001).

[5] Wir unterstellen an dieser Stelle, dass keinerlei Verbindlichkeiten bestehen, was auch kurzfristige Lieferantenkredite oder Ähnliches umfasst. Da das Vermögen des Unternehmens nicht negativ werden kann, ist ein Ausfall folglich nicht möglich.

finanzwirtschaftlichen Risiken mit zunehmender Fremdfinanzierung eines Unternehmens zunehmen, da immer höhere Ansprüche der Gläubiger zu befriedigen sind.

Man kann sich leicht klar machen, dass real- und finanzwirtschaftliche Risiken zusammenkommen müssen, damit ein Unternehmen einem Ausfallrisiko unterliegt. Wenn die realwirtschaftlichen Aktivitäten eines rein eigenfinanzierten Unternehmens unrentabel sind, kann es zwar sein, dass das Unternehmen von den Aktionären liquidiert wird, ein Ausfall im Sinne einer Insolvenz ist aber nicht möglich. Gleiches gilt für ein Unternehmen, das lediglich einem finanzwirtschaftlichen Risiko im Sinne von Fremdfinanzierung unterliegt, aber nur sichere Projekte durchführt und somit keinem realwirtschaftlichen Risiko ausgesetzt ist. In einer solchen Situation ist die zukünftige Geschäftsentwicklung des Unternehmens keine unsichere Größe und der Wert des Unternehmensvermögens zum Zeitpunkt der Fälligkeit des Fremdkapitals steht fest. Das Unternehmen hat die Möglichkeit, Vermögensgegenstände zu liquidieren um die Forderungen der Gläubiger zu erfüllen, und wird dies tun, da die Gläubiger einen vertraglichen Anspruch auf Rückzahlung haben, den sie anderenfalls auch gerichtlich durchsetzen könnten. Es besteht zum Rückzahlungstermin deshalb kein Risiko, weil von vornherein fest steht, ob das Vermögen ausreicht, um alle Verbindlichkeiten zu bedienen. Im Fall, dass das Vermögen nicht ausreicht, wird das Unternehmen zwar ausfallen, dies kann aber nicht als Risiko betrachtet werden, da der Ausfall unter den getroffenen Annahmen mit Sicherheit vorhersehbar war. In diesem Sinne ist es das Zusammentreffen von finanz- und realwirtschaftlichen Risiken, das dafür sorgt, dass Fremdkapitalansprüche gegen Unternehmen ausfallrisikobehaftet sind.

Es sind eine ganze Reihe weiterer Risiken denkbar, deren Realisierung dafür verantwortlich sein kann, dass die Bedienung eines Fremdkapitalanspruchs gegen ein Unternehmen nicht vertragsgemäß erfolgt. Zu nennen wären hier zum Beispiel Verhaltensrisiken des Managements, das die geliehenen Mittel anderer Verwendung zuführt anstatt das angekündigte Projekt durchzuführen. Höhere Gewalt, wie beispielsweise ein Krieg oder ein Erdbeben, lässt sich schwerlich unter realwirtschaftlichen Risiken subsumieren und ist entsprechend ebenso zu unterscheiden. Wir werden uns im Folgenden jedoch auf die Betrachtung der real- und finanzwirtschaftlichen Risiken konzentrieren und wenden uns zunächst einer genaueren Definition des Ausfallereignisses und seiner Auslöser zu.

2.2 Insolvenzbegriff und -ursachen

Von der Insolvenz eines Schuldners spricht man, wenn dieser nicht in der Lage ist, alle Gläubiger zu befriedigen. Ein Insolvenzverfahren dient dazu "die Gläubiger eines Schuldners gemeinschaftlich zu befriedigen, indem das Vermögen des Schuldners verwertet und verteilt oder in einem Insolvenzplan eine abweichende Regelung, insbesondere zum Erhalt des Unternehmens, getroffen wird"[6]. Ziel eines Insolvenzverfahrens ist somit eine gemeinschaftliche Befriedigung der Gläubiger, ein "Wettlauf der Gläubiger" auf das Vermögen des Schuldners soll verhindert werden.

Die in Deutschland seit dem 1. Januar 1999 gültige Insolvenzordnung (InsO) kennt drei Insolvenztatbestände:

- Zahlungsunfähigkeit
- Überschuldung
- drohende Zahlungsunfähigkeit

Insolvent ist laut Insolvenzordnung, wer zahlungsunfähig ist[7], juristische Personen außerdem bei Überschuldung[8]. Während der Tatbestand der Zahlungsunfähigkeit somit unabhängig von der Rechtsform ist, kann Überschuldung nur bei Unternehmen auftreten, deren Haftung auf das Vermögen der Gesellschaft beschränkt ist. Dies gilt für Kapitalgesellschaften und solche Personengesellschaften, bei denen keine natürliche Person haftet, wie beispielsweise einer GmbH & Co. KG.

Zahlungsunfähig ist nach dem Wortlaut des Gesetzes, wer "nicht in der Lage ist, die fälligen Zahlungspflichten zu erfüllen"[9]. Der BGH[10] hat in einem Urteil von 1956 klar gestellt, dass Zahlungsunfähigkeit zu verstehen ist als "das auf dem Mangel an Zahlungsmitteln beruhende, dauernde Unvermögen des Schuldners, seine sofort fälligen Geldschulden im Wesentlichen zu begleichen". Der Hinweis auf das dauernde Unvermögen ist hierbei zu verstehen als Abgrenzung gegenüber einer Zahlungsstockung. Allerdings ist unklar, wie lange eine Zahlungsstockung dauern darf, ohne zur Zahlungsunfähigkeit zu werden. Vorschläge hierzu reichen von einer Woche bis zu drei Monaten, wobei die Umstände des Einzelfalles zu berücksichtigen sind[11]. Das Merkmal der Wesentlichkeit impliziert, dass Zahlungsunfähigkeit nicht schon gegeben sein soll, wenn eine geringfügige Nichterfüllung der Zahlungsverpflichtungen vorliegt. Auch hier gibt es wieder Interpretationsspielraum[12],

6 § 1 Abs. 1 InsO.
7 § 17 InsO.
8 § 19 InsO.
9 § 17 Abs .2, S. 1 InsO.
10 BGH-Urteil vom 5.11.1956.
11 Vgl. Drukarczyk/Schüler (1997), S. 67.
12 Größenordnungen zwischen 10% und 25% werden in diesem Zusammenhang genannt. Vgl. Drukarczyk/Schüler (1997), S. 67.

wie weit die vollständige Erfüllung unterschritten werden kann, ohne Zahlungsunfähigkeit auszulösen.

Wenn keine vollständige Zahlungseinstellung vorliegt, muss die Zahlungsunfähigkeit im Zweifelsfall durch eine Prognose mittels eines Liquiditätsplanes ermittelt werden. In einem solchen Plan sind alle erwarteten Zahlungseingänge und alle fälligen und erwarteten Verbindlichkeiten zu berücksichtigen. Zahlungsunfähigkeit liegt nach jüngeren Gerichtsurteilen[13] bereits dann vor, wenn nur 5 % der Gläubiger nicht binnen einer Frist von zwei Wochen befriedigt werden können.

Der Tatbestand der drohenden Zahlungsunfähigkeit wurde mit dem Ersetzen der alten Konkursordnung durch die neue Insolvenzordnung eingeführt, um ein früheres Auslösen der Insolvenz zu ermöglichen und somit die Sanierungschancen zu erhöhen. Nach der Legaldefinition des §18 Abs. 2 InsO droht der Schuldner zahlungsunfähig zu werden, "wenn er voraussichtlich nicht in der Lage sein wird, die bestehenden Zahlungsverpflichtungen im Zeitpunkt der Fälligkeit zu erfüllen". Grundlage der hierzu erforderlichen Prognose ist ein Liquiditätsplan, in dem die Entwicklung der finanziellen Lage bis zum Zeitpunkt der Fälligkeit aller rechtlich bestehenden Verbindlichkeiten abzubilden ist. Auslöseberechtigt sind bei drohender Insolvenz lediglich die Schuldner, was ein Unter-Druck-Setzen der Schuldner durch die Gläubiger im Vorfeld verhindern soll. Eine Antragspflicht besteht im Unterschied zu den anderen beiden Insolvenztatbeständen (tatsächliche Zahlungsunfähigkeit und Überschuldung) nicht. Für die Schuldner wurden in der neuen Insolvenzordnung verschiedene Anreize geschaffen, um sie zu einem früh- bzw. rechtzeitigen Auslösen der Insolvenz zu bewegen[14].

Nach §19 Abs. 2, S.1 InsO liegt Überschuldung vor, "wenn das Vermögen des Schuldners die bestehenden Verbindlichkeiten nicht mehr deckt". Aus dieser gesetzlichen Vorschrift ist ersichtlich, dass zur Ermittlung der Überschuldung eine Überschuldungsbilanz zu erstellen ist, in der den Aktiva des Unternehmens die Passiva gegenüberzustellen sind[15]. Unklar ist jedoch zunächst, mit welchen Werten die Aktiva und die Schulden des Unternehmens anzusetzen sind, aus denen das so genannte Reinvermögen ermittelt werden soll. Der Gesetzgeber schreibt hierzu in §19 Abs. 2, S. 2 InsO: "Bei der Bewertung des Vermögens des Schuldners ist jedoch die Fortführung des Unternehmens zugrunde zu legen, wenn diese nach den Umständen überwiegend wahrscheinlich ist". Nach der herrschenden Meinung erfordert dies eine zweistufige Überschuldungsprüfung, die zunächst mittels einer

[13] Vgl. u. a. AG Köln, Beschluss vom 09.06.1999, ZIP 1999, 1889 ff.
[14] Vgl. Drukarczyk/Schüler (1997), S. 73 f.
[15] Vgl. Bork (1998), S. 45.

Fortbestehensprognose die Überlebenschancen des Unternehmens beurteilt. Die Fortbestehensprognose betrifft das laufende und das folgende Geschäftsjahr und beinhaltet eine Aussage darüber, ob das Unternehmen seine geschäftlichen Aktivitäten unter Einhaltung seiner Zahlungsverpflichtungen nachhaltig fortführen kann[16]. Die Fortführungsprognose ist daher im Sinne einer Zahlungsfähigkeitsprognose zu verstehen.

In der zweiten Stufe der Überschuldungsprüfung sind nun Vermögen und Schulden des Unternehmens in einem stichtagsbezogenen Vergleich zu Zeitwerten gegenüberzustellen. In Abhängigkeit des Ausgangs der Fortbestehensprognose sind entweder Fortführungs- oder Liquidationswerte anzusetzen, wobei allerdings in beiden Fällen die handelsrechtlichen Ansatz- und Bewertungsgrundsätze *nicht* maßgeblich sind[17]. Vielmehr sind bei positiver Fortbestehensprognose auch stille Reserven und Lasten aufzudecken, und alle Vermögenswerte werden auch dann mit ihrem Marktwert veranschlagt, wenn handelsrechtliche Bilanzierungsverbote bestehen[18]. Sogar ein darüber hinausgehender Firmenwert kann ausnahmsweise berücksichtigt werden, ist aber dann nach strengen Maßstäben zu bewerten[19].

Bei negativer Fortbestehensprognose sind Vermögenswerte und Schulden unter Liquidationsgesichtspunkten zu Veräußerungswerten anzusetzen, wobei Liquidationskosten und steuerliche Effekte zu berücksichtigen sind[20]. Überschuldung liegt schließlich dann vor, wenn der Vergleich der Vermögensgegenstände mit den Schulden des Unternehmens ein negatives Reinvermögen ergibt. Dies gilt unabhängig davon, ob als Folge des Ergebnisses der Fortbestehensprognose mit Forführungs- oder Liquidationswerten gerechnet wurde. Einen abschließenden Überblick über die zweistufige Überschuldungsprüfung gibt Abbildung 2.1.

In der Praxis treten die Insolvenzgründe Zahlungsunfähigkeit und Überschuldung häufig gemeinsam auf, was wahrscheinlich insbesondere daran liegt, dass es für überschuldete Unternehmen mit negativem Cashflow schwer sein dürfte, an frisches Fremd- oder Eigenkapital zu kommen, um zahlungsfähig zu bleiben. Allerdings gibt es genügend Beispiele aus der Praxis, in denen Zahlungsunfähigkeit unabhängig von Überschuldung auftritt. Einer der prominentesten Vertreter für diesen als Fall 3 in Abbildung 2.1 beschriebenen

---

[16] Vgl. z.B. Groß/Amen (2002).
[17] Vgl. z.B. Drukarczyk/Schüler (1997), S. 78.
[18] Vgl. z.B. Kochheim (1998), S. 3.
[19] Vgl. Fachausschuss Recht des Instituts der Wirtschaftsprüfer, "Empfehlungen zur Überschuldungsprüfung bei Unternehmen", S. 25.
[20] Vgl. Kochheim (1998), S. 3.

Abbildung 2.1: Überblick über die Überschuldungsprüfung

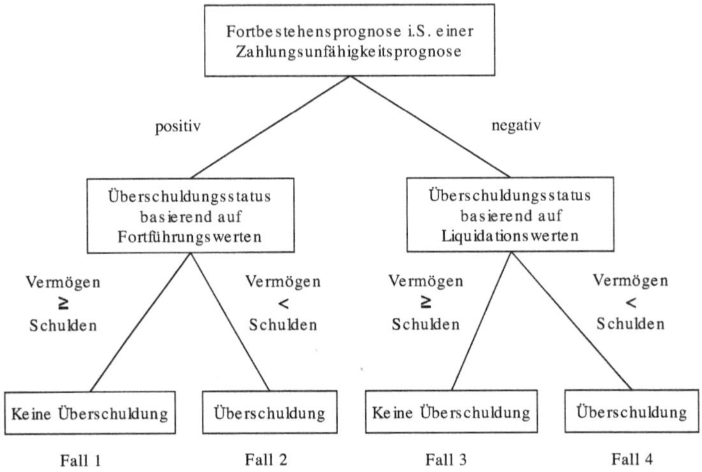

Sachverhalt ist der Konkursfall der Firma Borgward aus dem Jahre 1961, bei dem nach der Liquidation alle Gläubiger vollständig aus der Konkursmasse befriedigt werden konnten.

Während die gemeinsame Abbildung von Zahlungsunfähigkeit und Überschuldung keine Probleme bei der Modellierung bereitet und Überschuldung ohne Zahlungsunfähigkeit z.B. dadurch zu erklären ist, dass Manager Vermögensgegenstände veräußern können, um zahlungsfähig zu bleiben, ist eine modellkonsistente Erklärung von Zahlungsunfähigkeit ohne Überschuldung schwierig. In friktionslosen Märkten sollten sich stets Investoren finden, die einem nicht überschuldeten Unternehmen neue Mittel in Form von Eigen- oder Fremdkapital zur Verfügung stellen, ohne dass sich eine der beteiligten Parteien dadurch schlechter stellt. Betrachtet man Kosten der Insolvenz oder steuerliche Vorteile der Fremdfinanzierung, die nur wirken, solange ein Unternehmen nicht ausfällt, lassen sich durch die Investition in ein zahlungsunfähiges, aber nicht überschuldetes Unternehmen Effizienzverluste vermeiden, die anschließend zwischen den Investoren und dem Unternehmen aufgeteilt werden können. Durch eine Zuführung von frischem Kapital könnten sich somit das Unternehmen und die Investoren besser stellen, was im Ergebnis dazu führt, dass es auf friktionslosen Märkten keine zahlungsunfähigen Unternehmen geben kann, die nicht auch überschuldet sind.

Wenn man Zahlungsunfähigkeit als eigenständigen Insolvenzgrund modellkonsistent begründen will, muss man somit geeignete Friktionen einführen, die im Ergebnis dazu führen, dass es zwar Investoren gibt, die prinzipiell bereit sind, in ein nicht überschuldetes Unternehmen zu investieren, für die es sich in einem konkreten Fall aber nicht lohnt. Im einfachsten Fall geschieht dies durch die Einführung von Transaktionskosten[21]. Das im weiteren Verlauf dieser Arbeit in Kapitel 3 vorgestellte Modell nimmt sich der beschriebenen Problematik an und präsentiert eine Lösung unter Annahme von unvollständiger Information. Zahlungsunfähigkeit ohne Überschuldung tritt ein, weil rational handelnde risikoneutrale Investoren den wahren Wert eines Unternehmens nicht erkennen können und daher von einer Investition absehen, obwohl diese potentiell profitabel ist.

2.3 Problematik der Bewertung ausfallrisikobehafteter Ansprüche

Die Ursachen für Wertänderungen von ausfallrisikobehafteten Fremdkapitalansprüchen gegen Unternehmen liegen entweder beim Unternehmen selbst und betreffen somit nur die betrachtete Anleihe oder sie betreffen den gesamten Markt und damit alle Unternehmen. Gründe für Wertschwankungen im Gesamtmarkt sind beispielsweise Änderungen der Zinsstrukturkurve, die neben den ausfallrisikobehafteten auch die ausfallrisikolosen Anleihen betreffen, konjunkturelle Schwankungen oder Änderungen in der Einstellung der Investoren gegenüber Ausfall- bzw. Unternehmensrisiko.

Die Werte von Anleihen reagieren auf Zinsänderungen entsprechend ihrer Zinssensitivität[22]. Da sowohl die ausfallrisikolosen als auch die ausfallrisikobehafteten Anleihen auf Zinsänderungen reagieren, besteht zunächst kein intuitiver Zusammenhang zwischen Prämien für Ausfallrisiken und Änderungen der Zinsstrukturkurve. Im Gegensatz hierzu haben schwankende Konjunkturerwartungen oder geänderte Risikoeinstellungen der Investoren einen intuitiven Einfluss auf die Risikoprämie. Verschlechtern sich die konjunkturellen Erwartungen oder steigt der Marktpreis des Ausfallrisikos (d. h. die Risikotoleranz sinkt), sinken die Preise für ausfallrisikobehaftete Anleihen und die Risikoprämien steigen. Das gleiche gilt für Risikofaktoren, die nur das Unternehmen selbst betreffen. Verschlechtern sich die Erwartungen der Investoren das Unternehmen betreffend, erhöht sich die erwartete Risikoprämie.

---

[21] Vgl. z.B. Uhrig-Homburg (2001), S. 109 ff.

[22] Diese Sensitivität wird standardmäßig mit Hilfe der Duration und der Konvexität einer Anleihe approximiert.

Bei der Bewertung ausfallrisikobehafteter Ansprüche werden Zinsänderungsrisiken mithilfe verschiedener Zinsmodelle abgebildet. Es zeigt sich allerdings, dass der Einfluss von Zinsänderungsrisiken auf faire Kreditrisikoprämien gering ist[23], weshalb viele Autoren auf eine aufwändige explizite Modellierung verzichten und stattdessen bei der Bewertung eine flache und konstante Zinsstrukturkurve unterstellen. Inwieweit Risikoeinstellungen der Investoren berücksichtigt werden hängt von der Modellklasse ab.

Die so genannten Strukturmodelle, die im folgenden Abschnitt 2.4 noch näher betrachtet werden, greifen auf die Erkenntnisse der Optionspreistheorie zurück. Die Risikoeinstellung der Marktteilnehmer ist dabei entsprechend der fundamentalen Ergebnisse von Black/Scholes (1973) über die Marktpreise des jeweiligen Basiswertes in der Bewertung bereits berücksichtigt. Sofern die für diese Vorgehensweise notwendigen Annahmen, beispielsweise aufgrund eines nicht gehandelten Basiswertes, nicht zutreffen, wird in der Regel Risikoneutralität der Marktteilnehmer unterstellt[24]. Reduktionsmodelle, die in Abschnitt 2.5 ebenfalls noch näher zu beleuchten sein werden, unterstellen in der Regel die Existenz risikoneutraler Wahrscheinlichkeiten zu Bewertungszwecken, ohne deren Zustandekommen weiter zu hinterfragen.

Während uns Einflussfaktoren auf die Kreditrisikoprämie, die alle Unternehmen betreffen, an dieser Stelle nicht weiter beschäftigen sollen, wenden wir uns den Möglichkeiten und Schwierigkeiten bei der Modellierung der unternehmensindividuellen Ausfallrisiken zu. Zur Bewertung ausfallrisikobehafteter Ansprüche gegen Unternehmen ist es notwendig, den Zeitpunkt (Zeitdimension) und die Höhe (Volumendimension) eines Ausfalls abzubilden. Dies ist nahe liegend, da der Wert eines ausfallrisikobehafteten Instruments nichts anderes als der Barwert einer unsicheren Zahlungsreihe ist. Um diese unsichere Zahlungsreihe bewerten zu können, ist es notwendig, die Höhe und den zeitlichen Anfall der Zahlungen zu spezifizieren.

Die Höhe und der zeitliche Anfall der Zahlungen sind vertraglich festgelegt und somit vorhersehbar, solange das Unternehmen solvent ist. Der Ausfallzeitpunkt τ entspricht demjenigen Zeitpunkt, ab dem absehbar ist, dass das Unternehmen seinen vertraglichen Verpflichtungen nicht weiterhin wird nachkommen können. Dies führt dazu, dass der zeitliche Anfall und die Höhe der Zahlungen des Unternehmens nach dem Ausfall zunächst nicht absehbar sind.

Die Bewertung einer derart unsicheren Zahlungsreihe beinhaltet in diesem Sinne zwei Teile. Zunächst werden Zahlungen bewertet, die in ihrem zeitlichen Anfall und in ih-

[23] Vgl. z.B. Brennan/Schwartz (1980) oder Kim/Ramaswamy/Sundaresan (1993).
[24] Vgl. z.B. Duffie/Lando (2001).

rer Höhe vorhersehbar sind, von denen aber nicht bekannt ist, wie lange (wie oft) sie anfallen werden. Die Modellierung des Ausfallzeitpunktes dient dazu, das Ende dieser ersten Zahlungsreihe festzustellen. Der Ausfallzeitpunkt markiert gleichfalls den Beginn der zweiten Zahlungsreihe, die alle Zahlungen des Unternehmens im Ausfall beinhaltet. Hier ist zunächst weder der zeitliche Anfall noch die Höhe vorhersehbar, mit der einzigen Ausnahme, dass die Zahlungen nicht die vertraglichen Verpflichtungen der noch offenen Forderungen der Gläubiger überschreiten werden.

Die Modellierung der Ausfallhöhe löst das Problem der gleichzeitigen Ungewissheit über den Zeitpunkt und die Höhe der nach dem Ausfall noch anfallenden Zahlungen. Hierzu wird unterstellt, dass alle Zahlungen an die Gläubiger zum Ausfallzeitpunkt stattfinden. Diese Annahme lässt sich interpretieren als die Modellierung eines Barwertes der noch ausstehenden Zahlungen. Charakterisiert wird die Ausfallhöhe mit Hilfe der so genannten *Recovery Rate* (im folgenden auch: Insolvenzquote), wobei verschiedene Definitionen gebräuchlich sind, die sich in der Bezugsgröße unterscheiden. Bei der sogenannten *Recovery-of-firm-value*[25]-Annahme wird die Insolvenzmasse relativ zum Vermögen des Unternehmens unmittelbar vor dem Ausfall modelliert. Diese Art der Modellierung bietet sich insbesondere bei Strukturmodellen an und ist dort überwiegend anzutreffen. *Recovery-of-face-value* beschreibt die Ausfallhöhe bzw. den Wert der Gläubigeransprüche im Insolvenzfall relativ zum Nennwert der betrachteten Anleihe. Diese Art der Beschreibung von Insolvenzquoten wird hauptsächlich von den Ratingagenturen verwendet. *Recovery-of-treasury-value* definiert den Wert der Gläubigeransprüche im Insolvenzfall relativ zu dem Wert einer identisch ausgestatteten, aber ausfallrisikolosen Anleihe. *Recovery-of-market-value* schließlich bezieht den Wert der Gläubigeransprüche auf den Wert der ausfallrisikobehafteten Anleihe unmittelbar vor dem Ausfall. Diese Art der Modellierung findet sich hauptsächlich in Reduktionsmodellen, da sie die Bewertung erheblich vereinfacht[26].

Die beiden wichtigsten Modellklassen zur Bewertung ausfallrisikoloser Ansprüche, die bereits erwähnten Struktur- und Reduktionsmodelle, unterscheiden sich im Wesentlichen dadurch, dass sie andere Wege bei der Modellierung der Zeit- und Volumendimension des Ausfalls gehen. Strukturmodelle modellieren explizit den Wert des Unternehmens und stellen damit einen ökonomischen Bezug sowohl zwischen dem Unternehmenswert und dem Ausfallzeitpunkt als auch der Ausfallhöhe her. Reduktionsmodelle gehen in der Abstraktion der Modellierung einen Schritt weiter, indem sie das Ausfallereignis prinzipiell unabhängig vom Unternehmenswert modellieren und somit keinen ökonomischen Bezug

[25] Die "*Recovery-of*" Begriffsprägungen gehen zurück auf Duffie/Singleton (1999).
[26] Vgl. z.B. Uhrig-Homburg (2002), S. 26.

herstellen. Die wichtigsten Vertreter beider Modellklassen sowie die Vor- und Nachteile beider Vorgehensweisen sollen im Folgenden diskutiert werden.

2.4 Strukturmodelle

Die Klasse der Strukturmodelle wurde im Jahr 1974 begründet mit der Arbeit von Robert C. Merton. Merton (1974) erkannte, dass sich der ausfallrisikobehaftete Anspruch eines Gläubigers gegen ein Unternehmen, dessen Finanzierung lediglich aus Eigenkapital und einer Nullkuponanleihe besteht, als Portfolio mehrerer bekannter und bewertbarer Instrumente darstellen lässt. Übersteigt der Wert des stochastischen Unternehmensvermögens am Fälligkeitstermin des Fremdkapitals den Rückzahlungsanspruch der Fremdkapitalgeber, kann dieser voll bedient werden und die Eigenkapitalgeber erhalten den verbleibenden Wert des Unternehmens. Reicht das Vermögen nicht aus, um die Fremdkapitalgeber zu befriedigen, übernehmen die Gläubiger das Unternehmen zum Marktwert und erhalten somit eine Zahlung in Höhe des verfügbaren Vermögens.

Während die Position der Eigenkapitalgeber als gekaufte Kaufoption (Call long) auf den Wert des Unternehmensvermögens mit einem Basispreis in Höhe des Nominalwertes der Nullkuponanleihe interpretiert werden kann, besteht die Position der Fremdkapitalgeber aus einer risikolosen Nullkuponanleihe und einer verkauften Verkaufsoption (Put short), wiederum geschrieben auf den Wert des Unternehmensvermögens und mit identischem Basispreis. Es lässt sich leicht nachvollziehen, dass eine Kombination der Eigen- und Fremdkapitalansprüche wieder den Wert des Unternehmensvermögens ergibt, was in diesem einfachen Fall zwingend ist, da keine weiteren Ansprüche von dritter Seite existieren.

Mit Hilfe der kurz zuvor veröffentlichten Erkenntnisse zur Optionsbewertung von Black/Scholes (1973) war es nun möglich, ausfallrisikobehaftete Ansprüche als Derivate auf den Wert des emittierenden Unternehmens zu bewerten. Dies ist insbesondere deshalb bemerkenswert, weil die aus der Optionspreistheorie bekannte risikoneutrale Bewertung Anwendung finden kann, was eine Annahme über die schwer zu ermittelnde Risikoeinstellung der Investoren unnötig macht.

Aufbauend auf dem Grundmodell von Merton (1974) hat es in der Folge zahlreiche Erweiterungen gegeben. Black/Cox (1976) berücksichtigen als Erste einen möglichen zwischenzeitlichen Ausfall und etablieren damit die für Strukturmodelle typische Eigenschaft, dass das Unternehmen ausfällt, sobald der als geometrisch Brown'sche Bewegung modellierte Unternehmenswert eine untere Schranke durchstößt. Während sie in ihrem Grundmodell eine exogen spezifizierte Schranke annehmen, die auf dem Wert eines ausfallrisikolosen Instruments beruht, diskutieren Black/Cox (1976) als Erste auch die Möglichkeit einer endogenen Ausfallschranke. Alle in der Folge entstandenen Strukturmodelle kann man entsprechend einordnen in solche, bei denen ein Ausfall in dem Sinne endogen ausgelöst wird, dass er auf ein Optimalitätskalkül der Eigentümer zurückgeht, und in solche, bei denen dies nicht der Fall ist.

Neuere Strukturmodelle mit exogenem Ausfall sind insbesondere zu Bewertungszwecken, z.B. für Kreditderivate, oder zu Zwecken des Risikomanagements in Kreditportfolien entwickelt worden[27]. Sie berücksichtigen daher in der Regel Zinsrisiken und sind in der Lage, komplizierte Verschuldungsstrukturen abzubilden. Vielfach werden dabei die ursprünglichen ökonomischen Zusammenhänge zwischen der Zeit- und Volumendimension des Ausfalls und dem Wert des Unternehmens aus Zwecken der Handhabbarkeit der Modelle wieder aufgehoben, indem bspw. die Ausfallhöhe exogen spezifiziert wird. Als solches treten diese exogenen Strukturmodelle in Konkurrenz zu den Reduktionsmodellen, die ebenfalls hauptsächlich Bewertungszwecken dienen.

Strukturmodelle mit endogenem Ausfall dienen weniger zu Bewertungszwecken, sondern werden vornehmlich zur Analyse von Finanzierungsentscheidungen von Unternehmen eingesetzt. Hierzu werden in der Regel Unternehmenssteuern und Insolvenzkosten berücksichtigt und gesetzliche Insolvenzvorschrifen oder Verhandlungen zwischen Gläubigern und Schuldner explizit abgebildet[28]. Viele klassische Elemente der Corporate Finance, wie bspw. der Trade-Off von Eigen- und Fremdfinanzierung zur Charakterisierung einer optimalen Kapitalstruktur, finden sich in diesen Modellen wieder und lassen sich einer detaillierten Untersuchung unterziehen.

Zu den bekanntesten Modellen mit endogenem Ausfall zählt die Arbeit von Leland (1994), die das Modell von Black/Cox (1976) um Steuern und Insolvenzkosten erweitert. Da wir im weiteren Verlauf dieser Arbeit des Öfteren auf das Modell von Leland (1994) verweisen, werden wir es im Folgenden etwas ausführlicher beschreiben. Da es darüber hinaus als typischer Vertreter der Strukturmodelle mit endogenem Ausfall gelten kann, eignet es sich sehr gut als Vergleichsbasis für die Diskussion anderer Modelle.

Die exogene Variable im Modell von Leland (1994) ist, wie im Modell von Black/Cox (1976) und vielen anderen, der Wert des Unternehmensvermögens. Bei reiner Eigenfinan-

[27] Für einen detaillierten Überblick siehe z.B. Ammann (2001), Uhrig-Homburg (2002) oder Schönbucher (2003).

[28] Vgl. z.B. Anderson/Sundaresan (1996) oder Fan/Sundaresan (2000).

zierung[29] ist der Wert des Unternehmensvermögens identisch mit dem Wert des Unternehmens als Ganzes. Deshalb wird die Zustandsvariable oft als der Wert eines identischen, allerdings rein eigenfinanzierten Unternehmens interpretiert.

Um die Erkenntnisse der Optionspreistheorie zur präferenzfreien Bewertung nutzen zu können, wird unterstellt, dass der Wert des Unternehmensvermögens als Basisinstrument eine gehandelte Variable ist. Dies impliziert, dass die Zustandsvariable existieren muss und keinen imaginären Wert darstellen kann. Die Problematik, die sich daraus für die Bewertung eines verschuldeten Unternehmens in einer Welt mit Friktionen ergibt, ist, dass sowohl das verschuldete als auch das unverschuldete Unternehmen gleichzeitig existieren[30]. Sobald sich die Werte der beiden Unternehmen unterscheiden, stellt sich die Frage nach Arbitragemöglichkeiten, die sich nur durch rigide Annahmen bspw. hinsichtlich der Veränderlichkeit der Kapitalstruktur ausschließen lassen[31]. Allerdings zeigen Ericsson/Reneby (1999), dass es ebenso ausreicht, die Existenz eines gehandelten Instruments (z.B. Eigenkapital) zu unterstellen, dessen Wert nur von der Entwicklung des (nichtgehandelten) Wertes der Aktiva des Unternehmens abhängt. Zusammen mit einem risikolosen Instrument ist es dann möglich, ein (gehandeltes) Instrument zu erzeugen, das den Wert der Aktiva des Unternehmens perfekt abbildet. Von diesem Punkt an kann man mit der gewohnten Bewertung weiterer Derivate auf den Wert des Unternehmens fortfahren.

Andere Möglichkeiten, dieses Problem zu umgehen, bestehen darin, eine andere Zustandsvariable zu wählen oder den Wert des unverschuldeten Unternehmens auf den des verschuldeten zu beziehen. Die erste Variante findet sich bspw. bei Goldstein/Ju/Leland (2001), die EBIT des Unternehmens als Zustandsvariable wählen, die zweite Variante findet sich bei Fischer/Heinkel/Zechner (1989), bei denen der Wert des unverschuldeten Unternehmens dem des optimal verschuldeten entspricht, abzüglich der Kosten, die anfallen, um die optimale Verschuldung zu erreichen.

Das Unternehmen hat im Modell von Leland (1994) Fremdkapital in Form einer Anleihe mit unendlicher Laufzeit[32] (Consolbond) ausstehen. Da das Unternehmen keinen freien Cashflow generiert ist es auf Außenfinanzierung angewiesen, um die Kupons bedienen zu können und führt diese in Form von Eigenkapitalerhöhungen durch. Neben der angenom-

[29] Das gleiche gilt auch in einer friktionslosen Welt wie bei Black/Cox (1976). Vgl. Modigliani/Miller (1958).
[30] Vgl. hierzu Leland (1994), Fußnote 11.
[31] Vgl. z.B. Uhrig-Homburg (2001), S. 98.
[32] Die Annahme einer unendlich laufenden Anleihe macht das Bewertungsproblem zeitunabhängig und erlaubt so geschlossene Lösungen.

menen Eigenfinanzierung wäre prinzipiell auch eine weitere Aufnahme von Fremdkapital denkbar. Allerdings zeigt Leland (1994), dass sich bestehende Fremdkapitalgeber einer weiteren Verschuldung stets widersetzen würden, auch wenn diese nachrangig erfolgt[33]. Er geht daher davon aus, dass eine Fremdfinanzierung der Kupons bei Emission des Consolbond vertraglich ausgeschlossen wird.

Das Volumen der jeweiligen Kapitalerhöhung ist beschränkt auf den zur Deckung der aktuellen Zinszahlung notwendigen Zuschuss. Der Grund für diese Annahme liegt darin, dass sich das Vermögen des verschuldeten Unternehmens nicht von dem des exogen modellierten unverschuldeten unterscheiden soll, da sonst eine von der Investitionsseite getrennte Betrachtung der Finanzierungsentscheidungen nicht ohne weiteres möglich wäre[34].

Da alle Eigenkapitalerhöhungen unter vollständiger Information stattfinden, ist es irrelevant, ob die jungen Aktien an neue Aktionäre verkauft werden oder die Kapitalerhöhung durch einen Zuschuss der bestehenden Aktionäre stattfindet. Es ist somit äquivalent zu sagen, dass das Unternehmen ausfällt, sobald eine Kapitalerhöhung an Neuaktionäre nicht mehr platziert werden kann, oder sobald die Eigentümer nicht mehr bereit sind, die Fremdkapitalverpflichtungen zu decken. Dieser Zustand ist erreicht, wenn der notwendige Zuschuss, um das Unternehmen am Leben zu erhalten, den Wert des Eigenkapitals nach dem Zuschuss übersteigt[35]. In diesem Fall haben die Altaktionäre den Neuaktionären nichts anzubieten, was diese zu einer Investition bewegen würde. Selbst wenn sie das gesamte Unternehmen im Gegenzug für die Investition überschrieben[36], wären die Neuaktionäre nicht zur Investition bereit, weil sich dadurch ihr Vermögen reduzieren würde. Das gleiche Argument gilt für den Zuschuss der Altaktionäre, deren Vermögen sich ebenfalls reduzieren würde, weshalb sie davon absehen, ihr Unternehmen am Leben zu erhalten.

Aufgrund der im Modell von Leland (1994) berücksichtigten Unternehmenssteuern müssen die Eigentümer Eigenkapital in Höhe der Kuponzahlung nach Steuern nachschiessen, um das Unternehmen am Leben zu erhalten. Da die Kuponzahlungen im Modell kontinuierlich abfließen, fällt das Unternehmen aus, sobald der Wert des Eigenkapitals auf null fällt. Technisch ermittelt Leland die optimale (endogene) Ausfallschranke mit Hilfe der so genannten Smooth-Pasting- oder Low-Contact-Bedingung[37].

---

[33] Vgl. Leland (1994), S. 1245 und Fußnote 42. Andere Strukturmodelle betrachten eine dynamische Rekapitalisierung in dem Sinne, dass das Management in Abhängigkeit der Wertentwicklung des Unternehmens die Kapitalstruktur aktiv anpasst. Vgl. z.B. Fischer/Heinkel/Zechner (1989), Leland (1998), Goldstein/Ju/Leland (2001) oder Dangl/Zechner (2004).

[34] Es müsste bzw. modelliert werden, wie das Unternehmen die zusätzlichen Mittel anlegt.

[35] Vgl. Black/Cox (1976), S. 362.

[36] Alternativ könnten sie eine unendliche Anzahl an jungen Aktien emittieren.

[37] Vgl. Leland (1994) S. 1222.

Aufgrund der angenommenen Verschuldung in Form einer unendlich laufenden Anleihe gelingt es Leland (1994), das Bewertungsproblem zeitunabhängig zu formulieren (vgl. FN 32). Diese zeitunabhängige Formulierung erlaubt es, geschlossene Lösungen für die Werte des Eigen- und Fremdkapitals zu erhalten und somit auch für den Wert des Unternehmens als Ganzes. In verschiedenen Erweiterungen seines Modells[38] wird eine endliche Laufzeit des Fremdkapitals berücksichtigt, indem die Annahme getroffen wird, dass die Verschuldung mit einer konstanten Rate revolvierend zurückgezahlt und wieder aufgenommen wird. Insofern gelingt es, eine durchschnittliche (Rest-) Laufzeit des Fremdkapitals abzubilden und trotzdem ein zeitunabhängiges Bewertungsproblem zu erhalten. Andere Arbeiten, die explizit eine begrenzte Restlaufzeit des Fremdkapitals unterstellen, sind in der Regel auf numerische Bewertungsmethoden angewiesen[39].

Neben der beschriebenen ersten Gruppe von Strukturmodellen mit endogenem Ausfall, bei der die realwirtschaftlichen Aktivitäten des Unternehmens nicht von Finanzierungsentscheidungen berührt sind und der Ausfall auf die Entscheidung der Eigenkapitalgeber zurückzuführen ist, den Kupon optimalerweise nicht mehr zu bedienen, lassen sich noch zwei weitere Gruppen identifizieren[40].

Die zweite Gruppe umfasst Strukturmodelle, bei denen ein Ausfall das Ergebnis von strategischen Verhandlungen zwischen den Fremdkapitalgebern und dem Unternehmen ist. Die realwirtschaftliche Seite des Unternehmens ist hier, ebenso wie bei der ersten Gruppe, von den Finanzierungsentscheidungen unberührt. Das erste Modell dieser Art wurde von Anderson/Sundaresan (1996) vorgestellt. Die Autoren modellieren den Wert des Unternehmens als einen zeitdiskreten Binomialprozess und unterstellen, dass das Unternehmen einen freien Cashflow in Abhängigkeit des Unternehmenswertes generiert. Das Unternehmen als Schuldner entscheidet sich in jeder Periode, ob es die fällige Zinszahlung leisten soll, um das Unternehmen sicher am Leben zu erhalten. Hierbei kann die geleistete Zahlung den generierten Cashflow nicht überschreiten. Wenn der Cashflow nicht ausreicht, um die fällige Zahlung zu leisten oder das Unternehmen sich entscheidet, dass es die Zahlung nicht oder nicht in voller Höhe leisten will, haben die Gläubiger die Möglichkeit, das Unternehmen zu übernehmen und zu liquidieren. Allerdings fallen bei der Liquidation Kosten an, die den Spielraum für strategische Verhandlungen bereiten, obwohl beide Parteien über vollständige Informationen verfügen. Anderson/Sundaresan (1996) erhalten die Höhe der tatsächlichen Zinszahlungen und den Unternehmenswert, bei dem die Gläubiger

[38] Vgl. Leland/Toft (1996) oder Leland (1998).

[39] Vgl. z.B. Longstaff/Schwartz (1995).

[40] Für einen detaillierten Überblick über Strukturmodelle mit endogenem Ausfall vgl. Uhrig-Homburg (2001), S. 91 ff.

Insolvenz auslösen, als gleichgewichtiges Ergebnis eines nicht-kooperativen Spiels zwischen dem Schuldner und den Gläubigern. Hierbei wird dem Schuldner die gesamte Verhandlungsmacht zugeschrieben, da er im Spiel den ersten Zug hat.

Eine Fortführung der Idee von Anderson/Sundaresan (1996) findet sich bei Fan/Sundaresan (2000). In dieser Arbeit wird ein zeitstetiges Modell entwickelt, in dem neben Unternehmenssteuern auch verschiedene Verteilungen der Verhandlungsmacht zwischen Schuldnern und Gläubigern berücksichtigt werden. Der Unterschied, der sich durch die Betrachtung von Steuern ergibt, ist der, dass Schuldner und Gläubiger nicht mehr lediglich über den Wert des Vermögens des Unternehmens verhandeln, sondern zusätzlich über den Wert der zukünftigen Steuerersparnis, die verloren geht, wenn das Unternehmen ausfällt. Fan/Sundaresan (2000) betrachten in diesem Zusammenhang zwei Fälle. Der erste Fall sieht einen Tausch der Verbindlichkeiten in Eigenkapital vor, der in der Folge dazu führt, dass das Unternehmen eigenfinanziert ist und der Steuervorteil der Fremdfinanzierung verloren geht. Für den Fall, dass die Autoren dem Schuldner bei den Verhandlungen über den Tausch die volle Verhandlungsmacht einräumen, erhalten sie als Resultat des Nash-Bargaining-Spiels das gleiche Ergebnis wie Anderson/Sundaresan (1996).

Interessanter ist allerdings der Fall der strategischen Kuponreduktion. Als Ergebnis eines Nash-Bargaining-Spiels einigen sich Gläubiger und Schuldner bei hinreichend niedrigem Wert des Unternehmensvermögens auf eine zeitweilige Kuponreduktion, die rückgängig gemacht wird, sobald es dem Unternehmen wieder besser geht. Während der Kuponreduktion fallen keine Steuervorteile der Fremdfinanzierung an. Allerdings bleibt die Option darauf gewahrt, da zinsbedingte Steuerreduktionen wieder realisiert werden, sobald das Unternehmen wieder den vollen Kupon zahlt. Im Ergebnis zeigt sich, dass die Reorganisationsgrenze umso höher liegt, je mehr Verhandlungsmacht die Schuldner haben. Solange die Verhandlungsmacht nicht vollständig bei den Gläubigern liegt, wird die Reorganisation sowohl im Fall des Tausches der Verbindlichkeiten gegen Eigenkapital als auch im Fall der strategischen Kuponreduktion früher stattfinden als die Liquidation im Fall des Modells von Leland (1994).

Bei der dritten Gruppe von Strukturmodellen geht ein Ausfall wie bei der zweiten auf die Entscheidung der Eigenkapitalgeber zurück, den Kupon optimalerweise nicht mehr zu bedienen. Im Unterschied zur ersten Gruppe von Modellen werden nun zusätzlich Auswirkungen der Finanzierungsentscheidungen auf die realwirtschaftlichen Aktivitäten der Unternehmen berücksichtigt.

Das erste Modell dieser Art wurde von Mello/Parsons (1992) vorgestellt, die im Unterschied zu der überwiegenden Zahl der bisher genannten Arbeiten nicht den Wert des unverschuldeten Unternehmens als exogene Variable modellieren, sondern den Preis des vom Unternehmen produzierten Produktes. Konkret erweitern sie ein von Brennan/Schwartz (1985) vorgestelltes Modell einer Mine, die ein Produkt fördert. In Abhängigkeit des Preises, der einer geometrisch Brown'schen Bewegung folgt, haben die Eigentümer des zunächst rein eigenfinanzierten Unternehmens die Möglichkeit, die Mine bei niedrigen Produktpreisen und damit unprofitabler Produktion vorübergehend stillzulegen und bei höheren Preisen wieder in Betrieb zu nehmen. Es besteht weiterhin die Option, die Mine vollständig aufzugeben. Bei teilweiser Fremdfinanzierung weichen die Eigenkapitalgeber von der optimalen Förderpolitik ab, da diese zwar den Wert des Gesamtunternehmens, nicht aber den Wert des Eigenkapitals maximiert. Aus der Abweichung von der unternehmenswertmaximierenden Politik errechnen die Autoren Agencykosten der Fremdfinanzierung. Da das in dieser Arbeit vorgestellte Modell ebenfalls Agencykosten quantifiziert, werden wir das Modell von Mello/Parsons (1992) in Abschnitt 5.3 nochmals detaillierter aufgreifen.

Das Modell von Mella-Barral/Perraudin (1997) baut auf der Arbeit von Mello/Parsons (1992) auf. Im Unterschied zum Modell von Mello/Parsons (1992) und ähnlich dem Modell von Anderson/Sundaresan (1996) wird nun allerdings die Möglichkeit der Nachverhandlung zwischen Schuldnern und Gläubigern modelliert. Die Möglichkeit zur Nachverhandlung besteht, da die Aktiva des Unternehmens in den Händen anderer Eigentümer, laut Modellannahmen, einen geringen Wert hätten[41] und die Liquidation im Sinne der Eigentümer des verschuldeten Unternehmens nicht unternehmenswertmaximierend erfolgt. Im Ergebnis fallen Insolvenzkosten nie an, solange Verhandlungen zwischen Gläubigern und Schuldnern möglich sind. Allerdings hat die Verhandlungsmacht[42] der Eigentümer einen erheblichen Einfluss auf den Preis des Fremdkapitals, da hierdurch die Zugeständnisse gesteuert werden, die der Schuldner von den Gläubigern erzwingen kann.

Eine dritte Arbeit zu diesem Thema wurde von Mella-Barral (1999) vorgestellt. Hier modelliert der Autor gleichzeitig den Fortführungs- und den Liquidationswert eines Unternehmens. Die Eigenkapitalgeber haben jederzeit die Möglichkeit, sowohl die Fremdkapitalzahlungen einzustellen als auch das Unternehmen zum Liquidationswert zu veräußern. Es zeigt sich, dass das Niveau, auf dem die Eigentümer das Unternehmen ex ante, d.h. vor Aufnahme des Fremdkapitals, optimalerweise veräußern würden, nicht mit dem Niveau

[41] Diese Annahme lässt sich als Kosten der Insolvenz interpretieren.

[42] Mella-Barral/Perraudin (1997) berücksichtigen nur die Fälle vollständiger Verhandlungsmacht entweder auf Seiten des Schuldners oder der Gläubiger.

übereinstimmen muss, auf dem sie dies ex post, d.h. nach Aufnahme des Fremdkapitals, tatsächlich tun[43]. Hierbei gibt es zwei denkbare Abweichungen, nämlich dass die Eigenkapitalgeber im Sinne der Maximierung ihres eigenen Vermögens das Unternehmen zu früh liquidieren oder zu spät, jeweils gemessen an der optimalen Politik, die den Wert des Gesamtunternehmens maximiert. Diese Abweichung von der unternehmenswertmaximierenden Politik der Eigenkapitalgeber, deren Änderung die Fremdkapitalgeber per se nicht erzwingen können, öffnet den Spielraum für Verhandlungen zwischen Gläubigern und Schuldnern. Es zeigt sich, dass es fallweise im Interesse der Fremdkapitalgeber ist, sowohl auf Zinszahlungen zu verzichten, um die Eigentümer des Unternehmens von einer verfrühten Liquidation abzuhalten, als auch Abweichungen von der strengen Bevorzugung im Insolvenzfall (strict priority) vorzuschlagen, um eine zu späte Liquidation zu verhindern. Sowohl die Risikoprämie und die Menge an Fremdkapital, die ein Unternehmen aufnehmen kann (debt capacity), als auch der Grad der Abweichung von der strikten Bevorzugung der Fremdkapitalgeber im Insolvenzfall hängen im Modell von Mella-Barral (1999) letztlich von der Verhandlungsmacht der Schuldner ab.

Während Strukturmodelle die Zeit- und Volumendimension des Ausfalls durch die ökonomische Verbindung mit dem Unternehmenswert schlüssig abbilden und ein Ausfall durch einen sich stetig verschlechternden Unternehmenswert realistisch erscheint, lassen die Ergebnisse der Modellierung zu Wünschen übrig. Insbesondere das Grundmodell von Merton (1974) und seine frühen Erweiterungen[44] waren nicht in der Lage, für realistische Parameter die am Markt beobachteten Risikoprämien und Anleihenpreise zu erklären[45]. Der Versuch, mit Strukturmodellen sinnvolle Risikoprämien zu generieren, führte vielfach dazu, dass zu hohe Insolvenzkosten unterstellt wurden[46]. Die oben teilweise bereits beschriebenen Modellerweiterungen, die die Ausfallschranke endogenisiert[47], Zinsrisiko eingeführt[48] und Abweichungen vom Vorrecht der Gläubiger auf bevorrechtigte Bedienung im Insolvenzfall zugelassen haben[49], generieren zwar höhere Risikozuschläge, führen aber ebenfalls noch nicht zu realistischen Risikoprämien für kurze Restlaufzeiten.

[43] Dies liegt insbesondere daran, dass der Liquidationswert höher sein kann als der Fortführungswert. In anderen Modellen, wie bspw. dem von Leland (1994), ist dies nicht möglich. Dort sind die die ex-ante- und die ex-post-Ausfallschranke identisch.

[44] Wie z.B. das beschriebene Modell von Black/Cox (1976), aber auch das Modell von Geske (1977), das erstmals Kuponanleihen betrachtet.

[45] Vgl. Jones/Mason/Rosenfeld (1984) oder Franks/Torous (1989).

[46] Vgl. Andrade/Kaplan (1998).

[47] Vgl. z.B. Black/Cox (1976), Leland (1994) oder Leland/Toft (1996).

[48] Vgl. z.B. Kim/Ramaswamy/Sundaresan(1993) oder Longstaff/Schwartz (1995).

[49] Vgl. z.B. Anderson/Sundaresan (1996), Mella-Barral/Perraudin (1997), Mella-Barral (1999) oder Fan/Sundaresan (2000).

Abbildung 2.2: Zeitdiskrete Darstellung des Unternehmenswertprozesses

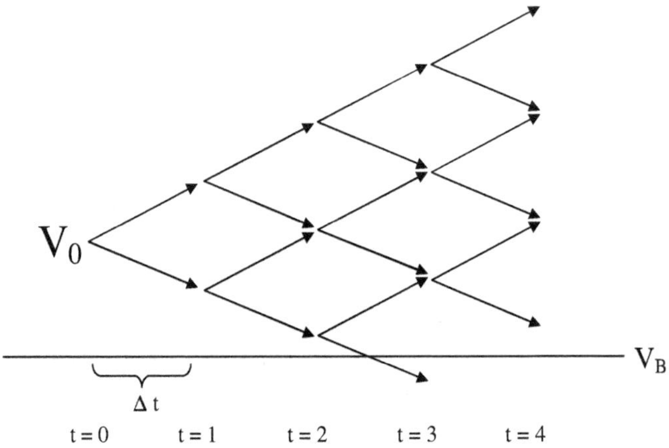

Strukturmodelle haben in der Regel[50] die durch die Stetigkeit ihrer Zustandsvariablen verursachte Eigenschaft, für kurze Restlaufzeiten nahezu risikolose Renditen zu generieren. Die Ursache hierfür liegt darin, dass die auf ein Jahr normierte Wahrscheinlichkeit $P(\Delta t)/\Delta t$ in der Zeitspanne $\Delta t > 0$ auszufallen, für $\Delta t \rightarrow 0$ gegen null konvergiert, falls der aktuelle Unternehmenswert einen positiven Abstand zur Ausfallschranke besitzt. Intuitiv lässt sich die Problematik am einfachsten erfassen, wenn man die in Strukturmodellen regelmäßig verwandte geometrisch Brown'sche Bewegung des Unternehmenswertes mit Hilfe eines zeitdiskreten Binomialprozesses approximiert[51]. Betrachtet sei ein Unternehmen, dessen Vermögenswert sich von einem Niveau V_0 ausgehend in einem Zeitraum Δt um den Faktor $u = e^{\sigma\sqrt{\Delta t}}$ nach oben oder um den Faktor $d = e^{-\sigma\sqrt{\Delta t}}$ nach unten bewegt. Das Unternehmen fällt aus, sobald der Wert des Unternehmensvermögens eine untere Schranke V_B unterschreitet. Zur graphischen Verdeutlichung dient beispielhaft Abbildung 2.2.

[50] Dies gilt nicht für Strukturmodelle, deren Zustandsvariable einem Jump- oder Jump-Diffusionsprozess folgen, oder bei unvollständiger Information.

[51] Für einen einfachen Beweis in einem zeitstetigen Modell vgl. Bühler/Thabe (2004).

Hier sei ein Unternehmen über einen Zeitraum von vier Perioden der Länge Δt betrachtet. Man kann leicht erkennen, dass das Unternehmen innerhalb der ersten beiden Zeiteinheiten nicht ausfallen kann, da der Unternehmenswert selbst bei schlechtestmöglicher Entwicklung die Ausfallschranke nicht unterschreiten kann. Wenn das betrachtete Unternehmen Fremdkapital mit einer Fälligkeit $\leq 2 \cdot \Delta t$ aufnimmt, ist es offensichtlich, dass hierfür keine über den risikolosen Zinssatz hinausgehende Risikoprämie zu zahlen ist.

Aufgrund dieser kurzfristigen Risikolosigkeit sind Strukturmodelle zu Bewertungszwecken nur bedingt geeignet. Die darüber hinaus zum Teil schwierige und rechenintensive Implementierung der Modelle hat zur Entwicklung einer Modellklasse mit besserer Handhabbarkeit geführt, die im Weiteren kurz vorgestellt werden soll.

2.5 Reduktionsmodelle

Der Begriff des Reduktionsmodells hat sich als Übersetzung des Begriffes *reduced-form model* etabliert, der als Abgrenzung zu den *structural models* von Duffie/Singleton (1999) geprägt wurde. Die Reduktion der Komplexität im Vergleich zu Strukturmodellen bezieht sich in erster Linie darauf, dass der Ausfall eines Unternehmens von den Reduktionsmodellen nicht ökonomisch begründet wird, sondern zufällig stattfindet.

Der Ausfallzeitpunkt in Reduktionsmodellen wird in der Regel mit Hilfe des ersten Sprunges eines stochastischen Sprungprozesses modelliert. Da ein solcher Sprung jederzeit möglich ist, kann ein Unternehmen in jedem Zeitintervall beliebiger Länge Δt mit positiver Wahrscheinlichkeit ausfallen, d.h. es existiert eine positive Ausfallintensität. Deshalb werden Reduktionsmodelle auch Intensitätsmodelle genannt. Die exogen vorgegebene positive Ausfallintensität führt zu positiven Risikoprämien auch bei kurzen Restlaufzeiten.

Die Volumendimension des Ausfalls wird im Gegensatz zu den meisten Strukturmodellen ebenfalls nicht ökonomisch begründet. Prinzipiell stehen jedoch mit Ausnahme der *recovery-of-firm-value*-Annahme alle bereits in Abschnitt 2.3 diskutierten Möglichkeiten zur Verfügung. Allerdings zeigen Duffie/Singleton (1999), dass die *recovery-of-market-value*-Annahme die Bewertung von ausfallrisikobehaftetem Fremdkapital wesentlich erleichtert, da hier wie im Fall ausfallrisikoloser Anleihen vorgegangen werden kann und nur der Diskontierungszinssatz entsprechend der Ausfallintensität angepasst werden muss[52].

Eine Berücksichtigung des Zinsänderungsrisikos ist in Reduktionsmodellen üblich und prinzipiell ohne größere Probleme möglich. Hierbei bieten sich insbesondere die klassi-

[52] Für ein einfaches Beispiel dieser Vorgehensweise vgl. Uhrig-Homburg (2001), S. 48 ff.

schen Faktormodelle an, wie bspw. Vasicek (1977) oder Cox/Ingersoll/Ross (1985), aber auch Termin- und Kassazinsmodelle, wie bspw. Ho/Lee (1986), Hull/White (1990) oder Heath/Jarrow/Morton (1992).

Als "klassische" Reduktionsmodelle werden in der Regel die Arbeiten von Jarrow/Turnbull (1995), Jarrow/Lando/Turnbull (1997) und Duffie/Singleton (1999) zitiert. Da uns Reduktionsmodelle im weiteren Verlauf dieser Arbeit außerhalb ihrer Eigenschaft, stets positive Ausfallintensitäten zu generieren, nicht weiter beschäftigen werden, verzichten wir an dieser Stelle auf einen ausführlichen Literaturüberblick und verweisen stattdessen auf die Arbeiten von Uhrig-Homburg (2001, 2002). Hier findet sich eine ausführliche Darstellung und Einordnung der Thematik.

2.6 Hybride Modelle

Auf den Überlegungen der vorangegangenen Abschnitte aufbauend wollen wir nun eine neuere Richtung in der Kreditrisikoliteratur diskutieren, die als hybride Modelle bezeichnet werden. In diese Klasse fallen nach unserem Verständnis diejenigen Modelle, die die positiven Eigenschaften der Struktur- und Reduktionsmodelle verbinden. Auf Seiten der Strukturmodelle ist hier insbesondere die ökonomisch fundierte Modellierung der Zeit- und Volumendimension des Ausfalls zu nennen sowie deren Eignung zum Studium der ökonomischen Zusammenhänge von Finanzierungsentscheidungen und -risiken. Zu den positiven Eigenschaften der Reduktionsmodelle zählt insbesondere, dass sie im kurzfristigen Bereich realistische Risikoprämien generieren und relativ einfach zu kalibrieren sind[53].

Eine mögliche Erweiterung eines Reduktionsmodells um Elemente von Strukturmodellen wird von Uhrig-Homburg (2001) vorgeschlagen. Die grundsätzliche Idee der Modelle von Jarrow/Lando/Turnbull (1997) und Madan/Unal (1998) aufgreifend, die die Ausfallintensität an die Ratingklasse eines Unternehmens bzw. an die Aktienkursentwicklung koppeln, entwickelt sie ein Reduktionsmodell, bei dem zusätzlich ein exogener Unternehmenswertprozess modelliert wird. Ziel ist es, ein Reduktionsmodell zu konstruieren, das für Unternehmenswerte unterhalb einer Ausfallschranke V_B einen Ausfall sicherstellt. Darüber hinaus soll ein Ausfall jederzeit möglich sein und die Wahrscheinlichkeit eines

[53] Im Gegensatz zu Strukturmodellen ist bei Reduktionsmodellen keine Schätzung des Wertes des hypothetisch unverschuldeten Unternehmens oder seiner Renditevolatilität notwendig.

Ausfalls mit steigenden Unternehmenswerten abnehmen. Erreicht wird dies, indem die einperiodige[54] risikoneutrale Ausfallwahrscheinlichkeit definiert wird als

$$q(t) = \frac{V_B}{V_t},$$

wobei V_t den Wert des Unternehmensvermögens im Zeitpunkt t beschreibt. Da die exogen spezifizierte Ausfallwahrscheinlichkeit für $V_t > V_B$ stets positiv ist, ist ein Ausfall stets möglich. Wegen $\lim_{V_t \to V_B} q(t) = 1$ fällt das Unternehmen mit Sicherheit aus, sobald der Wert des Unternehmensvermögens die Ausfallschranke erreicht und das Unternehmen nicht bereits vorher ausgefallen ist.

Ein Reduktionsmodell, dessen Ausfallintensität von zwei exogen modellierten Faktoren abhängt, stellen Madan/Unal (2000) vor. Die Autoren unterstellen, dass sich das Unternehmen zu einem zufälligen Zeitpunkt einem mit einer Zahlungsforderung verbundenen Verlust in zufälliger Höhe gegenübersieht. Das Unternehmen fällt aus, wenn das Eigenkapital nicht ausreicht, den Verlust abzufangen. Das Eigenkapital wiederum hängt ab von der Höhe der Bargeldreserven, die einer geometrisch Brow'nschen Bewegung folgen, sowie dem Wert der sonstigen Aktiva und Passiva. Die Autoren unterstellen, dass die Duration der Aktiv- und Passivseite nicht identisch sein muss und setzen den Wert des Eigenkapitals so zusätzlich einem Zinsänderungsrisiko aus. Letztendlich gelingt es Madan/Unal (2000) auf diese Weise, eine endogene Ausfallintensität abzuleiten, die sowohl von der Höhe der Barreserven als auch von der des Zinssatzes abhängt und geschlossene Lösungen für die Bewertung ausfallrisikobehafteten Fremdkapitals ermöglicht. Allerdings kann mit positiver Wahrscheinlichkeit eine negative Ausfallintensität auftreten und ein Ausfall für niedrige Werte des Unternehmensvermögens ist nicht sichergestellt[55].

Im Weiteren wollen wir uns den Möglichkeiten zuwenden, ein Strukturmodell so zu erweitern, dass es die erwünschten Eigenschaften aufweist. Die beschriebene Konvergenz der momentanen Ausfallwahrscheinlichkeit $P(\Delta t)/\Delta t$ gegen Null für $\Delta t \to 0$ lässt sich intuitiv, wenn auch nicht ganz korrekt, darauf zurückführen, dass der Unternehmenswert $V_t > V_B$ nicht in beliebig kurzer Zeit unter V_B fallen kann. Es bieten sich grundsätzlich zwei Lösungsmöglichkeiten an. Entweder muss der Unternehmenswert auch größere Wertänderungen innerhalb kürzester Zeit annehmen können. Dies ist umsetzbar durch die Einführung von Sprüngen der Zustandsvariablen. Die zweite Möglichkeit be-

[54] Der Einfachheit halber beschreiben wir an dieser Stelle eine diskrete Variante des Modells.

[55] Vgl. die Diskussion der Modelle von Madan/Unal (2000) und Jarrow/Turnbull (2000) in Cathcart/El-Jahel (2003), S.92.

steht darin zuzulassen, dass der tatsächliche Abstand des Unternehmenswertes von der Ausfallschranke den Gläubigern nicht exakt bekannt ist. Diese Möglichkeit lässt sich mit Hilfe unvollständiger Information über den Wert des Unternehmensvermögens und/oder der Ausfallschranke erfassen. Beide Wege der Modellierung wurden bereits beschritten und sollen im Folgenden anhand von Beispielen beschrieben werden.

Das erste Strukturmodell, dessen Zustandsvariable einem Sprung-Diffusionsprozess folgt, ist in der Arbeit von Zhou (2001) beschrieben. Während die Diffusionskomponente, wie in Strukturmodellen üblich, durch einen Wiener Prozess getrieben wird, werden die Sprünge durch einen Poisson-Prozess mit positiver Intensität ausgelöst. Die lognormalverteilte, prozentuale Sprunghöhe ist nach unten durch -100 % begrenzt, womit der Unternehmenswert minimal null erreichen kann. Ausfall tritt ein, wenn der Unternehmenswert entweder in Folge der Diffusion die Ausfallschranke erreicht, oder diese als Folge eines Sprungs nach unten erreicht oder überschreitet. Durch diese Modellierung ergeben sich positive Risikoprämien auch für kurze Laufzeiten. Darüber hinaus ist der Unternehmenswert im Ausfall, und somit die Ausfallhöhe, eine zufällige Größe und wird nicht wie in anderen Strukturmodellen allein durch die Ausfallschranke determiniert[56]. Da der Unternehmenswert nach einem sprungbedingten Ausfall außerdem vom Wert des Unternehmens vor dem Sprung abhängt, ist die Ausfallhöhe mit der Kreditqualität des Unternehmens vor dem Ausfall korreliert. Dieses Ergebnis wird von empirischen Studien bestätigt[57] und stellt somit eine weitere positive Eigenschaft des Modells dar.

Hilberink/Rogers (2002) greifen die Idee von Zhou (2001) auf und erweitern das Modell um zahlreiche aus der Kreditrisikoliteratur bekannte Strukturen. So berücksichtigen die Autoren neben Unternehmenssteuern auch Fremdkapital mit beschränkter Laufzeit, das kontinuierlich zurückgezahlt und wieder neu aufgenommen wird[58]. Ausfall findet im Modell von Hilbering/Rogers (2002) statt, wenn der Unternehmenswert durch Diffusion oder Sprung eine untere Schranke durchstößt, die sie endogen im Sinne von Black/Cox (1976) und Leland (1994) ermitteln[59]. Im Unterschied zum Modell von Zhou (2001) kann der Unternehmenswert jedoch nur nach unten springen. Ebenfalls im Sinne von Leland (1994) ermitteln die Autoren die optimale Kapitalstruktur[60] für das Unternehmen, sind aber bei all ihren Berechnungen auf numerische Lösungen angewiesen.

---

[56] Vgl. z.B. Leland (1994). Durch die stetige Diffusion tritt Ausfall hier ständig genau für $V_t = V_B$ auf, womit die Insolvenzmasse ex ante feststeht.

[57] Vgl. z.B. Jones/Mason/Rosenfeld (1984) oder Altman (1998).

[58] Diese Art der Modellierung findet sich bereits in Leland (1994b) und Leland/Toft (1996).

[59] Auch hier weigern sich die Eigenkapitalgeber, das Unternehmen weiterhin durch Zuschüsse am Leben zu erhalten, weil es sich für sie nicht lohnt.

[60] Das Thema optimale Kapitalstruktur wird im Rahmen der vorliegenden Arbeit separat in Kapitel 5 behandelt.

Andere Modelle, wie bspw. die Arbeit von Cathcart/El-Jahel (2003), entfernen sich weiter von der grundsätzlichen Idee der Strukturmodelle, indem sie nicht den Wert der Aktiva des Unternehmens als exogene Variable modellieren, sondern eine abstrakte Bonitätsgröße. Ausfall findet statt, wenn die Bonität ein exogen festgelegtes Minimum erreicht, oder als Folge eines unvorhersehbaren Ereignisses, dessen Eintrittswahrscheinlichkeit an die Höhe des stochastisch modellierten Zinssatzes gekoppelt ist. Unter der Annahme, dass die Ausfallhöhe ebenso exogen festgelegt wird, gelingt es den Autoren, geschlossene Lösungen für die Werte ausfallrisikobehafteten Fremdkapitals abzuleiten[61].

Die zweite Möglichkeit, in einem Strukturmodell einen kurzfristigen Ausfall möglich zu machen, besteht darin, unscharfe Informationen zu modellieren. Die allen in der Folge diskutierten Modellen zugrunde liegende Idee ist, dass ein Ausfall deshalb jederzeit auftreten kann, weil der Abstand des Wertes des Unternehmensvermögens von der Ausfallschranke nicht mit Sicherheit bekannt ist. Dies ist der Fall, wenn mindestens einer der beiden Werte nicht oder nur unvollständig beobachtbar ist. Hierbei zeigt es sich, dass es im Ergebnis nicht egal ist, welches der beiden Elemente man kennt bzw. nicht kennt. Kritisch ist bei allen Modellen mit unvollständiger Information die Modellierung der Informationsverteilung. So gibt es in den meisten Modellen eine Partei, die über vollständige Informationen verfügt. Um Risikoprämien erklären zu können, die aus unvollständiger Information resultieren, ist es somit notwendig, eine Erklärung zu finden, weshalb die Informationen der Insider nicht in den Markt gelangen, auf dem die Risikoprämien ermittelt werden. Hierbei ist insbesondere zu beachten, aus welchen Elementen die öffentlichen Informationen bestehen, auf deren Basis die Outsider ihre Bewertung durchführen.

Im Weiteren ist es notwendig, zwei Fälle von Informationsunsicherheit begrifflich trennen. Wir werden von asymmetrischer Information sprechen, wenn vollständig informierte Insider ihr Wissen strategisch zu nutzen versuchen und in der Folge moral-hazard-Probleme oder adverse Selektion auslösen. Von unvollständiger Information werden wir sprechen, wenn Insider ihren Informationsvorsprung nicht strategisch nutzen und zwischen Insidern und Outsidern ein Signalling Problem in dem Sinne besteht, dass es den Insidern nicht möglich ist, ihre Informationen glaubhaft zu übermitteln.

Das erste und einflussreichste Modell mit unvollständiger Information geht auf Duffie/Lando (2001) zurück. Da wir uns im weiteren Verlauf der vorliegenden Arbeit des Öfteren auf dieses Modell beziehen werden, soll es im folgenden ausführlicher dargestellt

[61] Aufgrund des abstrakten Underlyings spezifizieren die Autoren risikoadjustierte Dynamiken für Zins- und Bonitätsentwicklung, was eine implizite Annahme über die Risikoeinstellung der Investoren bedeutet.

werden. Das Ziel der Überlegungen von Duffie/Lando (2001) war es, eine Verbindung zwischen Struktur- und Reduktionsmodellen herzustellen. Insbesondere sollte gezeigt werden, dass eine positive Ausfallintensität, wie man sie in Reduktionsmodellen exogen unterstellt, auch in Strukturmodellen vorkommen kann. Nachdem die Überlegungen zu Abbildung 2.2 in Abschnitt 2.4 deutlich gemacht haben, dass ein momentaner Ausfall nur in unmittelbarer Nähe der Ausfallschranke möglich ist, ist klar, dass es eine positive Ausfallintensität bei vollständiger Information und stetigem Unternehmenswertprozess nicht geben kann. Duffie/Lando (2001) unterstellen daher, dass die Zustandsvariable nicht öffentlich beobachtbar ist.

Ausgangspunkt der Überlegungen ist im Wesentlichen das Modell von Leland (1994), welches von Duffie/Lando (2001) um einen an die Eigenkapitalgeber fließenden Cashflow in Abhängigkeit des Wertes des Unternehmensvermögens erweitert wird. Hintergrund dieser Erweiterung ist die Frage, wie sich im Modell von Leland (1994) ein positiver Eigenkapialwert einstellen kann, wenn die Eigenkapitalgeber keine laufenden Zahlungen erhalten und ihr Residualanspruch auf den Wert des Unternehmensvermögens erst im Unendlichen ausgezahlt wird[62]. Diese Erweiterung hat allerdings, ebenso wie die unterstellte Risikoneutralität der Agenten[63], keinen Einfluss auf die grundsätzliche Mechanik des Modells, weshalb wir im Folgenden unterstellen werden, dass Duffie/Lando (2001) mit ihren Überlegungen bei Leland (1994) starten.

Das fundamentale Ergebnis im Modell von Duffie/Lando (2001), der Nachweis einer positiven Ausfallintensität in einem Strukturmodell, wird im Kern getrieben von zwei Annahmen. Erstens von der bereits beschriebenen Nichtbeobachtbarkeit der Zustandsvariablen und zweitens von der Bewertung des Fremdkapitals im *Sekundärmarkt*. Bei der Emission des Fremdkapitals in $t = 0$ im Primärmarkt herrscht vollständige Information bezüglich des Wertes der Zustandsvariablen und es gelten für die Bewertung die Bedingungen und Preise des Modells von Leland (1994). Nach der Emission des Fremdkapitals können Outsider Wertänderungen des Unternehmensvermögens nicht beobachten. Sie wissen lediglich, dass die Eigenkapitalgeber des Unternehmens, die gleichzeitig als Insider vollständig informiert sind, eine Politik der Maximierung des Eigenkapitalwertes verfolgen. Da in $t = 0$ vollständige Information geherrscht hat und die endogene Ausfallschranke V_B nicht vom Wert des Unternehmensvermögens $V_{t>0}$ abhängt,[64] besteht keinerlei Unsicherheit über

[62] Wenn das Unternehmen vorzeitig ausfällt und liquidiert wird, ist niemals genügend Masse da, um die Fremdkapitalgeber vollständig zu befriedigen, so dass die Eigenkapitalgeber niemals eine Zahlung erhalten.

[63] Diese Annahme ist notwendig, da der Wert der nicht beobachtbaren Zustandsvariablen nicht gehandelt sein kann und eine präferenzunabhängige Bewertung somit nicht möglich ist.

[64] Vgl. Leland (1994), S. 1222.

Abbildung 2.3: Unternehmenswertdichte im Modell von Duffie/Lando (2001)

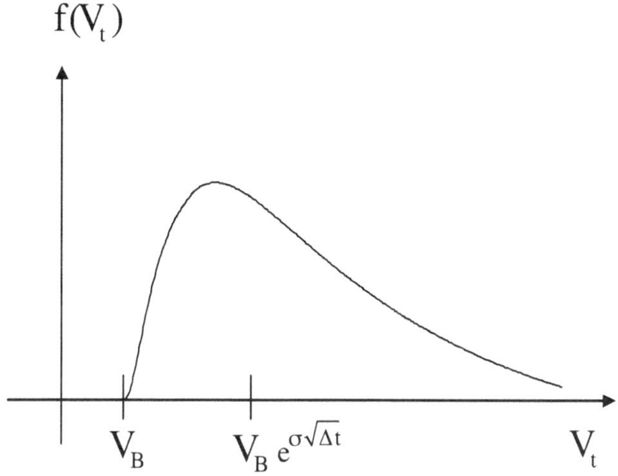

die Höhe der Ausfallschranke. Solange das Unternehmen nicht ausgefallen ist, wissen die Outsider, dass $V_t > V_B$ gelten muss.

Alle bisher genannten Annahmen würden bereits ausreichen, den von Duffie/Lando (2001) gewünschten Effekt einer positiven Ausfallintensität zu zeigen. Allerdings gehen die Autoren noch einen Schritt weiter und beschreiben einen technisch relativ aufwändigen Informationszugewinn der Outsider mithilfe einer von den Insidern erstellten Bilanz. Die Gründe für diesen Schritt dürften sein, dass sich ohne diese Maßnahme zwar eine positive Ausfallintensität nachweisen ließe, die errechneten Risikoprämien aber dennoch verschwindend gering wären. Konkret modellieren die Autoren, dass die den Outsidern übermittelten Bilanzwerte eine verrauschte aber unverzerrte Information bezüglich des wahren Wertes der Aktiva bilden. Je nach realisiertem Bilanzwert sind eher gute oder schlechte Unternehmenswerte wahrscheinlich. Das Prinzip der Sekundärmarktbewertung auf Basis der verfügbaren Bilanzinformation und eine Intuition für den Nachweis der positiven Ausfallintensität soll Abbildung 2.3 vermitteln[65].

Dargestellt ist eine auf den Bilanzwert bedingte Verteilung möglicher Unternehmenswerte zu einem Bewertungszeitpunkt t aus Sicht der Outsider. Unternehmenswerte unterhalb der Ausfallschranke V_B sind nicht möglich, da das Unternehmen sonst durch die Insi-

[65] Die folgenden Überlegungen folgen Duffie/Lando (2001), S.646 ff.

der liquidiert worden wäre. Zur Vereinfachung approximieren wir wie in Abschnitt 2.4 die Geometrisch Brown'sche Bewegung des Unternehmenswertprozesses mit Hilfe eines multiplikativen Binomialprozesses und relativen Änderungen der Höhe $e^{\sigma\sqrt{\Delta t}}$ und $e^{-\sigma\sqrt{\Delta t}}$.

Damit ein Ausfall im nächsten Zeitintervall $t + \Delta t$ möglich ist, muss im Zeitpunkt t gelten $V_t \leq V_B \cdot e^{\sigma\sqrt{\Delta t}}$. Andernfalls kann die Zustandsvariable nicht von ihrem unbekannten Niveau aus unter oder auf die Ausfallschranke V_B fallen. Beträgt die Wahrscheinlichkeit einer Abwärtsbewegung im Binomialbaum $\frac{1}{2}$ [66], dann ergibt sich für die Ausfallwahrscheinlichkeit im Zeitpunkt $t + \Delta t$

$$
\begin{aligned}
&P\left(V_{t+\Delta t} \leq V_B \middle| V_t > V_B\right) \\
&= \frac{1}{2} P\left(\ln V_t \leq \ln V_B + \sigma\sqrt{\Delta t} \middle| V_t > V_B\right) \\
&\approx \frac{1}{2} f\left(\ln V_B + \sigma\sqrt{\Delta t}\right) \cdot \sigma\sqrt{\Delta t} \\
&\approx \frac{1}{2} f' \ln\left(V_B\right) \cdot \sigma^2 \Delta t,
\end{aligned}
$$

wobei f die bedingte Dichte des Unternehmenswertes bezeichnet. Für die Ausfallintensität erhält man somit

$$
\lim_{\Delta t \to 0} \frac{\frac{1}{2} f'\left(\ln V_B\right) \cdot \sigma^2 \Delta t}{\Delta t} = \frac{1}{2} \cdot f'\left(\ln V_B\right) \cdot \sigma^2
$$

Die Ausfallintensität ist somit positiv, wenn die Ableitung der Dichtefunktion der möglichen Unternehmenswerte an der Stelle der Ausfallschranke positiv ist. Duffie/Lando (2001) beweisen dies und zeigen somit, dass bei unvollständiger Information über den Wert des Unternehmensvermögens eine positive Ausfallintensität für Anleihen aus Sicht der Outsider am *Sekundärmarkt* existiert.

Der Wert einer Anleihe bei unvollständiger Information ergibt sich dann als gewichtetes Mittel der Anleihewerte, die sich für die verschiedenen möglichen Werte der Zustandsvariablen ergeben würden, gegeben, diese wären mit Sicherheit bekannt. Gewichtet wird hierbei mit Wahrscheinlichkeiten auf der Basis öffentlicher Informationen. Dies ist gerechtfertigt, da keine privaten Informationen in den Markt gelangen und die Preise auf dem Sekundärmarkt durch Transaktionen unvollständig informierter risikoneutraler Agenten zustande kommen.

---

[66] Wir werden gleich den Limes für $\Delta t \to 0$ bilden, was dazu führt, dass die Wahrscheinlichkeit für eine Abwärtsbewegung im Binomialbaum gegen $\frac{1}{2}$ strebt.

Eine erste Erweiterung der Idee von Duffie/Lando (2001) stellt Giesecke (2001) vor. Er greift die Idee einer unvollständigen Informationsverteilung auf und analysiert die Fälle, in denen Unsicherheit über den Wert des Unternehmens und/oder über die Ausfallschranke besteht. Es zeigt sich, dass eine positive Ausfallintensität nur dann existiert, wenn Unsicherheit über den Unternehmenswert herrscht. Der Grund ist, dass Outsider bei unsicherer Ausfallschranke, aber beobachtbarem Unternehmenswert im Verlauf der Zeit dazulernen. Da die Höhe der Ausfallschranke zwar unbekannt aber fix ist, wissen die Gläubiger eines solventen Unternehmens, dass das Unternehmen in der Zukunft für alle Unternehmenswerte oberhalb des beobachteten Minimums des historischen Unternehmenswertpfades nicht ausfallen wird. Für Unternehmenswerte oberhalb dieses historischen Minimums ist damit die Wahrscheinlichkeit eines unmittelbaren Ausfalls null. Daraus folgt, dass für diese Unternehmenswerte keine positive Ausfallintensität besteht. Anders stellt sich die Lage dar für alle Situationen, in denen der Unternehmenswert nicht beobachtbar ist. Hier ist kein Lernen möglich und es existieren entsprechend dem Fall von Duffie/Lando (2001) positive Ausfallintensitäten.

Giesecke (2001) gelingt es, für die betrachteten Informationsvarianten mit Hilfe eines Kompensator-Ansatzes geschlossene Lösungen abzuleiten. Allerdings bleibt fraglich, wie es zu den Fällen mit unbekannter Ausfallschranke, die die eigentliche Erweiterung des Modells von Duffie/Lando (2001) darstellen, kommen kann. So sind in $t = 0$ alle notwendigen Parameter zur Bestimmung der optimalen Ausfallschranke V_B bekannt. Insofern ist es notwendig zu unterstellen, dass sich die Insider irrational verhalten in dem Sinne, dass sie den Wert des Eigenkapitals und damit ihres Vermögens nicht maximieren. Eine solche Annahme scheint zumindest fragwürdig, insbesondere zumal sie nicht explizit formuliert wird. In einer empirischen Anwendung des Modells zeigen Giesecke/Goldberg (2003), dass die Berücksichtigung einer ungewissen Ausfallschranke die Prognosequalität eines Strukturmodells erhöhen kann, da über die Berücksichtigung der historischen Entwicklung des Unternehmenswertes[67] eine Veränderung des Unternehmenswertes nicht absolut, sondern relativ zu vergangenen Niveaus bewertet wird.

[67] Benötigt wird das historische Minimum des Unternehmenswertes.

Kapitel 3

Modellentwicklung

Im folgenden Kapitel werden wir aufbauend auf der bestehenden Literatur ein Strukturmodell mit unvollständiger Information entwickeln, in dem neben Überschuldung auch Zahlungsunfähigkeit als unabhängige Insolvenzursache abgebildet wird. Um den Ausgangspunkt und die Vorgehensweise bei der Modellierung herauszuarbeiten, werden wir zunächst aus unserer Sicht die Schwachpunkte der bestehenden Literatur benennen und die Ziele unserer Modellierung formulieren.

3.1 Kritik an bestehender Literatur und Ziele der Modellierung

Wie bereits in Abschnitt 2.2 dargelegt, ist die eigenständige Abbildung eines Ausfalls durch Zahlungsunfähigkeit ein wesentliches Anliegen des hier vorgestellten Modells. Dies ist notwendig, da Zahlungsunfähigkeit die häufigste Ursache einer Insolvenzauslösung darstellt[1], in der Regel aber in Kreditrisikomodellen nicht eigenständig abgebildet wird. Einige Ausnahmen, die Zahlungsunfähigkeit eigenständig berücksichtigen, werden wir im Folgenden diskutieren.

Kim/Ramaswamy/Sundaresan (1993) modellieren einen Ausfall durch Zahlungsunfähigkeit, der stattfindet, sobald der Cashflow des Unternehmens nicht mehr ausreicht, die Fremdkapitalverpflichtungen zu bedienen. Allerdings begründen die Autoren nicht, warum es in ihrer friktionslosen Welt keine Investoren gibt, die das nicht überschuldete Unternehmen zum Wohle aller Beteiligten z.B. mittels einer Eigenkapitalerhöhung am Leben erhalten.

---

[1] Vgl. Jostarndt (2006), S. 21.

Ein Modell, das beide Insolvenztatbestände abbilden kann, findet sich bei Uhrig-Homburg (2001). Das modellierte Unternehmen generiert einen Cashflow in Abhängigkeit des Wertes des Unternehmensvermögens, der allerdings für niedrige Zustände nicht ausreicht, die Fremdkapitalverpflichtungen zu erfüllen. Es wird unterstellt, dass die Differenz zwischen dem Cashflow und den fälligen Verbindlichkeiten durch Kapitalerhöhungen von neuen Aktionären aufgebracht werden müssen. Es wird weiterhin unterstellt, dass bei der Kapitalerhöhung Transaktionskosten in Abhängigkeit des aufgenommenen Volumens anfallen. Somit werden Kosten einer Eigenkapitalerhöhung modelliert, die umso höher sind, je schlechter es um die Bonität des betroffenen Unternehmens bestellt ist. Es resultiert ein optimales Niveau V_B, bei dem die Eigenkapitalgeber Ausfall auslösen. In Abhängigkeit der Parameter geschieht dies unter Umständen bei Werten des Unternehmensvermögens, die auch nach Insolvenzkosten eine vollständige Befriedigung der Fremdkapitalgeber zulassen. Somit ist das Modell in der Lage, Zahlungsunfähigkeit unabhängig von Überschuldung abzubilden[2].

Uhrig-Homburg (2001) motiviert zwar die exogen vorgegebenen Transaktionskos-ten mit Hilfe eines Modells, das identisch strukturierte Transaktionskosten aus asymmetrischer Information und daraus folgender adverser Selektion ableitet. Eine Berücksichtigung der asymmetrischen Information im dynamischen Bewertungsmodell erfolgt allerdings nicht. Somit besteht keine modellendogene Verbindung zwischen der Informationsasymmetrie und den Transaktionskosten, was dazu führt, dass Auswirkungen einer Änderung des Grades der Informationsunsicherheit nicht untersucht werden können. Außerdem bleibt unklar, wieso das Fremdkapital und das bestehende Eigenkapital des Unternehmens unter vollständiger Information bewertet werden, während die Emission von jungen Aktien offensichtlich unter asymmetrischer Information geschieht.

Das erste Ziel des hier vorgestellten Modells ist eine konsistente Abbildung von Zahlungsunfähigkeit als Folge unvollständiger Information über den Wert des Unternehmensvermögens. Zahlungsunfähigkeit soll hierbei sowohl in Verbindung mit Überschuldung als auch unabhängig davon auftreten können und eine Folge der unvollständigen Information sein. Hierbei ist zu berücksichtigen, dass Eigenkapitalgeber oder in ihrem Sinne handelnde Manager auf drohende Zahlungsunfähigkeit reagieren können, indem sie versuchen, über Aussenfinanzierung neue Mittel zu beschaffen. Rational handelnde Investoren ihrerseits versuchen, lohnende Anlagemöglichkeiten zu finden und werden von Zahlungsunfähigkeit bedrohte Unternehmen durch Bereitstellung weiterer Mittel vor der Insolvenz retten, wenn sie für das dabei eingegangene Risiko adäquat entschädigt werden. Insofern

[2] Dies entspricht Fall 3 in Abbildung 2.1.

ist zu begründen, warum eine Investition in ein nicht überschuldetes Unternehmen nicht geschieht.

Im hier vorgestellten Modell wird Zahlungsunfähigkeit begründet durch den Unwillen unvollständig informierter potentieller Anleger für eine möglicherweise lohnende Investition in Vorleistung zu treten, wenn das Signal, das sie über die Qualität des Unternehmens erhalten, zu schlecht ist. Praktisch kann man sich vorstellen, dass ein Investor prüft, Zeit, Mühen und Mittel für die Due Dilligence eines Unternehmens aufzuwenden, von dem neue Aktien im Rahmen einer Kapitalerhöhung angeboten werden. Wenn der Investor aus der öffentlichen Information schließt, dass sich eine Investition nicht lohnt, wird er sich nicht bemühen, weitere Informationen zu beschaffen, und das Unternehmen wird keine erfolgreiche Kapitalerhöhung durchführen können.

Der zweite zu behandelnde Problemkreis betrifft die Kosten der Informationsunsicherheit. Im Modell von Duffie/Lando (2001) hat die unvollständige Information zwar einen Einfluss auf die Risikoprämien für das Fremdkapital im *Sekundärmarkt*, nicht aber auf den Wert des Unternehmens in $t = 0$. Der Grund hierfür ist, dass in $t = 0$ Fremdkapital unter Bedingungen vollständiger Information emittiert und Insolvenz in der Folge nur von vollständig informierten Insidern ausgelöst wird. Im Emissionszeitpunkt hat die zukünftige Informationsunsicherheit somit keinen Einfluss auf die Wahrscheinlichkeit oder die Höhe eines Ausfalls des Unternehmens. Das Unternehmen kann daher für jeden in $t = 0$ emittierten Finanztitel denselben Wert erlösen wie ein identisches Unternehmen, das in der Zukunft vorhersehbar keiner Informationsunsicherheit ausgesetzt sein wird. Der Wert des Unternehmens in $t = 0$, bestehend aus der Summe der Werte von Eigen- und Fremdkapital, unterscheidet sich somit nicht von dem eines Unternehmens bei vollständiger Information.

Im Modell von Uhrig-Homburg (2001) könnte man den Barwert der Transaktionskosten bei der Eigenkapitalemission als Kosten der Informationsasymmetrie interpretieren. Da allerdings, wie beschrieben, die Transaktionskosten nicht endogen aus der Informationsasymmetrie abgeleitet werden, besteht kein direkter Zusammenhang. Somit ist das Modell für eine Untersuchung des Einflusses unvollständiger Information auf die Preise von Eigen- und Fremdkapital sowie zur Quantifizierung der Kosten unvollständiger Information ungeeignet.

Im hier vorgestellten Modell soll als zweites Ziel der Modellierung ein direkter Zusammenhang zwischen der unvollständigen Information und den Preisen von Eigen- und Fremdkapital in jedem Zeitpunkt $t \geq 0$ hergestellt werden. Dies ist nur möglich, wenn die unvollständige Information Auswirkungen auf die Ausfallwahrscheinlichkeit oder -höhe des

Unternehmens hat. Ein Einfluss der unvollständigen Information auf den Unternehmenswert ist wiederum nur möglich, wenn die Entscheidungen und Handlungen unvollständig informierter Agenten Auswirkungen auf die Geschicke des Unternehmens haben. Durch die Abbildung eines unabhängigen Ausfalls durch Zahlungsunfähigkeit, der aufgrund unvollständiger Information auftritt, soll dieses Ziel erreicht werden.

Ein mit den Kosten der Informationsunsicherheit verbundenes Problem ist die Frage nach der optimalen Kapitalstruktur und dem Einfluss der Informationsunsicherheit hierauf. Wie bereits diskutiert, hat die unvollständige Information im Modell von Duffie/Lando (2001) keinen Einfluss auf den Wert des Unternehmens und entsprechend auch nicht auf den optimalen Verschuldungsgrad. Insofern unterscheidet sich in deren Modell die optimale Kapitalstruktur eines Unternehmens in einer Welt mit unvollständiger Information nicht von der eines Unternehmens, dass unter Informationssicherheit agiert.

Im Modell von Uhrig-Homburg (2001) fallen, wie beschrieben, Kosten der Eigenkapitalemission an, die Auswirkungen auf die optimale Kapitalstruktur haben. Allerdings ist auch hier wieder kein direkter Zusammenhang zum Grad der Informationsunsicherheit herzustellen.

Die Frage nach dem Einfluss von Informationsunsicherheit auf die optimale Kapitalstruktur ist somit bisher im Rahmen der diskutierten Modellklassen nicht befriedigend gelöst worden. Das dritte Ziel der Modellierung stellt entsprechend die Untersuchung des Einflusses unvollständiger Information auf den optimalen Verschuldungsgrad dar. Das hier vorgestellte Modell stellt einen direkten Zusammenhang zwischen unvollständiger Information und den Werten von Eigen- und Fremdkapital bzw. dem Unternehmen als Ganzes her. Insofern bietet es die Möglichkeit, die Auswirkungen von unvollständiger Information auf den optimalen Verschuldungsgrad zu diskutieren.

Da sich das im weiteren Verlauf dieser Arbeit modellierte Unternehmen an externe Eigenkapitalgeber wendet, um seine Fremdkapitalverpflichtungen zu erfüllen, bildet das Modell eine Kapitalerhöhung unter Informationsunsicherheit ab. Konkret modelliert es die Emission junger Aktien in einem dynamischen Kontext unter unvollständiger Information. Während es zahlreiche Modelle und Ansätze zur Erklärung von Underpricing bei Eigenkapitalemissionen gibt, ist uns keines bekannt, dass Underpricing endogen im Rahmen eines dynamischen Strukturmodells erklärt. Das vierte Ziel der Modellierung ist somit die endogene Erklärung von Underpricing bei der Eigenkapitalemission unter unvollständiger Information in einem dynamischen Modellkontext.

3.2 Zustandsvariable

Als erster Schritt der Modellentwicklung soll die exogene Variable, im Folgenden auch als Zustandsvariable bezeichnet, spezifiziert werden. Da es sich bei dem zu entwickelnden Modell um ein Strukturmodell handelt, fällt die Wahl, wie in dieser Modellklasse üblich, auf den Wert des Unternehmensvermögens. Wir nehmen daher ein zunächst rein eigenfinanziertes Unternehmen an, dessen Wert sich, wie bereits in Abschnitt 2.4 beschrieben, nicht vom Wert seiner Aktiva unterscheidet. Wir unterstellen im Folgenden, dass sich der Wert des Unternehmensvermögens V_t gemäß einer geometrisch Brown'schen Bewegung der Form

$$dV_t = \mu V_t dt + \sigma V_t dW_t \tag{3.1}$$

verhält. μ bezeichnet hierbei die erwartete Momentanrendite p.a., σ bezeichnet die Momentanvolatilität p.a. der Rendite. W bezeichnet einen eindimensionalen Wiener Prozess und t einen beliebigen Zeitpunkt.

Wir nehmen an, dass das betrachtete Unternehmen in einer Welt mit Steuern agiert, so dass sich der Unternehmenswert aus den Zahlungen nach Steuern ableitet, die die Aktiva in der Zukunft voraussichtlich generieren werden. Wir nehmen weiterhin an, dass der Wert des Unternehmensvermögens im Zeitpunkt $t = 0$, V_0, öffentlich bekannt ist. Unternehmenswerte in späteren Zeitpunkten $t > 0$ sind jedoch nicht öffentlich beobachtbar. Insofern stellen zunächst alle $V_{t>0}$ private Information dar.

Da der Wert des Unternehmensvermögens private Information und somit keine öffentlich beobachtbare Größe ist, kann er nicht das Ergebnis eines öffentlichen Handelsprozesses sein. Es wäre somit unrealistisch, den Wert der Unternehmensaktiva V_t als gehandelte Variable zu betrachten. Das gleiche gilt für den Wert des Eigenkapials des Unternehmens, da sich hieraus eindeutig auf den Wert des Unternehmensvermögens rückschließen ließe. Wir werden die Zustandsvariable daher im Folgenden als nicht gehandeltes Underlying behandeln. Die Bewertung von Derivaten auf nicht gehandelte Underlyings zwingt uns zu einer Annahme über die Risikoeinstellung der handelnden Agenten. Wir werden im Folgenden von einer risikoneutralen Welt ausgehen, in der alle Entscheidungen auf der Basis von Erwartungswerten getroffen werden und Risiko keine Rolle spielt. Eine Verallgemeinerung dieser Annahme, die auch verschiedene Grade von Risikoaversion und -freude zulassen würde, wäre unter Umständen möglich, führt aber unseres Erachtens nicht zu einem Informationszuwachs, der den erhöhten Aufwand rechtfertigen würde. Die unterstellte Risikoneutralität hingegen ist üblich[3] und hält das ohnehin komplexe Modell so einfach wie möglich.

Im Zeitpunkt $t = 0$ hat das zunächst rein eigenfinanzierte Unternehmen die Möglichkeit, einmalig Fremdkapital aufzunehmen, um vom Steuervorteil der Fremdfinanzierung zu profitieren. Spätere aktive Änderungen der Kapitalstruktur, z.B. durch eine weitere Aufnahme von Fremdkapital, werden ausgeschlossen. Wir unterstellen, dass die Fremdkapitalaufnahme in Form einer öffentlichen Anleihenemission geschieht. Die Anleihen werden vom Unternehmen mit einem festen Kupon K und einer fixen Laufzeit zu Par[4] begeben und im Anschluss an die Emission auf einem öffentlichen Sekundärmarkt gehandelt. Aufgrund der Emission zu Par entspricht der dem Unternehmen aus der Emission zufließende Betrag dem Nennwert der in der Folge ausstehenden Anleihen. Wir unterstellen, dass das Unternehmen die Mittel aus der Emission der Anleihe in Form einer Sonderdividende an die Anteilseigner des zunächst rein eigenfinanzierten Unternehmens ausschüttet. Diese Annahme bezweckt, dass sich der Wert der Aktiva des nun verschuldeten Unternehmens nicht vom dem des exogen modellierten, unverschuldeten Unternehmens unterscheidet. Diese Annahme ist Voraussetzung dafür, dass sich die Finanzierungs- und Investitionsentscheidungen des Unternehmens getrennt betrachten lassen. Ohne die Annahme über die Ausschüttung der Mittel müsste man modellieren, wie diese angelegt bzw. investiert werden, was nicht Gegenstand des Modells sein soll. Ein etwaiger Wertunterschied zwischen dem nun verschuldeten Unternehmen und dem exogenen unverschuldeten Unternehmen ist kein Problem in Hinsicht auf Arbitragemöglichkeiten, da sich ein Wertunterschied durch die unterstellte Nichthandelbarkeit des unverschuldeten Unternehmens nicht arbitrieren lässt.

Das Unternehmen hat für die begebene Anleihe regelmäßige Zinszahlungen zu leisten. Wir unterstellen, dass diese Zinszahlungen an diskreten Kuponterminen erfolgen und durch die Emission von Eigenkapital finanziert werden. Insbesondere ist es dem Unternehmen verboten, die Kuponzahlungen durch eine Veräußerung von Vermögensgegenständen zu finanzieren. Sowohl dieses Veräußerungsverbot als auch die Annahme der zwingenden Eigen-Außenfinanzierung der Kupons ist in Strukturmodellen üblich[5] und in unserem Fall aus verschiedenen Gründen notwendig, auf die in Abschnitt 3.5 noch näher einzugehen sein wird.

---

[3] Vgl. Duffie/Lando (2001) oder Giesecke (2001).

[4] Diese Annahme dient der Vereinfachung der späteren numerischen Berechnung und ließe sich verallgemeinern. Vgl. hierzu auch die Diskussion dieser Annahme in Abschnitt 4.2.

[5] Vgl. z.B. Leland (1994).

Sollte das Unternehmen am Kupontermin nicht in der Lage sein, seine Verpflichtungen gegenüber den Fremdkapitalgebern zu erfüllen, fällt das Unternehmen aus und wird kostenpflichtig zerschlagen. Unter den Kosten der Zerschlagung verstehen wir sowohl die direkten als auch die indirekten Kosten der Insolvenz. Direkte Kosten der Insolvenz beinhalten beispielsweise Gerichtskosten oder die Kosten des Insolvenzverwalters. Unter indirekten Kosten der Insolvenz verstehen wir alles, was den Wert des Unternehmensvermögens schmälert, ohne direkt zahlungswirksam zu sein. Vorstellen kann man sich hierunter beispielsweise den Wert einer Marke, der darunter leidet, dass der Name des Unternehmens ständig im Zusammenhang mit schlechten Nachrichten genannt wird. Konkret kann man sich aber auch den Wert des Unternehmensinventars vorstellen. Der Wert fertiger Produkte eines Investitionsgüterherstellers wird erheblich darunter leiden, wenn unklar ist, wer in der Zukunft für Garantieleistungen aufkommen oder Ersatzteile produzieren wird.

Im Hinblick auf die Quantifizierung der Kosten der Insolvenz verwenden wir die in Strukturmodellen übliche *Recovery-of-firm-value*-Annahme. Hierbei werden die Kosten der Insolvenz relativ zum Wert des Unternehmensvermögens zum Zeitpunkt der Insolvenz modelliert. Konkret nehmen wir an, dass nach dem Insolvenzverfahren zur Befriedigung der Gläubigeransprüche eine Insolvenzmasse der Höhe $\rho \cdot V_\tau$ zur Verfügung steht. V_τ bezeichnet hierbei den Wert des Unternehmensvermögens im Zeitpunkt der Insolvenz τ. Bei der Insolvenz geht folglich Masse in Form von Wert der Unternehmensaktiva in Höhe von $(1 - \rho) \cdot V_\tau$ verloren. Ein wesentlicher Vorteil dieser Art der Modellierung ist, dass stets die Eigenschaft der beschränkten Haftung einer Kapitalgesellschaft erhalten bleibt. Die Kosten der Insolvenz können für realistische Parameter $0 \leq \rho \leq 1$ niemals höher sein als der Wert des Unternehmensvermögens. Dies gewährleistet, dass diese Kosten nicht von (nur beschränkt haftenden) Dritten übernommen werden müssen, was bspw. dann der Fall sein kann, wenn man die Kosten in absoluter Höhe und unabhängig von der Insolvenzmasse modelliert.

Gläubiger werden bei der Verteilung der Insolvenzmasse streng bevorzugt. Diese Annahme bewirkt, dass die Anteilseigner eines Unternehmens nur dann eine Zahlung aus der Insolvenzmasse erhalten können, wenn die Ansprüche der Fremdkapitalgeber zuvor vollständig befriedigt wurden. Der Anspruch der Fremdkapitalgeber besteht im Insolvenzfall aus dem Anspruch auf Rückzahlung des geliehenen Kapitals zum Nennwert und aus dem Anspruch auf Auszahlung der bis zum Zeitpunkt der Insolvenz aufgelaufenen Stückzinsen aus der Anleihe.

3.3 Handelnde Personen des Modells

Nachdem im vorhergehenden Abschnitt mit der Definition der exogenen Variablen der Grundstein des Modells gelegt wurde, sollen nun die handelnden Personen beschrieben werden.

Im Modell treten insgesamt drei verschiedene Gruppen von handelnden Personen auf. Diese drei Gruppen sind zum Ersten die Eigentümer/Manager des Unternehmens, zum Zweiten potentielle Investoren, die an den privaten Kapitalerhöhungen des Unternehmens teilnehmen, und zum Dritten Investoren auf dem öffentlichen Markt für Unternehmensanleihen.

Während alle Gruppen von Agenten risikoneutral sind, unterscheiden sie sich am offensichtlichsten durch ihren Informationsstand. Die Eigentümer/Manager des Unternehmens sind Insider und verfügen als solche zu jeder Zeit über vollständige Informationen. Die Angehörigen der anderen beiden Gruppen sind Outsider und verfügen somit nur über unvollständige öffentliche Informationen. Es wird unterstellt, dass die Manager als Insider keine Möglichkeit haben, ihre vollständigen Informationen glaubwürdig zu signalisieren. Hierzu wird das in der Folge zu entwickelnde Modell so gestaltet sein, dass die Insider keine Möglichkeit haben, Information über den wahren Zustand des Unternehmens durch bestimmte Handlungen, wie z.B. die Wahl eines bestimmten Finanzierungsinstruments[6], an die Outsider zu geben. Da die Insider keine Möglichkeit haben, ihren Informationsvorsprung gegenüber den Outsidern strategisch zu nutzen und wir lediglich ein Unternehmen betrachten, spielen moral-hazard-Probleme und adverse Selektion ebenfalls keine Rolle. Wir sprechen daher gemäß unserer Definition in Abschnitt 2.6 von unvollständiger Information im Gegensatz zu asymmetrischer Information, was strategische Handlungen der Insider einschließen könnte.

Für die Eigentümer/Manager des Unternehmens als Insider unterstellen wir des Weiteren, dass sie aufgrund eines Mangels an liquiden Vermögensgegenständen nicht in der Lage sind, die für die Kuponzahlungen nötigen Kapitalerhöhungen selbst aufzubringen. Diese Annahme bezweckt, dass die Kapitalerhöhung von neuen Anteilseignern erbracht werden muss[7]. Eigentümern/Managern ist es ebenfalls verboten, auf dem Markt für Unternehmensanleihen zu handeln. Diese Annahme lässt sich leicht mit einem Handelsverbot

[6] Vgl. z.B. Myers/Majluf (1984).

[7] Uhrig-Homburg (2001) trifft die gleiche Annahme, da es sinnlos wäre, Transaktionskosten für die EK-Emission an Outsider zu unterstellen, wenn die Insider problemlos selber zuschießen können. Vgl. Uhrig-Homburg (2001), S.113.

für Unternehmensinsider motivieren und verhindert, dass private Informationen über den wahren Wert des Unternehmens in den Markt gelangen, auf dem die Anleihen auf der Basis von öffentlichen Informationen bewertet werden sollen.

Da die Eigentümer/Manager des Unternehmens aufgrund des unterstellten Mangels an Liquidität die notwendigen Kapitalerhöhungen nicht selber leisten können, werden die neuen Aktien potentiellen Investoren in Form einer Privatplatzierung angeboten. Es wird unterstellt, dass die unvollständig informierten potentiellen Investoren die Emission nicht zeichnen, ohne den genauen Wert des Unternehmens zu kennen[8]. Hierzu haben sie die Möglichkeit, eine Prüfung des Unternehmens zum Preis von C durchzuführen, die ihnen den wahren Wert des Unternehmens aufdeckt. Auf der Basis ihres Wissens über den wahren Zustand des Unternehmens können die potentiellen Investoren dann entscheiden, ob sie an der Kapitalerhöhung teilnehmen wollen. Es wird unterstellt, dass ein potentieller Investor durch eine Investition in das Unternehmen zum Insider wird, da er nun zum Kreis der Eigentümer/Manager des Unternehmens gehört. Der Grund für diese Annahme ist, dass Kapitalerhöhungen von jungen Aktionären erbracht werden sollen, die noch keinen Anteil am Unternehmen besitzen. Dies ist notwendig, da ansonsten der individuelle Bestand von Altaktien beim Kalkül der potentiellen Investoren über die Prüfungsentscheidung zu berücksichtigen wäre.

Die dritte Gruppe handelnder Personen umfasst diejenigen Investoren, die auf dem Markt für Unternehmensanleihen aktiv sind. Auch diese Personen sind Outsider und verfügen als solche lediglich über öffentliche Informationen. Wir unterstellen, dass diese Gruppe genau wie die Eigentümer/Manager nicht an der Kapitalerhöhung des Unternehmens teilnehmen darf. Der Grund für diese Annahme ist wiederum, dass das Kalkül der Investoren bei der Kapitalerhöhung nicht vom (individuellen) Besitz an Wertpapieren des Unternehmens abhängen soll. Man kann sich leicht vorstellen, dass der Besitz von Unternehmensanleihen einen Einfluss darauf haben kann, ob sich ein Investor dazu entschließt, die Existenz des Unternehmen durch Investition zu sichern[9]. Dieser Aspekt wird bei der Frage nach der optimalen Insolvenz allerdings regelmäßig ignoriert, da Insolvenz in Strukturmodellen üblicherweise von Eigenkapitalgebern ausgelöst wird, die annahmegemäß keine Anleihen ihres Unternehmens besitzen[10]. Da der Wert des Eigenkapitals zum Zeitpunkt der optimalen Insolvenz in Modellen mit vollständiger Information einen Wert von null hat, spielt

[8] Es lässt sich numerisch zeigen, dass es für die potentiellen Investoren in der Regel besser ist, erst den Wert des Unternehmens zu prüfen und nur dann zu investieren, wenn es sich lohnt. Eine Ausnahme bilden hier Parameterkonstellationen mit sehr hohen Prüfkosten.

[9] Dies gilt insbesondere für den Fall positiver Insolvenzkosten, was zu einer massiven Kritik an diesem Konzept geführt hat. Vgl. z.B. Haugen/Senbet (1978).

[10] Vgl. z.B. Leland (1994).

der individuelle Aktienbesitz der Manager für die Ausfallentscheidung keine Rolle. Im hier vorgestellten Modell ist dies nicht der Fall, da potentielle Investoren zu einem Zeitpunkt über eine mögliche Prüfung entscheiden müssen, zu dem der Wert des Eigenkapitals (im nicht überschuldeten Normalfall) noch positiv ist.

3.4 Öffentliche und private Informationen

Ein wesentlicher Baustein zum Verständnis des hier vorgestellten Modells ist die Struktur der öffentlichen und privaten Informationen. Wir werden daher im Folgenden detailliert beschreiben, welche Informationen Insider und Outsider zu jedem Zeitpunkt des Modellverlaufes besitzen und wie sie diese nutzen.

Wie bereits in den Abschnitten 3.2 und 3.3 beschrieben, besteht der Unterschied zwischen Insidern und Outsidern darin, dass Insider jederzeit über den wahren Wert der Zustandsvariablen informiert sind. Die Outsider hingegen können die Evolution der Zustandsvariablen nicht beobachten und verfügen nur über Informationen, die im Verlauf der Zeit öffentlich werden. Hierbei wird angenommen, dass die Outsider stets über alle öffentlichen Informationen der Vergangenheit verfügen, also keine Informationen "vergessen". Wie bereits erwähnt, wird unterstellt, dass zu Beginn des Modellverlaufes in $t = 0$ der Wert der Zustandsvariablen V_0 bekannt ist. Somit verfügen Insider und Outsider zum Start des Modells über identische Informationen. Es wird weiterhin unterstellt, dass die Outsider die Parameter μ und σ der Dynamik (3.1) der Zustandsvariablen kennen. Sie verfügen somit, zusammen mit der Information über den ursprünglichen Wert der Zustandsvariablen V_0, über alle Informationen, die notwendig sind, um sich alle möglichen zukünftigen Werte der Zustandsvariablen $V_{t>0}$ und deren unbedingte Eintrittswahrscheinlichkeiten $P(V_t)$ abzuleiten. Dieses Wissen ist die Grundlage, auf die die Outsider jeweils das für ihre Entscheidungen notwendige Kalkül basieren.

Während sich die Informationsmenge der Outsider im Verlauf der Zeit $t > 0$ zunächst nicht ändert, können die Insider den Wert der Zustandsvariablen $V_{t>0}$ beobachten. Dieser Wert ergibt sich als eindeutige Lösung der stochastischen Differentialgleichung (3.1) zu

$$V_t = e^{Z(t)} \tag{3.2}$$

mit

$$Z(t) = Z_0 + mt + \sigma W_t \tag{3.3}$$

und

$$m = \mu - \frac{\sigma^2}{2} \,. \qquad (3.4)$$

In den Kuponterminen muss das Unternehmen, wie beschrieben, eine Eigenkapitalerhöhung durchführen, um die fälligen Kupons aus der Fremdkapitalemission bedienen zu können. Zu diesem Zweck erstellen die Eigentümer/Manager als Insider auf Basis ihrer Kenntnis des wahren Unternehmenswertes eine Bilanz B_t. Es wird hierbei unterstellt, dass der Bilanzwert des Unternehmens aufgrund zahlreicher Bilanzierungs- und Bewertungsvorschriften und -wahlrechte nicht dem marktmäßigen Wert der Aktiva des Unternehmens entsprechen muss. Vielmehr ist der Bilanzwert ein zwar im Mittel unverzerrtes, aber verrauschtes Signal über den wahren Wert der Zustandsvariablen. In diesem Sinne ist der veröffentlichte Bilanzwert als zufällige Ziehung aus einer Verteilung zu interpretieren, die um den wahren Wert streut und deren Mittelwert dem wahren Wert entspricht. Wir unterstellen, dass die Verteilung möglicher Bilanzwerte im Kupontermin $\tilde{B}_t$ gegeben ist als

$$\tilde{B}_t = e^{\tilde{Y}(t)} \qquad (3.5)$$

mit

$$\tilde{Y}(t) = Z(t) + \tilde{U}(t) \qquad (3.6)$$

und

$$\tilde{U}(t) \sim N(-\frac{\kappa^2}{2}, \kappa), \qquad (3.7)$$

wobei $\tilde{U}(t)$ und $Z(t)$ als unabhängig unterstellt werden und κ die Standardabweichung von $\tilde{U}(t)$ bezeichnet.

Da die Outsider in jedem Kupontermin nur einen Bilanzwert des Unternehmens beobachten können und sich bei der nächsten Veröffentlichung, beispielsweise ein halbes Jahr später, der Wert des Unternehmens verändert hat, reicht die Kenntnis eines zufälligen Bilanzwertes nicht aus, um den aus Sicht der Outsider unbekannten wahren Unternehmenswert mit Sicherheit zu bestimmen. Dies gilt auch dann, wenn wir unterstellen, dass die Outsider über die Art und Weise des zufälligen Zustandekommens der Bilanz informiert sind. Diese Annahme erscheint realistisch, da davon auszugehen ist, dass auch die Outsider die gültigen Vorschriften mit allen enthaltenen Bilanzierungs- und Bewertungswahlrechten kennen. Formal unterstellen wir somit, dass die Outsider die Zusammenhänge (3.5) (3.7) kennen und über den Wert des Parameters κ informiert sind, der die Stärke des Rauschens der Bilanzinformation reguliert. Für ein κ von null wäre die Bilanzinformation vollständig und aus der Bilanz ließe sich mit Sicherheit der wahre Wert des Unternehmens bestimmen. Für sehr hohe Werte von κ reduziert sich der Informationsgehalt der Bilanz. Im Extremfall eines unendlichen κ hätte die Bilanz für die Outsider keinen Informationswert.

Dass es sich bei der in dieser Weise modellierten Bilanzinformation tatsächlich um ein unverzerrtes Signal handelt, wird deutlich, wenn man den Zusammenhang

$$E\left[\tilde{B}_t \middle| Z(t)\right] = e^{Z(t)} \cdot E\left[e^{\tilde{U}(t)}\right] = V_t \tag{3.8}$$

betrachtet. Dies wäre beispielsweise dann nicht der Fall, wenn die Insider versuchen würden, ihren Informationsvorsprung zu nutzen, um eine in ihrem Sinne manipulierte (zu gute) Bilanz zu erstellen. Ein solches Verhalten wäre an dieser Stelle problemlos zu modellieren. Ob ein solches Verhalten für die Insider erfolgversprechend ist, hängt davon ab, ob die Outsider dieses Verhalten antizipieren und entsprechend bei ihrer Interpretation der Bilanz berücksichtigen. Wenn den Outsidern das Verhaltensmuster der Insider bekannt ist, werden sie die Bilanzmanipulation der Insider rückrechnen und so zu dem gleichen Ergebnis kommen, das sie erhalten hätten, wenn die Insider von Anfang an ehrlich gewesen wären und die Outsider dies wüssten. Lediglich in dem Fall, dass die Outsider die Bilanzmanipulation der Insider nicht antizipieren, könnte diese einen Effekt haben. Hier wäre dann allerdings zu modellieren bzw. zu begründen, warum sich die Outsider dauerhaft systematisch täuschen lassen und nicht dazulernen. Da im hier beschriebenen Modell unvollständige Information herrschen soll, was laut unserer Definition in Abschnitt 2.6 strategisches Verhalten der besser informierten Insider ausschließt, unterstellen wir, dass die Insider keine systematische Bilanzmanipulation vornehmen und die Outsider dies wissen.

Da es den Insidern, wie beschrieben, nicht möglich ist, den wahren Wert des Unternehmens glaubhaft zu signalisieren, besteht der einzige Informationszuwachs der Outsider im Kupontermin aus der veröffentlichten Bilanz. Die Outsider nutzen diese Information, um ihre sonstigen Informationen über den wahren Wert des Unternehmens zu erweitern. Die sonstigen Informationen bestehen aus dem letzten bekannten Unternehmenswert und der Kenntnis der Dynamik der Zustandsvariablen. Die Outsider haben daher vor Veröffentlichung der Bilanz eine Vorstellung von allen möglichen Werten, die das Vermögen des Unternehmens im Kupontermin annehmen kann, und deren unbedingen[11] Eintrittswahrscheinlichkeiten. Mit Hilfe eines Bayesian Updates erweitern die Outsider

[11] Wir sprechen in diesem Zusammenhang von "unbedingt" im Gegensatz zu bedingt auf den Bilanzwert. Genaugenommen sind die betreffenden Wahrscheinlichkeiten nicht unbedingt, sondern bedingt auf den Vorgängerzustand und die Dynamik der Zustandsvariablen.

Abbildung 3.1: Update der öffentlichen Information durch Bilanzwert in t=1

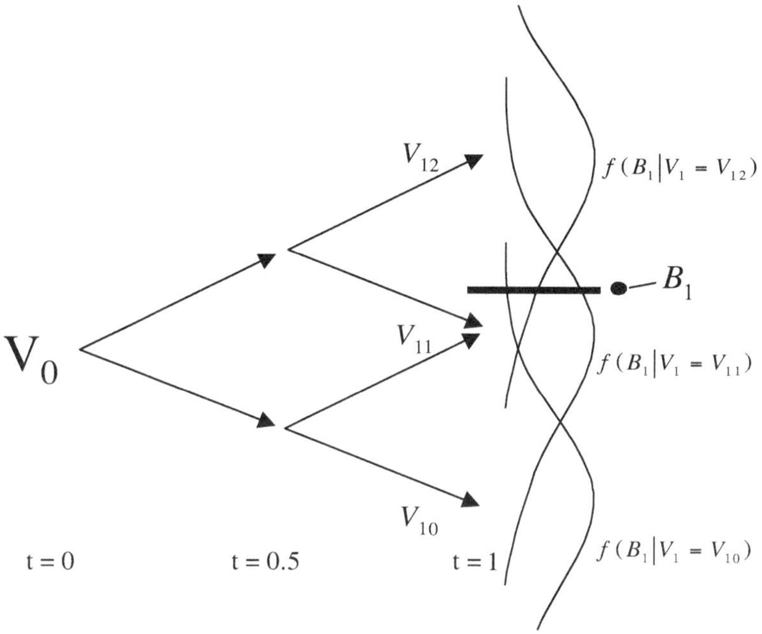

ihre Informationsmenge um den verrauschten Bilanzwert des Unternehmens. Wie dieses Update funktioniert, soll im folgenden anhand eines einfachen Beispiels in diskreter Zeit deutlich werden[12].

Hierzu unterstellen wir analog zu unserem Beispiel in Abschnitt 2.4, dass sich der Wert des Unternehmensvermögens von einem Niveau V_0 ausgehend in einem Zeitraum Δt entweder um den Faktor $u = e^{\sigma\sqrt{\Delta t}}$ nach oben oder um den Faktor $d = e^{-\sigma\sqrt{\Delta t}}$ nach unten bewegt. Als Δt wählen wir 1/2 Jahr und unterstellen, dass der erste Kupontermin nach einem Jahr fällig wird. Die Wahrscheinlichkeit, dass sich der Wert des Unternehmensvermögens nach oben bewegt, beträgt $p = \frac{e^{r\Delta t}-d}{u-d}$, die Wahrscheinlichkeit einer Bewegung im Binomialbaum nach unten beträgt entsprechend $(1-p)$[13]. Wie man in Abbildung 3.1 erkennen kann, kommen für den Unternehmenswert im Zeitpunkt $t = 1$ drei mögliche Zustände in Frage, die hier als V_{1i} mit $i = 1, 2, 3$ bezeichnet sind. Die unbedingten Ein-

[12] Vgl. Duffie/Lando (2001), S. 642.
[13] Vgl. z.B. Hull (1997), S. 206.

trittswahrscheinlichkeiten der Zustände lassen sich aus der Kenntnis der Dynamik der Zustandsvariablen und des Startwertes ableiten. Die unbedingte Wahrscheinlichkeit, dass sich der wahre Wert des Unternehmensvermögens in einem bestimmten der drei möglichen Zustände befindet, beträgt somit

$$P(V_1 = V_{1i}) = \binom{2}{i} p^{(2-i)} \cdot (1-p)^i. \tag{3.9}$$

Da die Outsider annahmegemäß über die gültigen Bilanzierungsbestimmungen und somit die Stärke des Rauschens in der Bilanz informiert sind, wissen sie, welche Bilanzwerte für einen gegebenen wahren Unternehmswert in Frage kommen. Formaler ausgedrückt kennen sie die Verteilung möglicher Bilanzwerte bedingt auf einen wahren Zustand i. Für einen wahren Zustand V_{1i} muss also gelten, dass der veröffentlichte Bilanzwert B_1 aus der Verteilung der möglichen Bilanzwerte um den wahren Zustand i stammt. Den Funktionswert der Verteilung der möglichen Bilanzwerte an der Stelle der veröffentlichten Bilanz B_1 bezeichnen wir mit $f(B_1 | V_1 = V_{1i})$.

Wie bereits erwähnt, nutzen die Outsider diese öffentlichen Informationen, um ihre Informationsmenge mittels eines Bayesian Updates zu erweitern. Als Ergebnis dieses Informationsupdates erhalten sie die Wahrscheinlichkeiten dafür, dass sich der wahre Wert des Unternehmensvermögens in einem bestimmten der möglichen Zustände befindet, bedingt auf die öffentlich verfügbare Bilanzinformation. In unserem konkreten Beispiel mit drei möglichen Zuständen ergibt sich diese Wahrscheinlichkeit zu

$$\begin{aligned} P(V_1 = V_{1i} | B_1) &= \frac{P((V_1 = V_{1i}) \cap B_1)}{P(B_1)} \\ &= \frac{f(B_1 | V_1 = V_{1i}) \cdot P(V_1 = V_{1i})}{\sum_{j=0}^{2} f(B_1 | V_1 = V_{1j}) \cdot P(V_1 = V_{1j})}. \end{aligned} \tag{3.10}$$

Dieses Update lässt sich natürlich für jede beliebige Anzahl an diskreten Zuständen ebenso durchführen wie für eine zeitstetige Zustandsvariable[14], die eine unendliche Anzahl an möglichen Werten annehmen kann.

Als Ergebnis des beschriebenen Kalküls verfügen die Outsider im Kupontermin über auf die Bilanzinformation bedingte, öffentliche Informationen hinsichtlich des wahren Wertes der Zustandsvariablen. Sie wissen, welche Werte die Zustandsvariable annehmen kann,

[14] Für die Beschreibung des Updates einer zeitstetigen Zufallsvariablen durch eine oder mehrere unvollständige Bilanzinformationen vgl. Duffie/Lando (2001), S. 642.

und sie wissen, mit welcher Wahrscheinlichkeit sich das Unternehmen in welchem Zustand befindet. Diese Information ist für alle Outsider gleich und wird von ihnen bei allen im Folgenden beschriebenen Entscheidungen zugrunde gelegt.

3.5 Eigenkapitalemission unter unvollständiger Information

Wie bereits mehrfach erwähnt, unterstellen wir, dass das Unternehmen im Kupontermin frisches Eigenkapital aufnehmen muss, um seinen Zahlungsverpflichtungen aus der Fremdkapitalemission nachzukommen. Diese Annahme ist nicht willkürlich, sondern aus verschiedenen Gründen notwendiger Bestandteil des Modells. Um die gewünschte Abbildung einer Insolvenz durch Zahlungsunfähigkeit eines nicht überschuldeten Unternehmens zu erreichen, müssen wir zunächst verlangen, dass die Kapitalerhöhung durch Outsider geleistet wird und nicht, wie etwa im Modell von Duffie/Lando (2001), von den Insidern erbracht wird. Die Insider sind stets über der wahren Wert des Unternehmens informiert und werden es daher so lange durch Zuschüssen am Leben erhalten, wie es nicht überschuldet ist. Insofern ist eine Abbildung von Zahlungsunfähigkeit ohne gleichzeitige Überschuldung so nicht möglich. Als in Frage kommenden Alternativen zur Finanzierung der Kuponzahlungen verbleiben somit (1) die Liquidation von Vermögensgegenständen, (2) vom Unternehmen generierte freie Cashflows, (3) die Aufnahme weiteren Fremdkapitals und (4) die Emission junger Aktien. Bei näherer Betrachtung dieser Alternativen zeigt sich allerdings, dass in dem von uns gewählten Modellkontext lediglich die Emission junger Aktien in Frage kommt.

(1) Zunächst könnte man sich fragen, warum das Unternehmen nicht einfach Vermögensgegenstände verkauft, um die Kupons zu finanzieren. Diese Art der Finanzierung wird in Strukturmodellen hauptsächlich aus zwei Gründen ausgeschlossen. Erstens kann es nicht im Interesse der Fremdkapitalgeber sein, wenn das Unternehmen seine produktiven Aktiva, die als Haftungsmasse für die geliehenen Mittel dienen, zu Geld macht, um die Kupons zu finanzieren. Ein solches Verhalten sollte daher regelmäßig von Seiten der Fremdkapitalgeber im Kreditvertrag ausgeschlossen werden. Der zweite Grund liegt in der Art und Weise, wie Strukturmodelle konstruiert sind. Eigen- und Fremdkapital werden hier bewertet als Derivate auf das Vermögen eines ansonsten identischen, aber rein eigenfinanzierten Unternehmens. Es wird somit unterstellt, dass sich die realwirtschaftlichen Aktivitäten des verschuldeten Unternehmens nicht von denen des unverschuldeten

unterscheiden. Wenn das verschuldete Unternehmen Teile seiner Aktiva liquidiert, um die fälligen Kupons zu finanzieren (was das unverschuldete Unternehmen naturgemäß nicht muss), ist diese Annahme nicht mehr gültig, da sich die Aktiva der beiden Unternehmen fortan unterscheiden. Insofern ist eine Veräußerung von Unternehmensaktiva zur Finanzierung von Kupons auszuschließen.

(2) Weiterhin könnte man sich fragen, warum das Unternehmen nicht in der Lage sein soll, seine Verpflichtungen aus dem laufenden freien Cashflow zu bedienen. Wir haben bei der Modellierung unterstellt, dass das Unternehmen keinen freien Cashflow generiert, aus dem die Kupons zu zahlen wären. Diese Annahme ist in der Literatur durchaus üblich, ohne dass sie in jedem Fall gebraucht würde[15]. In unserem speziellen Fall ist sie allerdings notwendig. Der Grund hierfür ist, dass ein eindeutig in Abhängigkeit des Wertes der Unternehmensaktiva modellierter und beobachtbarer freier Cashflow ein Signal über den wahren Wert des Unternehmens wäre. Die Outsider könnten vom freien Cashflow auf den wahren Wert des Unternehmens rückschliessen, was die von uns beabsichtigte unvollständige Information über diese Grösse aufheben würde.

Im Gegensatz zu uns berücksichtigen Duffie/Lando (2001) in ihrem Modell mit unvollständiger Information einen freien Cashflow. Allerdings unterstellen sie implizit, dass der Cashflow, der den Insidern zufließt, von Outsidern des Unternehmens nicht beobachtet werden kann. Da die Kuponzahlung des Unternehmens im Modell von Duffie/Lando (2001) in voller Höhe von den Insidern und nicht aus dem freien Cashflow geleistet wird, ist in diesem Fall die Annahme des nicht beobachtbaren freien Cashflows vertretbar. Bei einer Deckung der Kuponzahlungen aus freiem Cashflow müsste unterstellt werden, dass dieser stets in ausreichender Höhe vorliegt. Eine Insolvenz aufgrund von Zahlungsunfähigkeit wäre dann allerdings nicht möglich. Kann der freie Cashflow die Höhe der fälligen Zinszahlung auch unterschreiten, wäre die Höhe des freien Cashflows und damit der Unternehmensaktiva spätestens zu dem Zeitpunkt öffentlich, in dem das Unternehmen versucht, den Rest der Kuponzahlung durch eine Kapitalerhöhung aufzubringen. Somit wäre der Unternehmenswert in unserem Modell lediglich für hohe wahre Werte unbekannt, in denen der freie Cashflow ausreicht, um den Kupon vollständig zu bedienen. Für niedrigere Werte hingegen wäre der wahre Zustand öffentliche Information und die Abbildung von Zahlungsunfähigkeit in nicht überschuldeten Zuständen wäre nicht möglich.

Denkbar wäre weiterhin die Modellierung eines zufälligen oder konstanten freien Cashflows, der kein Signal über den wahren Wert des Unternehmens bedeuten würde. Eine Erweiterung des Modells in diese Richtung ist denkbar, ohne die Informationsstruktur zu

[15] Vgl. z.B. Leland (1994).

verändern oder zu beschädigen. Allerdings ist bei einer solchen Modellierung zu beachten, dass die Deckung der Kuponzahlungen aus fixen oder zufälligen Cashflows aus dem Unternehmensvermögen den Wert der Aktiva des Unternehmens, und damit den Wert aller darauf geschriebenen Derivate, pfadabhängig macht[16]. Eine solche Pfadabhängigkeit führt zu einem sehr hohen Rechenaufwand bei der Lösung des Modells und sollte daher nach Möglichkeit vermieden werden.

(3) Eine weitere Möglichkeit wäre, die Kupons jeweils durch eine zusätzliche Emission von Fremdkapital zu finanzieren. Neben der bereits beschriebenen Problematik, dass bestehende Fremdkapitalgeber bei einer weiteren gleich- oder nachrangigen Emission von Fremdkapital einen Wertverlust ihrer Position erleiden und diesen entweder in $t = 0$ antizipieren oder weitere Emissionen vertraglich ausschließen lassen, entsteht auch ein Problem in der Modellösung. Durch die Finanzierung von Kupons durch Fremdkapitalemissionen wird der Wert des Unternehmens aus folgendem Grund pfadabhängig. Das Unternehmen muss in jedem Kupontermin einen identischen Betrag an zusätzlichem Fremdkapital aufnehmen, um den Kupon zu finanzieren. Damit der Marktwert des zusätzlichen Fremdkapitals immer dem erforderlichen Betrag entspricht, muss das Unternehmen abhängig vom Wert der Zustandsvariablen die Ausstattung der neu zu emittierenden Anleihe anpassen. Entweder ändert sich also mit dem Zustand des Unternehmens der versprochene Rückzahlungsbetrag oder der Kupon oder beides. Wenn man nun das Unternehmen am Rückzahlungstermin der ursprünglichen Anleihe in einem gegebenen Zustand betrachtet, besteht ein Unterschied, ob das Unternehmen über einen "hohen" oder einen "niedrigen" Pfad in diesen Zustand gelangt ist. Bei hohen Werten der Zustandsvariablen müssen den Gläubigern vergleichsweise geringe Rückzahlungen und Kupons versprochen werden, um das benötigte Kapital aufzunehmen. Bei niedrigen Werten ist das Gegenteil der Fall. Das Unternehmen wird also bei einer Folge hoher Zustände nominell weniger Fremdkapital ausstehen haben, als bei einer Folge niedriger Zustände. Damit hängt für einen gegebenen Wert der Zustandsvariablen die Kapitalstruktur und damit der Wert des verschuldeten Unternehmens vom historischen Pfad der Zustandsvariablen ab.

(4) Diese Art der Pfadabhängigkeit entsteht nicht, wenn die Kupons durch Eigenkapitalemissionen finanziert werden. Der Grund liegt darin, dass Eigenkapital den Residualanspruch auf das Unternehmensvermögen darstellt und somit nur den Rest erhält, der nach der Bedienung des Fremdkapitalanspruchs noch übrig ist. Durch die Emission neuen Eigenkapitals entstehen somit keine zusätzlichen Ansprüche gegen das Unternehmens-

[16] Dies kann man sich leicht klar machen, indem man sich überlegt, dass ein Binomialbaum in einem solchen Fall nicht mehr rekombiniert.

vermögen, wie es im Fall zusätzlicher Fremdkapitalemissionen der Fall ist, sondern die Ansprüche der sonstigen Eigenkapitalgeber werden verwässert. Im Endeffekt bedeutet dies, dass der Wert des *gesamten* Eigenkapitals am Fälligkeitstermin der Anleihe nicht von dem Pfad abhängt, den das Unternehmensvermögen genommen hat. Da somit die Kapitalstruktur des Unternehmens nicht pfadabhängig ist, ist auch der Wert des verschuldeten Unternehmens nicht pfadabhängig. Der Wert des Anteils eines einzelnen Aktionärs am Ende der Laufzeit des Fremdkapitals hängt hingegen sehr wohl von dem Pfad ab, den die Zustandsvariable genommen hat. Das ist leicht nachzuvollziehen, weil sein Anteil umso stärker verwässert wird, je geringer die Unternehmenswerte zwischenzeitlich ausgefallen sind. Dies ist einleuchtend, da das Unternehmen in schlechten Zuständen für ein gegebenes Volumen der Kapitalerhöhung einen größeren Anteil am Eigenkapital anbieten muss, um einen potentiellen Investor zur Investition zu bewegen. Dies ist den ursprünglichen Eigentümern des Unternehmen allerdings bekannt und daher ist der Wert des Eigenkapitals des Unternehmens in $t = 0$ ein gewichtetes Mittel der möglichen Werte dieses Anteils am Ende der Laufzeit und bezieht somit alle möglichen Verwässerungen in allen Zuständen mit ein.

Ein weiterer Grund dafür, dass wir die Finanzierung der fälligen Kupons durch Eigenkapitalemissionen unterstellen und nicht etwa den Eigentümern/Managern des Unternehmens in jeder Periode die Wahl überlassen, ob sie Eigen- oder Fremdkapital aufnehmen wollen, besteht darin, dass wir ihnen kein Signalling des wahren Unternehmenswertes ermöglichen wollen. Wie bereits mehrfach erwähnt, handelt es sich bei dem hier vorgestellten Modell um eines mit unvollständiger Information, dass strategische Handlungen der besser informierten Insider ausschließt. Hätten die Insider die Möglichkeit, nach der Veröffentlichung der zufälligen Bilanz das Instrument zu bestimmen, mit dem sie die Mittel beschaffen wollen, würde diese Wahl etwas über den wahren Zustand des Unternehmens relativ zur öffentlichen Wahrnehmung aussagen[17]. Wenn die Insider wissen, dass sich das Unternehmen in einem besseren Zustand befindet, als es öffentlich wahrgenommen wird[18], werden sie tendentiell eher Fremdkapital emittieren. Ist der wahre Zustand des Unternehmens schlechter als seine öffentliche Wahrnehmung, wird eine Eigenkapitalemission wahrscheinlicher. Da die Outsider die möglichen Zustände des Unternehmens und die Bilanzinformation im Kupontermin kennen, könnten sie die Entscheidung der Insider über die Wahl des Instruments mit in ihr Kalkül einbeziehen.

[17] Vgl. z.B. Myers/Majluf (1984).

[18] Dies wäre beispielsweise der Fall, wenn das Unternehmen eine Bilanz veröffentlichen muss, die den wahren Wert des Unternehmens zu schlecht aussehen lässt.

Aus den genannten Gründen unterstellen wir, dass das Unternehmen am Kupontermin frisches Eigenkapital in Form einer Emission junger Aktien aufnimmt. Um sicherzustellen, dass der Wert der Aktiva des verschuldeten Unternehmens stets dem Wert der Aktiva des ansonsten identischen, aber unverschuldeten Unternehmens entspricht, muss das verschuldete Unternehmen frisches Eigenkapital in der Höhe aufnehmen, dass es genau den Kupon bezahlen kann. Wir hatten unterstellt, dass das unverschuldete Unternehmen in einer Welt mit Steuern agiert und keinen freien Cashflow generiert. Dies bedeutet, dass der von den Aktiva generierte Cashflow gerade ausreicht, um die werterhöhenden Investitionen durchzuführen und die Steuern auf das Unternehmensergebnis zu bezahlen. Das ansonsten identische verschuldete Unternehmen generiert den gleichen Cashflow vor Steuern und kann nun die Kuponzahlung von der Steuerbemessungsgrundlage absetzen. Für einen Kupon der Höhe K bedeutet dies, dass das verschuldete Unternehmen eine geringere Steuerzahlung in Höhe von $s \cdot K$ zu leisten hat als das unverschuldete Unternehmen. Hierbei bezeichnet s den Steuersatz eines linearen Erfolgssteuertarifs. Für die Aufnahme von frischem Eigenkapital unter der Vorgabe, dass die Aktiva des verschuldeten Unternehmens denen des identischen unverschuldeten entsprechen sollen, bedeutet dies nun, dass das Unternehmen neue Mittel im Umfang des Kupons nach Steuern $(1 - s) \cdot K$ aufnehmen muss.

Der Ablauf der Kapitalerhöhung im Kupontermin ist schematisch in Abbildung 3.2 dargestellt. Ausgangspunkt sind die potentiellen Investoren, die bereit sind, an der vom Unternehmen angestrengten Kapitalerhöhung teilzunehmen, wenn es sich für sie lohnt. Wir hatten in Abschnitt 3.3 unterstellt, dass alle handelnden Personen des Modells risikoneutral sind und die potentiellen Investoren nur dann junge Aktien des Unternehmens erwerben, wenn sie deren Wert und damit den Wert des Unternehmens genau kennen. Hierzu hatten wir den potentiellen Investoren die Möglichkeit eingeräumt, den wahren Wert des Unternehmens durch eine Sonderprüfung zu Kosten von C festzustellen. Wir unterstellen somit, dass die Insider ihren Bedarf an einer Kapitalerhöhung anmelden und eine Bilanz erstellen, um den Outsidern das einzige ihnen mögliche Signal über den wahren Wert des Unternehmens zu geben. Die potentiellen Investoren entscheiden auf Basis ihrer öffentlichen Informationen, ob es sich für sie lohnt, die mögliche Investition weiterzuverfolgen und entsprechend eine Prüfung des Unternehmens durchzuführen. Sie werden dies nur dann tun, wenn auf Basis ihrer öffentlichen Informationen der Erwartungswert der Strategie "Unternehmen prüfen und danach investieren, wenn es sich lohnt" positiv ist. Dieser Erwartungswert setzt sich zusammen aus der sicheren Auszahlung für die Prüfung des Unternehmens und dem unsicheren Gewinn, den die potentiellen Investoren aus der

Abbildung 3.2: Ablauf der Kapitalerhöhung im Kupontermin

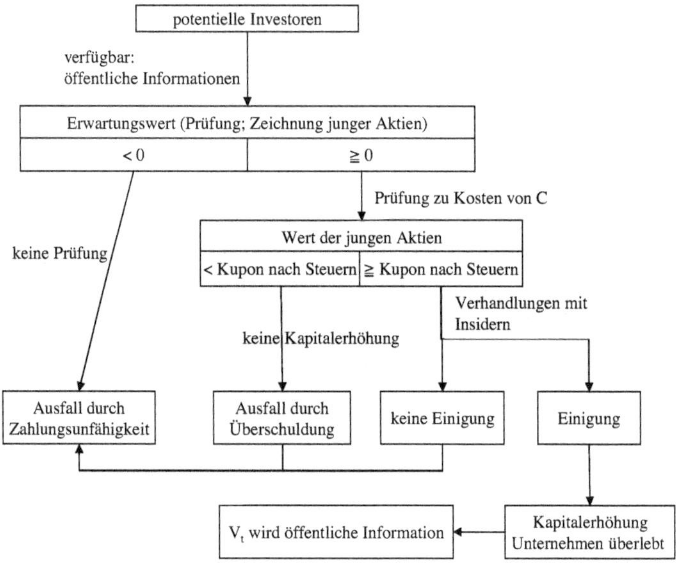

Zeichnung junger Aktien ziehen können. Dieser unsichere Gewinn hängt, wie wir in der Folge sehen werden, vom unbekannten wahren Wert des Unternehmens ab. Somit hat die verfügbare öffentliche Information einen direkten Einfluss auf die Prüfungsentscheidung der potentiellen Investoren.

Überschreiten die Prüfkosten den erwarteten Gewinn, werden die potentiellen Investoren keine Mittel aufwenden, um den wahren Wert des Unternehmens zu erfahren. Damit kann das Unternehmen die fällige Kuponzahlung nicht leisten und ist zahlungsunfähig. Da die Outsider die Entscheidung, das Unternehmen nicht zu prüfen, auf der Basis öffentlicher Informationen getroffen haben, ist an dieser Stelle noch nichts über eine mögliche Überschuldung des Unternehmens, die sich nur aus der Kenntnis des wahren Unternehmenswertes ermitteln lässt, gesagt worden. Das Unternehmen kann also sowohl überschuldet sein, in welchem Fall die Outsider die "richtige" Entscheidung getroffen haben, da sie bei Kenntnis des wahren Wertes sowieso nicht in das Unternehmen investiert hätten. Es kann aber auch nicht überschuldet sein. In diesem Fall hätten die potentiellen Investoren bei Kenntnis des wahren Unternehmenswertes die Emission gezeichnet. Zahlungsunfähigkeit wird somit in unserem Modell in dieser Art und Weise unabhängig von der Überschuldung modelliert.

Überschuldung bezieht sich in diesem Zusammenhang auf Marktwerte und zwar unter der Prämisse der Fortführung des Unternehmens. Wir werden später nochmals auf die in Abschnitt 2.2 eingeführte Unterscheidung zwischen Überschuldung bei Fortführung und Liquidation und auf Überschuldung nach Bilanzwerten zurückkommen. Im Modellkontext ist für die Frage nach der Überschuldung jedoch zunächst der Wert relevant, der sich als Barwert zukünftig erwarteter Zahlungen und somit unter der Prämisse der Fortführung ergibt.

Das Unternehmen ist dann nicht überschuldet, wenn sich für einen Investor bei Kenntnis des wahren Unternehmenswertes der Erwerb junger Aktien des Unternehmens lohnt. Dies ist der Fall, wenn der Wert dieser Aktien nach der Investition und der Zahlung des Kupons an die Fremdkapitalgeber mindestens dem entspricht, was die Investoren für die Aktien bezahlt haben. Da die Altaktionäre bei Insolvenz leer ausgehen[19], haben sie ein starkes Interesse am Erhalt des Unternehmens. Sie sind daher bereit, im Zweifel ihr Eigentum am Unternehmen bis auf eine marginale Einheit aufzugeben[20], da sie sich so immer noch besser stellen als bei einer Insolvenz. Im Grenzfall entspricht somit der Wert der bei der Kapitalerhöhung begebenen jungen Aktien dem Gesamtwert des Eigenkapitals des Unternehmens. Dies kann man sich beispielsweise so vorstellen, dass das Unternehmen eine sehr hohe Anzahl an jungen Aktien begibt und somit den Anteil der Altaktionäre am Unternehmen bis auf eine marginale Einheit verwässert. Damit ist die Ausfallschranke V_B an der Stelle erreicht, an der das gesamten Eigenkapitals des Unternehmens nach der Kuponzahlung weniger Wert ist als der durch Kapitalerhöhung aufzubringende Kupon nach Steuern $(1 - s) \cdot K$.

Nachdem wir nun den Ausfall des Unternehmens sowohl durch Zahlungsunfähigkeit als auch durch Überschuldung beschrieben haben, möchten wir, da die gemeinsame, vor allem aber die getrennte Abbildung dieser beiden Tatbestände ein wesentliches Ziel der Modellierung war, die Zusammenhänge nochmals zusammenfassend herausstellen.

Zahlungsunfähigkeit kann mit oder ohne gleichzeitige Überschuldung auftreten und wurde somit als unabhängige Ausfallursache modelliert. Ein Ausfall durch Zahlungsunfähigkeit tritt erstens auf, wenn die öffentlich informierten Outsider den Wert des Unternehmens als so schlecht beurteilen, dass sich für sie eine genauere Überprüfung der Vermögenssituation nicht lohnt. In diesem Fall ist Zahlungsunfähigkeit unabhängig von Überschuldung. Zwei-

[19] Wir werden später sehen, unter welchen Umständen Altaktionäre beim Ausfall durch Zahlungsunfähigkeit ohne Überschuldung noch eine Zahlung aus der Insolvenzmasse erwarten können. Da sie bei einem Ausfall durch Überschuldung allerdings immer leer ausgehen und es an dieser Stelle ausschließlich um Überschuldung geht, verzichten wir auf eine Fallunterscheidung.

[20] Vgl. hierzu Abschnitt 3.6.

tes kann Zahlungunfähigkeit gemeinsam mit Überschuldung auftreten, wenn die potentiellen Investoren das Unternehmen zwar geprüft, bei der Prüfung aber eine Überschuldung festgestellt haben und insofern nicht in das Unternehmen investieren wollen. In diesem Fall ist das Unternehmen sowohl zahlungsunfähig als auch überschuldet. Drittens kann, wie in Abbildung 3.2 angedeutet, Zahlungsunfähigkeit noch auftreten, wenn sich die Insider und die potentiellen Investoren nach erfolgter Prüfung nicht über die Konditionen der Kapitalerhöhung einigen können. Wir werden diese Verhandlungen zwischen den Insidern und den potentiellen Investoren im folgenden Abschnitt 3.6 noch detailliert beschreiben. Allerdings sei hier bereits angemerkt, dass Zahlungsunfähigkeit aufgrund gescheiterter Verhandlungen lediglich eine der möglichen Konsequenzen ist. Als gleichgewichtiges Ergebnis des modellierten Nash-Bargaining zeigt sich, dass dieses kostenplichtige Scheitern der Verhandlungen für keine der beiden Seiten optimal sein kann und somit bei rational handelnden Spielern vorhersehbar nicht auftritt.

Überschuldung tritt auf, wenn der wahre Wert des Unternehmens im Kupontermin unter der endogenen Ausfallschranke V_B liegt und somit eine Investition in das Eigenkapital nicht mehr rechtfertigt. Obwohl der wahre Wert des Unternehmens nicht öffentlich beobachtbar und Überschuldung somit zunächst nicht erkennbar ist, wird das Unternehmen in einem überschuldeten Zustand im Kupontermin insolvent werden. Da die potentiellen Investoren niemals investieren ohne vorher zu prüfen, wird der wahre Zustand vor der Investition auf jeden Fall aufgedeckt. Da sich die Investition in ein überschuldetes Unternehmen aus den genannten Gründe nicht lohnt, ist ein überschuldetes Unternehmen immer auch zahlungsunfähig und fällt aus.

Im Zusammenhang mit dem Ausfall durch Überschuldung stellt sich die Frage, wer in unserem Modell die Insolvenz beantragt und damit auslöst. Obwohl dies auf den ersten Blick wenig relevant erscheint und im Zusammenhang mit Strukturmodellen in der Regel nicht diskutiert wird, spielt es in unserem Modell mit unvollständiger Information eine wichtige Rolle. Konkret stellt sich die Frage, warum die Insider in einem überschuldeten Zustand im Kupontermin nicht Insolvenz auslösen, sondern stattdessen eine Bilanz erstellen, obwohl sie genau wissen, dass das Unternehmen ausfallen wird. Hierfür gibt es mehrere Gründe, die wir im Folgenden diskutieren werden. Der wichtigste Grund ist, dass das Auslösen von Insolvenz, vor allem aber das Nichtauslösen, wieder ein Signal über den wahren Wert des Unternehmens an die Outsider bedeutet. Wenn die Outsider wissen, dass die Insider gegebenenfalls Insolvenz anmelden müssen wenn das Unternehmen überschuldet ist, diese das aber nicht tun, können sie sich ableiten, dass der wahre Wert des Unternehmens über der allen bekannten Ausfallschranke V_B liegt. Eine Modellvariante, in der die Insider in überschuldeten Zuständen im Kupontermin Insolvenz auslösen anstatt eine Bilanz zu erstellen, ließe sich mit überschaubarem Aufwand implementieren, indem die öffentliche Information zusätzlich auf $V_{ti} > V_B$ bedingt wird. Als Ergebnis dieser Bedingung würden allerdings alle beobachteten Effekte der unvollständigen Information wesentlich geringer ausfallen, was nicht verwundern sollte, da die Outsider in diesem Fall über mehr Informationen verfügen. Jedoch verschiebt sich in diesem Fall das Problem des Auslösens der Insolvenz lediglich. Wenn man die Insider verpflichtet, am Kupontermin Insolvenz auszulösen, weil das Unternehmen überschuldet ist, müsste man diese konsequenterweise auch verpflichten, zwischen den Kuponterminen Insolvenz auszulösen. Eine Implementierung dieser Bedingung ist allerdings mit erheblichem Aufwand verbunden.

Vor dem Hintergrund der in Abschnitt 2.2 beschriebenen gesetzlichen Regelung lässt sich die hier gewählte Modellierung auf zwei weitere Weisen rechtfertigen.

(1) Wie in Abbildung 2.1 beschrieben, fordert die zweistufige Überschuldungsprüfung zunächst eine Prognose der Zahlungsfähigkeit. Diese können die Insider im Allgemeinen allerdings erst abgeben, nachdem sie die Bilanz erstellt haben, da auch in guten Zuständen eine schlechte Bilanz einen Ausfall durch Zahlungsunfähigkeit auslösen kann, wenn sich die potentiellen Investoren entscheiden, das Unternehmen nicht zu prüfen. Zu Fortführungswerten kann allerdings der Wert des Eigenkapitals als Kaufoption auf den Wert des Unternehmens niemals negativ und vor Verfall auch nicht null sein. Bevor die Insider also *nach* Erstellung der Bilanz nicht mit Sicherheit wissen, ob sie zahlungsfähig sein werden, müssen sie in unserem Modell keine Insolvenz wegen Überschuldung auslösen. Falls die Zahlungsfähigkeitsprognose nach der Erstellung der Bilanz negativ ist müssten die Insider das Vermögen des Unternehmens zum Zweck der Überschuldungsprüfung zu Zerschlagungswerten ansetzen, wie in Abbildung 2.1 beschrieben. Hier sind dann in unserem Modell sowohl der Fall 3 als auch der Fall 4 möglich, je nachdem, ob der Wert des Vermögens abzüglich der Insolvenzkosten ausreicht, die Gläubiger vollständig zu befriedigen. Da außerdem im Modell vom Moment der Realisierung des Zustandes des Unternehmenswertes im Kupontermin über die Bilanzerstellung bis zum Ausfall des Unternehmens durch Zahlungsunfähigkeit oder Überschuldung keine Zeit vergeht, machen sich die Insider nicht der Insolvenzverschleppung schuldig, wenn sie zunächst eine Bilanz erstellen und versuchen, neues Eigenkapital aufzunehmen. Nach der Bilanzerstellung ist es dann unerheblich, ob die Insider oder die Outsider Insolvenz auslösen.

(2) Da die Insider in unserem Modell bis auf die Erstellung der Bilanz als vollkommen passiv modelliert werden, wäre zur Lösung des beschriebenen Problems der Auslösung der

Insolvenz auch eine alternative Modellformulierung ohne Insiderinformationen denkbar. Wenn man unterstellt, dass die Eigentümer/Manager, genau wie alle anderen Agenten des Modells, nur den ursprünglichen Wert V_0 und die Parameter der Dynamik (3.1) der Zustandsvariablen kennen, kann man von ihnen entsprechend auch nicht verlangen, dass sie auf Basis des wahren Wertes der Zustandsvariablen Insolvenz auslösen. Die Manager würden an jedem Kupontermin nach den gültigen Richtlinien eine Bilanz erstellen, die auf die gleiche Art und Weise verrauschte, aber unverzerrte Informationen über den wahren Wert des Unternehmens enthält. Die Outsider würden nach wie vor auf Basis ihrer öffentlichen Informationen über eine Prüfung des Unternehmens entscheiden und nur investieren, nachdem sie das Unternehmen geprüft hätten. Während sich an der numerischen Auswertung des Modells und damit an den Preisen von Eigen- und Fremdkapital nichts ändert, hat diese Art der Modellformulierung allerdings auch einige Nachteile.

Zunächst einmal halten wir es für unrealistisch, dass die Outsider eines Unternehmens den gleichen Informationsstand über den Wert ihres Unternehmens besitzen wie Eigentümer/Manager. Nicht direkt am Tagesgeschäft beteiligte Outsider sollten stets einen Informationsnachteil gegenüber den handelnden Personen des Unternehmens haben. Weiterhin erscheint ein wahrer Wert, den die Insider des Unternehmens beobachten können, als "greifbarer" und einfacher zu verstehen, als eine latente exogene Variable in Form des "wahren" Unternehmenswertes, die sich unbeobachtet im Hintergrund verhält. Da das hier vorgestellte Modell darüber hinaus weniger der einfachen Bewertung von Eigen- und Fremdkapital, sondern vielmehr dem Verständnis der Bewertungsproblematik bei unvollständiger Information dienen soll, ist die gewählte Formulierung mit ungleicher Informationsverteilung informativer und reichhaltiger. So wird an verschiedenen Stellen die Problematik deutlich, dass die Insider ihr Wissen nicht glaubhaft übermitteln können. Hier könnte man in der Zukunft möglicherweise bei Modellerweiterungen ansetzen, um den Insidern ein Signalling zu ermöglichen. Dies wäre in der alternativen Modellformulierung mit einheitlicher Informationsverteilung nicht möglich.

Zusätzlich zu den größeren Möglichkeiten eines Modells mit unterschiedlicher Informationsverteilung gibt es auch im Modell mit einheitlicher öffentlicher Information teilweise Probleme in der Logik des Aufbaus. Während es beispielsweise im Modell mit unterschiedlicher Information eine überzeugende Erklärung für das Verhalten der Outsider gibt, das Unternehmen vor jeder Investition zu prüfen – sie würden sonst in den Preisverhandlungen zur Kapitalerhöhung von den besser informierten Insidern benachteiligt werden –, fehlt diese im Modell mit einheitlicher Informationsverteilung. Hier treffen zwei gleichermaßen informierte risikoneutrale Parteien aufeinander, die ohne weiteres auf der

Basis öffentlicher Informationen eine Kapitalerhöhung verabreden können, ohne dass es zur Prüfung des Unternehmens kommt, da sich hierdurch die für beide Parteien nachteiligen Prüfkosten vermeiden liessen. Während auch ohne zwingende Prüfung bei hinreichend schlechter öffentlicher Information über den Wert des Unternehmens ein Ausfall durch Zahlungsunfähigkeit ohne Überschuldung möglich ist, wird sich doch später zeigen, dass ohne zwingende Prüfung und Bekanntgabe des wahren Unternehmenswertes im Kupontermin eine rekursive Bewertung von Eigen- und Fremdkapital nicht möglich ist[21]. Insofern müsste man die Outsider in jedem Kupontermin zur Prüfung zwingen, auch wenn es im Interesse von Managern/Eigentümern und potentiellen Investoren wäre, die Prüfkosten nicht aufzuwenden, sondern ungeprüft zu investieren. Sofern man die potentiellen Investoren zur Prüfung zwingt, wäre im nächsten Schritt zu erklären, warum auch die Eigentümer/Manager bei dieser Prüfung den wahren Wert erfahren. Dies ist aber notwendig, da die anschließenden Verhandlungen über die Konditionen der Kapitalerhöhung auf der Basis identischer privater Informationen modelliert werden, wie in Abschnitt 3.6 noch näher beschrieben wird.

Zusammenfassend ist die Wahl der endgültig bevorzugten Modellvariante eine Abwägung der verschiedenen Vor- und Nachteile, wobei neben der Eleganz und Logik der Modellierung immer auch die Umsetzbarkeit der numerischen Bewertung im Auge behalten werden muss. Aus Gründen der größeren Reichhaltigkeit des Modells und der damit einhergehenden Vielzahl von Erweiterungsmöglichkeiten, verbunden mit den unseres Erachtens geringsten logischen Problemen bei der Formulierung und Implementierung, haben wir uns schließlich für die hier zuerst und ausführlich vorgestellte Variante mit unterschiedlicher Informationsverteilung zwischen Insidern und Outsidern entschieden, deren Beschreibung im Folgenden weitergeführt werden soll.

[21] Der Grund ist, dass in diesem Fall der Wert des Unternehmens in der Zukunft von vergangenen zufälligen Bilanzinformationen abhängig ist. Sobald hingegen der wahre Wert des Unternehmens aufgedeckt wird, ist die Bilanzinformation hinfällig. Wenn man weiß, dass in jedem Kupontermin der wahre Wert aufgedeckt wird (sofern das Unternehmen überlebt), kann man bei der rekursiven Berechnung im Binomialbaum auf die Vorgängerknoten bedingen und muss nicht für jeden Zustand alle möglichen Bilanzwerte getrennt betrachten. Dies würde zu einem nicht mehr zu leistenden numerischen Aufwand führen.

3.6 Bargaining von Eigentümern/Managern und potentiellen Neuaktionären

Nachdem die potentiellen Neuaktionäre das Unternehmen geprüft und den wahren Wert erfahren haben, müssen sie sich, wie in Abbildung 3.2 dargestellt, noch mit den Eigentümern/Managern über die Konditionen der Kapitalerhöhung einigen. Da, wie in Abschnitt 3.5 ausführlich erläutert, das Volumen der Kapitalerhöhung mit $(1-s)\cdot K$ feststeht, besteht Verhandlungsbedarf nur über die den potentiellen Investoren für ihre Einlage zustehende Gegenleistung in Form junger Aktien. Durch die Emission junger Aktien wird der Anteil der Altaktionäre am Unternehmen zu Gunsten der Neuaktionäre verwässert. Hatte ein Unternehmen beispielsweise vor einer Kapitalerhöhung 100 Aktien ausstehen, die im Besitz der Altaktionäre sind, und emittiert im Rahmen einer Kapitalerhöhung 25 junge Aktien an Neuaktionäre, verwässert sich der Besitzanteil der Altaktionäre nach der Emission von 100% auf 80%.

Um die Kapitalerhöhung abzubilden, kann man also entweder die Anzahl der neu zu emittierenden Aktien und deren Emissionskurs festlegen oder in einem Schritt gleich den von den Neuaktionären nach der Kapitalerhöhung gehaltenen wertmäßigen Anteil am Unternehmen spezifizieren. Die zweite Möglichkeit ist hier aus mehreren Gründen vorzuziehen. Zunächst kann man sich überlegen, dass zwar nicht der Gesamtwert des Eigenkapitals, aber die Anzahl der ausstehenden Aktien pfadabhängig ist. Dieser Sachverhalt soll anhand eines einfachen Beispiels erläutert werden. Hierzu wird unterstellt, dass das Unternehmen zunächst vollständig im Besitz eines Aktionärs ist, der in der Folge seinen Anteil verwässern muss, um die Kuponzahlungen zu leisten. Angenommen, das Unternehmen hätte zunächst 100 Aktien à EUR 1 ausstehen und müsste in jeder Periode einen Kupon nach Steuern in Höhe von EUR 10 bedienen. Nehmen wir weiterhin an, der Wert des Unternehmensvermögens ändere sich in der Art und Weise, dass sich der Wert des Eigenkapitals nach der Kuponzahlung in jeder Periode entweder verdoppelt oder halbiert. Wenn sich der Wert des Eigenkapitals in der ersten Periode verdoppelt ist das gesamte Eigenkapital des Unternehmens nach der Kuponzahlung EUR 200 wert. Die Neuaktionäre verlangen dann für ihre Einlage von EUR 10 einen Anteil am Unternehmen von 5%. Das Unternehmen emittiert also 5,26 junge Aktien zu einem Preis von EUR 1,90 pro Stück, um die Kuponzahlung zu decken. Wenn sich der Wert des Eigenkapitals nach der Kuponzahlung in der zweiten Periode wieder auf 100 halbiert, fordern die Neuaktionäre der zweiten Periode nun einen Anteil von 10% für ihre Investition. Das Unternehmen emittiert dann 11,7 junge Aktien zu einem Preis von EUR 0,855. Bei dieser Entwicklung des Unternehmenswertes stehen bei einem Gesamtwert des Eigenkapitals von EUR 100 nach zwei Perioden 116,96 Aktien zu einem Preis von jeweils EUR 0,855 aus.

Halbiert sich zunächst der Gesamtwert des Eigenkapitals, muss das Unternehmen in der ersten Periode 20% des Eigenkapitals an die Neuaktionäre abgeben. Hier werden also in der ersten Periode 25 junge Aktien zu einem Preis von EUR 0,4 begeben. Wenn sich der Wert des gesamten Eigenkapitals in der zweiten Periode wieder verdoppelt, verlangen die Neuaktionäre für ihre Investition auch hier wieder einen Anteil von 10%. Das Unternehmen muss nun aber, wegen der im Vergleich zum ersten Fall höheren Verwässerung in der ersten Periode, 13,88 junge Aktien zum Preis von EUR 0,72 emittieren. Bei einem identischen Gesamtwert des Eigenkapitals von EUR 100 stehen als Ergebnis der Entwicklung über den niedrigen Pfad nun 138,88 Aktien zu jeweils EUR 0,72 aus.

Aus diesem einfachen Beispiel kann man Verschiedenes erkennen. Zunächst einmal ist, wie bereits in Abschnitt 3.5 erwähnt, der Wert des Eigenkapitalanteils eines einzelnen Aktionärs pfadabhängig, auch wenn dies nicht für den Gesamtwert des Eigenkapitals gilt. Der Altaktionär des Unternehmens hält zwar nach wie vor 100 Aktien. Der Wert dieses Anteils beträgt aber nach zwei Perioden im "hohen" Pfad EUR 85,50, während der Wert als Ergebnis des "niedrigen" Pfades EUR 72 beträgt, und der Gesamtwert des Eigenkapitals von EUR 100 unabhängig von der Pfadentwicklung ist. Eng damit verbunden ist natürlich auch, dass das Unternehmen nun als Resultat des "hohen" Pfades weniger Aktien zu einem höheren Preis ausstehen hat als im "niedrigen" Pfad. Erkennbar ist weiterhin, dass in unserem Beispiel der Anteil des Unternehmens, den die Neuaktionäre für ihre Investition verlangen, im Gegensatz zur Anzahl der in jedem Kupontermin zu emittierenden jungen Aktien *nicht* pfadabhängig ist. Das ist nicht erstaunlich, da der geforderte Anteil am Unternehmen nur vom Wert des Eigenkapitals nach der Investition und nicht von dessen Komponenten und dem Preis der ausstehenden Aktien abhängt. Wenn man also in einem gegebenen Zustand den Wert des Eigenkapitals nach der Kuponzahlung ebenso kennt wie die Höhe des einzulegenden Betrages, kann man den Anteil am Unternehmen berechnen, den die Neuaktionäre für ihre Investition mindestens[22] verlangen. Während bei zeitlich vorwärts gerichteter Betrachtung die Pfadabhängigkeit der Anzahl ausstehender Aktien kein Problem darstellt und sich sowohl die Anzahl neu zu emittierender Aktien als auch der Aktienkurs problemlos errechnen lassen, ergeben sich Probleme bei der erforderlich zeitlich rückwärts gerichteten Betrachtung im Rahmen der rekursiven numerischen Be-

[22] Wir haben bisher immer unterstellt, dass die Kapitalerhöhungen zu fairen Konditionen durchgeführt werden. Möglicherweise können die Investoren aufgrund ihrer Verhandlungsmacht für ihre Einlage einen größeren Anteil am Unternehmen durchsetzen.

wertung des Eigenkapitals. Insofern werden wir die Konditionen der Kapitalerhöhungen im Folgenden stets in Anteilen $\Theta(V_{ti})$ formulieren, die die Altaktionäre in den Kupontermінen an die Neuaktionäre abzugeben haben. $\Theta(V_{ti})$ entspricht dabei sowohl dem Anteil, den die Neuaktionäre nach der Investition am Gesamtunternehmen halten, als auch dem Anteil, um den das Eigentum der Altaktionäre am Unternehmen verwässert wird.

Wie aus Abbildung 3.2 ersichtlich ist, verhandeln die potentiellen Neuaktionäre und die Eigentümer/Manager zu einem Zeitpunkt über die Konditionen $\Theta(V_{ti})$ der Kapitalerhöhungen, zu dem beide Seiten über den wahren Wert des Unternehmens informiert sind. Beide Seiten kennen also sowohl die Höhe $(1-s) \cdot K$ der notwendigen Einlage als auch den Wert des Eigenkapitals des Unternehmens nach der Kuponzahlung, da sie diesen bei Kenntnis des Wertes der Zustandsvariablen errechnen können[23]. Somit sind die notwendigen Voraussetzungen erfüllt, um den Anteil am Unternehmen zu bestimmen, den die potentiellen Neuaktionäre mindestens verlangen müssen, damit sich die Investition für sie lohnt. Da die potentiellen Neuaktionäre aber durch ihre Investition eine für die Eigentümer/Manager nachteilige Insolvenz verhindern, besteht ein Verhandlungsspielraum, aufgrund dessen die potentiellen Neuaktionäre für ihre Investition unter Umständen mehr als den Anteil am Unternehmen verlangen können, der ihnen bei fairer Bewertung zusteht. Bei diesen Verhandlungen zwischen Eigentümern/Managern und potentiellen Neuaktionären geht es somit im Kern darum, wer den durch die Investition verhinderten Verlust bekommt. Um das Verhandlungsproblem deutlich zu machen, werden wir zunächst die Konsequenzen der möglichen Verhandlungsergebnisse für beide Parteien erläutern.

Aus der Sicht der potentiellen Investoren finden die Verhandlungen über die Konditionen $\Theta(V_{ti})$ der Kapitalerhöhung zu einem Zeitpunkt statt, zu dem sie die Prüfkosten bereits aufgewendet haben und über den wahren Wert des Unternehmens informiert sind. Sie sind daher in der Lage, den Wert des Unternehmens sowohl bei Fortführung als auch bei einer Zerschlagung als Folge einer Insolvenz genau einzuschätzen. Im Falle eines Scheiterns der Verhandlungen ist das Verhandlungsergebnis für die potentiellen Investoren Null, da die Prüfkosten unabhängig vom Verhandlungsergebnis sind.

Falls sich die potentiellen Investoren mit den Eigentümern/Managern darüber einig werden, eine Kapitalerhöhung durchzuführen, erhalten die Investoren für ihre Einlage $\Theta(V_{ti}) \cdot EK^{+}(V_{ti})$, wobei $EK^{+}(V_{ti})$ den Wert des gesamten Eigenkapitals des Unternehmens unmittelbar nach der Investition und der Kuponzahlung bezeichnet. Dieser Wert unterscheidet sich von demjenigen unmittelbar vor dem Kupontermin, weil in $EK^{+}(V_{ti})$ ein mögliches Scheitern der Verhandlungen nicht mehr eingepreist ist. Unter Berücksichtigung

[23] Wie diese Berechnung möglich ist, werden wir in Abschnitt 4.1 noch detailliert diskutieren.

	Einigung	keine Einigung
Eigentümer/Manager	$(1-\Theta(V_{ti}))\cdot EK^{+}(V_{ti})$	$\max(\rho\cdot V_{ti}-(FK+K),0)$
potentielle Investoren	$\Theta(V_{ti})\cdot EK^{+}(V_{ti})-(1-s)\cdot K$	0

Tabelle 3.1: Mögliche Ergebnisse der Verhandlungen zwischen Eigentümern und potentiellen Neuaktionären

des für die Investition aufgewendeten Betrages $(1-s)\cdot K$ ergibt sich somit für die potentiellen Neuaktionäre als Folge einer Einigung mit den Eigentümern/Managern ein Verhandlungsergebnis von $\Theta(V_{ti})\cdot EK^{+}(V_{ti})-(1-s)\cdot K$. Den Alteigentümern verbleibt somit nach der Kapitalerhöhung der Teil $(1-\Theta(V_{ti}))\cdot EK^{+}(V_{ti})$ am gesamten Eigenkapital.

Ein Scheitern der Verhandlungen hat die Zerschlagung des Unternehmens zur Folge. Wie in Abschnitt 3.2 beschrieben, beträgt die Insolvenzmasse im Fall der Zerschlagung $\rho\cdot V_{\tau}$. Aufgrund der angenommenen strikten Bevorzugung der Gläubiger im Insolvenzfall werden zunächst deren Forderungen in Höhe von $FK+K$ beglichen, die sich aus dem Nominalwert der Anleihe FK und den zum Zeitpunkt der Insolvenz aufgelaufenen Stückzinsen K zusammensetzen. Sofern nach der Bedienung der Gläubiger noch Masse vorhanden ist, fällt diese den Eigenkapitalinhabern zu[24]. Da die Aktionäre einer Kapitalgesellschaft nur mit ihrer Einlage für die Verbindlichkeiten haften, sind sie zu keiner Zeit zum Nachschuss verpflichtet, weshalb sie als Folge eines Scheiterns der Verhandlungen im schlechtesten Fall mit einem Ergebnis von null rechnen müssen. Insgesamt lassen sich die Konsequenzen einer gescheiterten Verhandlung für die Eigentümer/Manager somit als $max(\rho\cdot V_{\tau}-(FK+K),0)$ zusammenfassen.

Einen zusammenfassenden Überblick über die möglichen Konsequenzen der Verhandlung gibt Tabelle 3.1. Wir hatten als Begründung für die Verhandlungen bereits erwähnt, dass die Eigentümer/Manager und die potentiellen Investoren die durch die Investition vermiedenen Insolvenzkosten untereinander aufteilen. Nachdem wir die Konsequenzen der Verhandlungsergebnisse im Einzelnen betrachtet haben, können wir diese Aussage dahingehend präzisieren, dass nur über die Kosten der Insolvenz verhandelt wird, die die Eigenkapitalgeber betreffen. Im Einzelnen sind dies die Kosten, die bei der Liquidation der Aktiva entstehen und die verlorenen Steuervorteile der Fremdfinanzierung, die im Fortführungswert des Eigenkapitals $EK^{+}(V_{ti})$ enthalten sind. Die Kosten der Liquidation sind maximal in der Höhe relevant, mit der der Wert der Aktiva vor der Liquidation die Forderungen der Fremdkapitalgeber überschreitet, da der Rest von den Fremdkapitalgebern getragen wird.

[24] Dies würde Fall 3 in Abbildung 2.1 entsprechen.

Die potentiellen Neuaktionäre müssen bei ihrer Entscheidung, ob sie das Unternehmen prüfen wollen, jedem möglichen Zustand des Unternehmenswertes, dessen Eintrittswahrscheinlichkeit auf Basis öffentlicher Informationen sie kennen, einen Wert zuweisen. Dieser Wert entspricht dem Gewinn oder Verlust, der ihnen vorhersehbar in einem gegebenen Zustand entsteht, wenn sie sich zur Prüfung entscheiden und danach, gegeben das Unternehmen ist nicht überschuldet, mit den Eigentümern/Managern über die Konditionen der Kapitalerhöhung verhandeln. Hierfür, müssen sie die Verhandlungsergebnisse $\Theta(V_{ti})$ in den einzelnen möglichen Zuständen antizipieren. Wir unterstellen, dass sich diese aus dem folgenden asymmetrischen Nash-Bargaining Problem ergeben:

$$\max_{0 \leq \Theta \leq 1} \{\Theta \cdot EK^{+}(V_{ti}) - (1-s) \cdot K - 0\}^{\eta} \cdot \\ \{(1-\Theta) \cdot EK^{+}(V_{ti}) - \max(\rho \cdot V_{ti} - (FK + K), 0)\}^{1-\eta} \tag{3.11}$$

Hierbei bezeichnet $(1-\eta)$ die als öffentlich bekannt zu unterstellende Verhandlungsmacht des Unternehmens, η ist entsprechend die Verhandlungsmacht der potentiellen Neuaktionäre. Die eindeutige Lösung ergibt sich zu:

$$\Theta(V_{ti}) = \min\{\eta + \frac{(1-s) \cdot K \cdot (1-\eta)}{EK^{+}(V_{ti})}, \\ \frac{(1-s) \cdot K + \eta \cdot (EK^{+}(V_{ti}) + (FK + K) - (1-s) \cdot K - \rho \cdot V_{ti})}{EK^{+}(V_{ti})}\} \tag{3.12}$$

Es zeigt sich, dass die durch eine Investition zu vermeidenden Insolvenzkosten des Eigenkapitals entsprechend der relativen Verhandlungsmacht der Parteien aufgeteilt wird. Wenn man in einem einfachen Beispiel für eine Verhandlungsmacht der Neuaktionäre von 5% unterstellt, dass der Wert des gesamten Eigenkapitals nach der Kapitalerhöhung und der Kuponzahlung $EK^{+}(V_{ti}) = \text{EUR } 100$ beträgt, der Kupon[25] $K = \text{EUR } 5$, der Anspruch der Fremdkapitalgeber im Insolvenzfall $FK + K = \text{EUR } 105$ und die im Falle einer Insolvenz zu Verfügung stehende Masse $\rho \cdot V_{\tau} = \text{EUR } 100$, so ergibt sich ein $\Theta(V_{ti})$ von 0,0975. Die Neuaktionäre halten also nach der Kapitalerhöhung einen Anteil am Eigenkapital des Unternehmens von 9,75% im Wert von EUR 9,75. Die Einlage der Neuaktionäre war EUR 5, womit klar ist, dass sie in den Verhandlungen ein Zugeständnis der Eigentümer/Manager im Wert von EUR 4,75 erzwungen haben. Ohne Zugeständnisse wäre der Anteil der Altak-

[25] Die Unternehmenssteuern werden in diesem Beispiel aus Gründen der Vereinfachung auf 0% gesetzt.

tionäre am Unternehmen nach der Kapitalerhöhung EUR 95 Wert gewesen. Im Fall einer Insolvenz hätten die Eigentümer/Manager nach der Befriedigung der Gläubiger mangels Insolvenzmasse keine Zahlung mehr erhalten. Die vermiedenen Insolvenzkosten betragen somit aus der Sicht der (Alt-)Aktionäre EUR 95. Die den Neuaktionären zugestandenen EUR 4,75 entsprechen genau deren anteiliger Verhandlungsmacht von 5%.

Da die Werte des Eigenkapitals $EK^+(V_{ti})$ in allen möglichen Zuständen ebenso bekannt sind wie die Höhe der Prüfkosten, können die potentiellen Neuaktionäre nun auf Basis ihrer öffentlichen Informationen den Erwartungswert der Strategie "Unternehmen prüfen und danach investieren, wenn es sich lohnt" ermitteln. Diese ergibt sich bedingt auf die aktuelle Bilanzinformation B_t und den letzten bekannten Unternehmenswert V_{t-1} zu

$$\sum_{\forall V_{ti} > V_B} \big(\Theta(V_{ti}) \cdot EK^+(V_{ti}) - (1-s) \cdot K\big) \cdot P(V_{ti} | V_{t-1}, B_t) - C. \tag{3.13}$$

Die gleiche Überlegung gilt für alle anderen handelnden Teilnehmer des Modells ebenso, da die potentiellen Investoren ihre Prüfungsentscheidung nur auf der Basis öffentlicher Informationen treffen. Investoren auf dem Markt für Unternehmensanleihen können also in dem Moment, in dem sie den Bilanzwert des Unternehmens beobachten, mit Sicherheit sagen, ob die potentiellen Neuaktionäre das Unternehmen prüfen werden oder nicht. Sie können damit auch mit Sicherheit beurteilen, ob das Unternehmen wegen Zahlungsunfähigkeit ausfallen wird. In diesem Fall würden die Preise der Anleihen des Unternehmens auf dem Sekundärmarkt einen Sprung machen und danach auf einem Niveau notieren, dass sich aus dem erwarteten Liquidationswert des Unternehmens auf der Basis öffentlicher Informationen

$$\sum_{\forall V_{ti}} \rho \cdot V_{ti} \cdot P(V_{ti} | V_{t-1}, B_t) \tag{3.14}$$

ableitet. In dem Moment, in dem das Unternehmen endgültig zerschlagen wird, wird der wahre Wert des Unternehmens offenbar und die Anleihen machen einen letzten Sprung entsprechend diesem wahren Wert.

Andererseits können die Investoren auf dem Anleihemarkt im Fall einer guten Bilanzinformation die folgenden Schlüsse ziehen. Zunächst zeigt ihnen diese Bilanzinformation, dass die Investoren das Unternehmen prüfen werden. Einen Ausfall durch Zahlungsunfähigkeit ohne Überschuldung können sie dann für den aktuellen Kupontermin ausschließen. Ferner werden sie analog zu den potentiellen Neuaktionären die Bilanzinformation nutzen, um ihre öffentlichen Informationen über die Wahrscheinlichkeiten der möglichen Zustände des Unternehmenswertes zu korrigieren, wodurch ein zweiter Effekt für den Wert der Anleihen des Unternehmens entsteht. Falls die Investoren danach eine Kuponzahlung für ihre Anleihen erhalten, wissen sie dann mit Sicherheit, dass das Unternehmen nicht überschuldet sein kann, weil die Neuaktionäre, die das Unternehmen geprüft haben, sonst nicht investiert hätten. Im Augenblick der Kuponzahlung wird somit die Information $V_{ti} > V_B$ öffentlich. Aus einer erfolgreichen Kapitalerhöhung lässt sich schliesslich aus folgendem Grund der wahre Unternehmenswert ermitteln. Da die neuen Besitzverhältnisse $\Theta(V_{ti})$ des Unternehmens im Handelsregister eingetragen werden müssen und alle anderen notwendigen Informationen, wie beispielsweise der Kupon nach Steuern oder die Verhandlungsmacht, öffentlich sind, lässt sich aus dem Verhandlungsergebnis auf den Gesamtwert des Eigenkapitals und damit auf den wahren Wert des Unternehmens schliessen[26]. Es handelt sich hierbei um eine glaubhafte Information, da der wahre Wert des Unternehmens Grundlage einer Transaktion zweier informierter und rationaler Parteien war. Auf dem Sekundärmarkt für Unternehmensanleihen wird sich somit nach Abschluss der Kapitalerhöhung und der Kuponzahlung ein Preis einstellen, in den der wahre Wert des Unternehmens eingeflossen ist.

Für alle Outsider des Modells bedeutet dies, dass sich durch die Aufdeckung des wahren Unternehmenswertes ihre Informationsmenge erweitert hat und sie im nächsten Kupontermin (beispielsweise in einem Jahr) auf dieser erweiterten Information aufbauen. Sie werden also ihre öffentlichen Informationen auf diesen nun bekannten wahren Wert des Unternehmens bedingen, was dazu führt, dass alle zeitlich älteren Informationen über tatsächliche oder mögliche wahre Werte des Unternehmens wertlos sind. Mit anderen Worten sind alle Bilanzinformationen oder Informationen über frühere wahre Zustände des Unternehmens wertlos, sobald der wahre Wert des Unternehmens im Kupontermin bekannt wird. Wir werden im weiteren Verlauf dieser Arbeit in Kapitel 4.1 noch sehen, warum diese Eigenschaft wesentlich dazu beiträgt, dass sich das Modell überhaupt numerisch auswerten lässt. Zunächst werden wir aber den Grundstein für diese Auswertung dadurch legen, dass wir uns der Frage zuwenden, welche Faktoren in unserem Modell das Ausfallrisiko treiben.

[26] Jedem Fortführungswert des Eigenkapitals $EK^+(V_{ti})$ lässt sich eindeutig ein Wert der Zustandsvariablen V_{ti} zuordnen, alle anderen Variablen in Gleichung (3.12) außer dem gesuchten V_{ti} sind bekannt und fix.

3.7 Qualitative Analyse der das Ausfallrisiko treibenden Faktoren

Wir haben oben den Modellrahmen für die beiden Ausfallgründe Zahlungsunfähigkeit und Überschuldung entwickelt. Wesentlich ist dabei, dass Zahlungsunfähigkeit, im Gegensatz zu Überschuldung, alleine auftreten kann.

3.7.1 Ausfall durch Überschuldung

Überschuldung realisiert sich, wenn der Wert der Zustandsvariablen im Kupontermin unter der endogenen Ausfallschranke[27] V_B liegt, der Unternehmenswert mithin eine Investition in das Unternehmen nicht mehr rechtfertigt. Die Wahrscheinlichkeit eines Ausfalls wird somit von allen Faktoren determiniert, die entweder einen Einfluss auf die Höhe der Ausfallschranke V_B oder auf die Dynamik der Zustandsvariablen V_t haben[28].

Die Dynamik (3.1) der Zustandsvariablen wird durch zwei Parameter, die erwartete Rendite des Unternehmensvermögens μ und die Volatilität der Rendite des Unternehmensvermögens σ gesteuert. Eine Erhöhung des Parameters μ führt dazu, dass der in der Zukunft erwartete Unternehmenswert steigt, was eine reduzierte Ausfallwahrscheinlichkeit zur Folge hat. Da wir in unserem Modell risikoneutrale Agenten unterstellen, die keine Entschädigung für eingegangenes Risiko in Form einer höheren erwarteten Rendite fordern, muss in unserer Welt im Marktgleichgewicht gelten $\mu = r$. Ein höherer risikoloser Zinssatz führt damit zu steigenden erwarteten zukünftigen Unternehmenswerten und senkt somit bei einer gegebenen Ausfallschranke die Ausfallwahrscheinlichkeit. Eine Erhöhung der Volatilität σ führt dazu, dass eine gegebene Ausfallschranke mit einer höheren Wahrscheinlichkeit unterschritten wird, und sorgt somit für steigende Ausfallwahrscheinlichkeiten.

Allerdings sind bei einer Variation von r und σ auch deren Auswirkungen auf die endogene Ausfallschranke V_B zu beachten, da diese ebenfalls einen Einfluss auf die Ausfallwahrscheinlichkeit hat. Eine Erhöhung der Driftrate r führt dazu, dass die Chancen auf eine Erholung des Unternehmenswertes in der Zukunft steigen. Die neuen Eigenkapitalgeber

---

[27] Da ein Ausfall nur am Kupontermin auftreten kann, existiert die Ausfall"schranke" streng genommen auch nur zu diesen Zeitpunkten. Wir werden V_B im Folgenden dennoch als Ausfallschranke bezeichnen und darunter den Wert der Zustandsvariablen verstehen, unterhalb dessen das Unternehmen im Kupontermin überschuldet ist.

[28] Für eine ausführliche Diskussion der Einflussfaktoren auf die Ausfallwahrscheinlichkeit durch Überschuldung in einem zeitstetigen Strukturmodell vgl. Koziol/Thabe (2005).

sind daher bei hohem r eher bereit, ein Unternehmen durch Zuschüsse am Leben zu erhalten, da sie sich für die Zukunft eine höhere Rückzahlung versprechen. Die endogene Ausfallschranke V_B sinkt somit mit steigendem risikolosen Zinssatz, wie insbesondere im zeitstetig formulierten und geschlossen gelösten Modell von Leland (1994) deutlich wird[29]. Im Fall des risikolosen Zinssatzes wirken somit die Effekte auf die Dynamik der Zustandsvariablen und auf die Ausfallschranke in die gleiche Richtung, womit klar ist, dass die Ausfallwahrscheinlichkeit mit steigendem risikolosen Zinssatz sinkt.

Nicht eindeutig ist hingegen der Effekt der Volatilität σ auf die Ausfallwahrscheinlichkeit. Während, wie beschrieben, der Effekt auf die Dynamik bei gegebener Ausfallschranke dazu führt, dass die Ausfallwahrscheinlichkeit steigt, führt eine Erhöhung der Volatilität zu einer sinkenden endogenen Ausfallschranke V_B und damit zu einer abnehmenden Ausfallwahrscheinlichkeit. Der Grund liegt auch hier wieder in den Zukunftsperspektiven der neuen Eigenkapitalgeber, die das Unternehmen durch ihren Zuschuss am Leben erhalten müssen. Der Wert des Eigenkapitals eines Unternehmens kann interpretiert werden als eine gekaufte Kaufoption auf den Wert des Unternehmensvermögens[30]. Da der Wert des Eigenkapitals eines verschuldeten Unternehmens mit steigender Volatilität des Underlyings bei gegebenem Wert der Unternehmensaktiva steigt, sind die neuen Eigenkapitalgeber länger bereit, einen gegebenen Kupon zu finanzieren, um das Unternehmen am Leben zu erhalten. Die endogene Ausfallschranke V_B sinkt. Während bei einem zunächst unverschuldeten Unternehmen, das seine Kapitalstruktur endogen optimal bestimmt[31] der Gesamteffekt eindeutig in dem Sinne ist, dass die Ausfallwahrscheinlichkeit des Unternehmens mit steigender Volatilität steigt, gilt dies nicht für beliebige exogene Verschuldungsgrade[32]. Es sind Fälle denkbar, in denen eine Erhöhung der Volatilität des Underlyings die Ausfallwahrscheinlichkeit senkt. Als Beispiel soll der Fall eines Untenehmens dienen, das so hoch verschuldet ist, dass der Unternehmenswert unmittelbar über der Ausfallschranke liegt. Ein weitere Bewegung des Unternehmenswertes nach unten würde somit direkt Insolvenz auslösen. Eine Erhöhung der Volatilität führt nun dazu, dass die endogene Ausfallschranke sinkt und das Unternehmen nicht mehr unmittelbar ausfallgefährdet ist. Die stärkere Schwankung des Unternehmenswertes wirkt sich erst über einen längeren Zeiraum aus und die Ausfallwahrscheinlichkeit sinkt insgesamt[33]. Im Normalfall sollte al-

[29] Vgl. Leland (1994), S. 1222.
[30] Vgl. z.B. Merton (1974).
[31] Vgl. Kapitel 5.
[32] Vgl. Koziol/Thabe (2005).
[33] Leland (1994) stellt bspw. fest, dass der Credit Spread einer Anleihe bei einer Erhöhung von σ sinkt, wenn $V \to V_B$. Vgl. Leland (1994), S. 1224.

lerdings eine steigende Volatilität der Zustandsvariablen zu einem höheren Ausfallrisiko durch Überschuldung führen.

Neben den genannten Faktoren r und σ, die einen Einfluss sowohl auf die Dynamik der Zustandsvariablen als auch auf die Ausfallschranke haben, gibt es auch Parameter, die lediglich auf die Ausfallschranke wirken und somit ebenfalls einen Effekt auf das Risiko eines Ausfalls durch Überschuldung besitzen. Hierzu zählen zunächst alle Parameter, die entweder den Kupon nach Steuern oder den Wert des Eigenkapitals beinflussen. So führt beispielsweise eine geringere Verschuldung des Unternehmens, die sich im einfachsten Fall einer unendlich laufenden Anleihe in einem niedrigeren Kupon ausdrückt[34], dazu, dass die Eigenkapitalgeber einen niedrigeren Wert des Eigenkapitals akzeptieren, zu dem sie das Unternehmen noch am Leben erhalten. Die Ausfallschranke V_B sinkt entsprechend ebenso wie die Ausfallwahrscheinlichkeit. Ein steigender Steuersatz s führt über eine Reduktion des Kupons nach Steuern ebenfalls zu einer sinkenden Ausfallschranke und einer sinkenden Ausfallwahrscheinlichkeit. Die ökonomische Intuition für diesen Fall besteht darin, dass bei einer höheren Steuerbelastung eine höhere Steuerersparnis durch Fremdfinanzierung möglich ist. Da sich diese Steuervorteile aber nur realisieren lassen, solange das Unternehmen noch nicht ausgefallen ist, haben die Eigenkapitalgeber ein gesteigertes Interesse daran, das Unternehmen am Leben zu erhalten. Der Effekt des Steuersatzes s auf die Ausfallwahrscheinlichkeit kehrt sich allerdings um, wenn man optimale Verschuldungsgrade betrachtet, da höhere Steuersätze dann zu höherer Verschuldung und damit zu einer höheren Ausfallwahrscheinlichkeit führen[35].

Im Gegensatz zu obigen Überlegungen besitzen beispielsweise die Insolvenzkosten im Modell von Leland (1994) keinen Einfluss auf die endogene Ausfallschranke V_B[36]. Der Grund ist, dass die Eigenkapitalgeber bei einem Ausfall durch Überschuldung niemals eine Zahlung aus der Insolvenzmasse erhalten[37], die Insolvenzkosten somit immer vollständig zu Lasten der Fremdkapitalgeber gehen und im Kalkül der Eigenkapitalgeber keine Rolle spielen. Im hier vorgestellten Modell kann es jedoch zu Ausfällen durch Zahlungsunfähigkeit auch in Zuständen kommen, in denen der Wert des Unternehmensvermögens vor dem Ausfall den Anspruch der Fremdkapitalgeber übersteigt und die Insolvenzkosten somit zumindest teilweise zu Lasten der Eigenkapitalgeber gehen. Damit besitzen

[34] Wir haben für unser Modell mit endlicher Fremdkapitallaufzeit unterstellt, dass alle Anleihen zu Par emittiert werden. Da mit K der absolute Kuponbetrag in EUR gemeint ist, reduziert sich auch in diesem Fall c. p. die Kuponzahlung mit dem Verschuldungsgrad.

[35] Vgl. Koziol/Thabe (2005).

[36] Vgl. Leland (1994), S. 1222.

[37] Leland (1994) zeigt, dass die endogene Ausfallschranke V_B stets unter dem Nominalwert des Fremdkapitals liegt. Vgl. Leland (1994), S. 1233, Fußnote 29.

die Insolvenzkosten ρ einen Einfluss auf den Wert des Eigenkapitals und damit auf die Ausfallwahrscheinlichkeit durch Überschuldung. Der gleiche Zusammenhang gilt auch für die Verhandlungsmacht der potentiellen Neuaktionäre η, den Grad der Informationsunsicherheit κ und die Prüfkosten C. Sie beeinflussen über den Wert des Eigenkapitals die Wahrscheinlichkeit eines Ausfalls durch Überschuldung. Es ist diesen Beispielen deutlich zu entnehmen, dass sich die Ausfallwahrscheinlichkeiten durch Zahlungsunfähigkeit und Überschuldung gegenseitig beeinflussen[38]. Eine Bewertung des Modells mittels rekursiver Berechnung ist dennoch möglich, wie wir im Folgenden in Kapitel 4 zeigen werden. Dies gilt insbesondere deshalb, weil es nur die möglichen Ausfälle durch Zahlungsunfähigkeit in der Zukunft sind, die einen Einfluss auf den Wert des Eigenkapitals und damit die Ausfallwahrscheinlichkeit durch Überschuldung in einem gegebenen Zustand haben. In einem gegebenen Zustand ist zu dem Zeitpunkt, in dem die Überschuldung des Unternehmens festgestellt wird, das Unternehmen entweder schon durch Zahlungsunfähigkeit ausgefallen[39] oder es fällt bis zum nächsten Kupontermin nicht mehr durch Zahlungsunfähigkeit aus.

3.7.2 Ausfall durch Zahlungsunfähigkeit

Ein Ausfall durch Zahlungsunfähigkeit ohne gleichzeitige Überschuldung wird, im Gegensatz zu einem Ausfall durch Überschuldung, nicht nur durch den gegenwärtigen wahren Zustand des Unternehmens determiniert, sondern in erster Linie durch die öffentliche Wahrnehmung des Unternehmenswertes. Um zu verstehen, was die Wahrscheinlichkeit eines Ausfalls durch Zahlungsunfähigkeit treibt, soll nochmals verdeutlicht werden, wie die öffentliche Information über den Wert des Unternehmens zustande kommt und unter welchen Bedingungen sich die Outsider für oder gegen eine Prüfung des Unternehmens entscheiden.

Die öffentliche Information der Outsider im Kupontermin besteht aus dem letzten öffentlich bekannten Unternehmenswert, der Dynamik (3.1) der Zustandsvariablen, der Bilanzinformation, der Kenntnis über die aufzuwendenden Prüfkosten und aller möglichen Verhandlungsergebnisse mit den Insidern in allen nicht überschuldeten Zuständen, wie in Abschnitt 3.6 beschrieben. Zunächst einmal ist das Prüfungsergebnis für die potentiellen Neuaktionäre umso attraktiver, je höher der Unternehmenswert ist. Dies folgt unmittel-

[38] Wir haben in Abschnitt 3.5 festgestellt, dass Zahlungsunfähigkeit unabhängig von (im Sinne von: ohne gleichzeitige) Überschuldung *auftreten* kann. Die *Wahrscheinlichkeit* eines Ausfalls durch Zahlungsunfähigkeit hingegen wird beeinflusst von der Wahrscheinlichkeit eines Ausfalls durch Überschuldung.

[39] Der überschuldete Zustand wird dann bei der Zerschlagung des Unternehmens aufgedeckt.

bar aus einer Interpretation der Verhandlungsergebnisse aus Abschnitt 3.6. Wir hatten festgestellt, dass die durch die Investition verhinderten Insolvenzkosten des Eigenkapitals analog der relativen Verhandlungsmacht der Insider aufgeteilt werden. Für sehr niedrige Unternehmenswerte $V_t \leq V_B$ gehen die Insolvenzkosten vollständig zu Lasten der Fremdkapitalgeber, die potentiellen Neuaktionäre investieren nicht und müssen die Prüfkosten tragen. Für niedrige Zustände $V_t > V_B$ gehen die Insolvenzkosten hauptsächlich zu Lasten der Fremdkapitalgeber und die potentiellen Neuaktionäre haben wenig Spielraum, um von den Altaktionären wesentliche Zugeständnisse (in EUR) zu verlangen. Für höhere Unternehmenswerte gehen die Kosten einer Insolvenz zunehmend zu Lasten der Eigenkapitalgeber, da die Masse nun sogar unter Umständen ausreicht, um die Fremdkapitalgeber vollständig zu befriedigen. Da die Kosten einer Insolvenz darüber hinaus relativ zum Unternehmenswert modelliert wurden und der relative Anteil der verhinderten Insolvenzkosten, den die Neuaktionäre bekommen, in jedem Zustand gleich hoch ist, steigt mit dem Unternehmenswert der Wert einer Kapitalerhöhung aus der Sicht der potentiellen Neuaktionäre monoton[40]. Der Anreiz für die potentiellen Neuaktionäre, das Unternehmen zu prüfen, ist also umso höher, je höher der erwartete Wert des Unternehmens ist.

Bevor wir uns der Frage zuwenden, welche Faktoren dafür verantwortlich sind, dass die potentiellen Investoren auf Basis öffentlicher Informationen einen höheren wahren Wert des Unternehmens erwarten, klären wir die wesentlich einfachere Frage des Einflusses der Prüfkosten auf die Wahrscheinlichkeit eines Ausfalls durch Zahlungsunfähigkeit. Das Unternehmen fällt durch Zahlungsunfähigkeit aus, wenn der erwartete Gewinn aus der Zeichnung junger Aktien die Prüfkosten nicht deckt. Höhere Prüfkosten führen somit c.p. zu einer höheren Ausfallwahrscheinlichkeit durch Zahlungsunfähigkeit. Im Extremfall führen Prüfkosten von null dazu, dass die potentiellen Neuaktionäre durch eine Prüfung nichts zu verlieren haben und deshalb immer prüfen. Da der wahre Unternehmenswert in jedem Fall durch die potentiellen Neuaktionäre aufgedeckt wird, kann es bei Prüfkosten von null keinen Ausfall durch Zahlungsunfähigkeit in Zuständen geben, in denen das Unternehmen nicht auch überschuldet ist. Hier löst dann die kostenlos mögliche Prüfung des Unternehmens die Effekte der unvollständigen Information auf und man erhält ein "normales" Strukturmodell mit endogenem Ausfall lediglich aufgrund von Überschuldung.

Einen direkten Einfluss auf die Wahrscheinlichkeit eines Ausfalls durch Zahlungsunfähigkeit hat die im Kupontermin veröffentlichte Bilanzinformation. Wie man aus Zusammenhang (3.10) und Abbildung 3.1 intuitiv erkennen kann, steigt die Wahrscheinlichkeit eines hohen wahren Unternehmenswertes monoton mit der Veröffentlichung ei-

[40] Diesen Zusammenhang werden wir später bei der Bewertung in Abschnitt 4.1 ausnutzen.

nes höheren Bilanzwertes[41]. Da zum Zeitpunkt der Bilanzerstellung alle anderen zur Prüfungsentscheidung notwendigen Größen bekannt sind, determiniert der Bilanzwert, ob die potentiellen Neuaktionäre das Unternehmen prüfen oder nicht. Da der veröffentlichte Bilanzwert eine Zufallsgröße ist[42], tritt Insolvenz auf Grund von Zahlungsunfähigkeit zufällig auf. Die Wahrscheinlichkeit eines Ausfalls durch Zahlungsunfähigkeit ergibt sich jedoch modellendogen und hängt von allen anderen Parametern des Modells ab. So werden die potentiellen Neuaktionäre bei gegebener veröffentlichter Bilanzinformation umso eher bereit sein, das Unternehmen zu prüfen, je höher der letzte bekannte Unternehmenswert ist. Auf Basis des letzten bekannten Unternehmenswertes überlegen sich die Outsider, mit welcher Wahrscheinlichkeit das Unternehmen heute in welchem Zustand ist. Für eine gegebene Dynamik der Zustandsvariablen erhöht sich die Wahrscheinlichkeit eines hohen wahren Wertes der Zustandsvariablen mit der Höhe des letzten bekannten wahren Wertes. Daher ist ein Ausfall durch Zahlungsunfähigkeit im nächsten Kupontermin umso weniger wahrscheinlich, je höher der heutige (bekannte) wahre Wert des Unternehmens ist.

Ein ähnliches Argument lässt sich für den Einfluss der Drift r $(= \mu)$ des Unternehmenswertprozesses auf die Ausfallwahrscheinlichkeit finden. Für einen gegebenen letzten bekannten Unternehmenswert und eine gegebene Bilanzinformation steigt die Wahrscheinlichkeit eines hohen aktuellen wahren Unternehmenswertes aus der Sicht der Outsider mit der Drift der Zustandsvariablen. Da darüber hinaus, wie oben beschrieben, mit steigendem r die Ausfallschranke (="Überschuldungsgrenze") V_B sinkt und die potentiellen Neuaktionäre damit c.p. in mehr Zuständen von einer Kapitalerhöhung profitieren können, sinkt die Wahrscheinlichkeit eines Ausfalls durch Zahlungsunfähigkeit mit steigendem r.

Etwas komplizierter stellt sich die Situation dar, wenn man die Auswirkungen einer Erhöhung der Volatilität des Unternehmensvermögens σ auf die Ausfallwahrscheinlichkeit durch Zahlungsunfähigkeit betrachtet. Eine Erhöhung von σ führt zunächst dazu, dass c.p. die im jeweils nächsten Kupontermin möglichen Unternehmenswerte stärker streuen. Während dies, wie oben beschrieben, auf die Wahrscheinlichkeit eines Ausfalls durch Überschuldung in der Regel erhöhend wirkt, ist der Effekt auf die Wahrscheinlichkeit eines Ausfalls durch Zahlungsunfähigkeit genau umgekehrt. Der Grund besteht darin, dass für die potentiellen Neuaktionäre ein asymmetrisches Chancen-Risiko-Profil vorliegt. Wenn die Prüfung eine Überschuldung des Unternehmens ergibt, verzichten sie auf eine Investition. Ihr Verlustrisiko ist in diesem Sinne auf die Höhe der Prüfkosten beschränkt. Auf der anderen Seite profitieren die Neuaktionäre unbeschränkt von hohen Unternehmens-

---

41 Voraussetzung hierfür ist stochastische Dominanz 1. Ordnung von $F(V_t | B_t)$ und $F(V_t | \hat{B}_t)$ für $\hat{B}_t > B_t$.
42 Vgl. Zusammenhänge (3.5)-(3.7).

werten, da ihre Zeichnungsgewinne, wie beschrieben, monoton mit dem wahren Wert des Unternehmens steigen. Die potentiellen Neuaktionäre befinden sich daher bei ihrer Prüfungsentscheidung im Prinzip in einer Situation, die mit der des Inhabers einer Call-Option auf den Unternehmenswert vergleichbar ist. Nach dem gleichen Prinzip, das den Wert einer Call-Option erhöht, wenn die Volatilität des Underlyings steigt, steigt hier der Wert der Möglichkeit, in das Unternehmen zu investieren. Da die Prüfkosten unabhängig von der Volatilität des Unternehmenswertes sind, sinkt somit c.p. die Ausfallwahrscheinlichkeit durch Zahlungsunfähigkeit wenn σ steigt.

Neben den Parametern, die dafür verantwortlich sind, wie der Wert des Unternehmens von Outsidern wahrgenommen wird, haben auch die Parameter, die den Wert des Eigenkapitals beinflussen, einen Einfluss auf die Ausfallwahrscheinlichkeit durch Zahlungsunfähigkeit. Für eine gegebene Wahrnehmung der Zustandsvariablen durch die potentiellen Neuaktionäre sind es die aus ihrer Sicht mit den Werten des Unternehmensvermögens assoziierten Werte des Eigenkapitals, die schließlich die Investition rechtfertigen. Wenn man sich beispielsweise vorstellt, dass die potentiellen Neuaktionäre über keinerlei Verhandlungsmacht verfügen, ist vorhersehbar, dass sie von einer Kapitalerhöhung niemals profitieren werden. Sie erhalten zwar als Ergebnis der Verhandlungen mit den Eigentümern/Managern einen Anteil am Unternehmen, der wertmäßig ihrer Einlage entspricht, werden aber niemals in der Lage sein, mit einem Zeichnungsgewinn ihre Prüfkosten zu decken. Insofern werden sie das Unternehmen niemals prüfen und es fällt mit Sicherheit durch Zahlungsunfähigkeit aus, egal wie hoch der tatsächliche Unternehmenswert ist.

Wir haben bereits erwähnt, dass ein steigender Steuersatz den Wert des Eigenkapitals erhöht[43] und die Ausfallschranke V_B senkt. Dies hat den oben beschriebenen direkten Effekt auf die Ausfallwahrscheinlichkeit des Unternehmens durch Überschuldung, wirkt sich allerdings indirekt auch auf die Ausfallwahrscheinlichkeit durch Zahlungsunfähigkeit aus. Bei einer gegebenen Einschätzung des Unternehmenswertes durch die potentiellen Neuaktionäre ist es für die Entscheidung zur Prüfung maßgeblich, in wie vielen möglichen Zuständen wie viel durch eine Investition zu gewinnen ist. Da ein steigender Steuersatz den Wert des Eigenkapitals in einem gegebenen Zustand erhöht, verbessert sich die Perspektive der potentiellen Neuaktionäre und die Wahrscheinlichkeit eines Ausfalls durch Zahlungsunfähigkeit sinkt.

---

[43] Dies liegt insbesondere daran, dass die Zustandsvariable als Wert des unverschuldeten Unternehmens nach Steuern modelliert wird, womit die Tax-Shields als Zuflüsse zu betrachten sind. Bei einer komparativ statischen Erhöhung des Steuersatzes wird implizit unterstellt, dass die Cashflows aus dem Unternehmensvermögen vor Steuern steigen.

Das Gegenteil ist der Fall für eine komparativ statische Erhöhung der Insolvenzkosten. Diese senken, wie ober erläutert, den Wert des Eigenkapitals in einem gegebenen Zustand und verschlechtern so c.p. die Perspektiven der potentiellen Neuaktionäre bei ihrer Prüfungsentscheidung. Dieser Effekt wirkt erhöhend auf die Ausfallwahrscheinlichkeit durch Zahlungsunfähigkeit.

Das Gleiche gilt c.p. auch für den Verschuldungsgrad. Ein höherer Verschuldungsgrad in Form eines höheren Kupons führt dazu, dass jedem gegebenen Wert des Unternehmensvermögens ein niedrigerer Wert des Eigenkapitals zugeordnet wird. Hierdurch weist erstens ein höherer Anteil der aus öffentlicher Sicht möglichen Unternehmenswerte eine Überschuldung auf, was die Attraktivität einer möglichen Prüfung aus der Sicht der potentiellen Neuaktionäre reduziert. Darüber hinaus machen die niedrigeren Eigenkapitalwerte die Kapitalerhöhung in einem gegebenen Knoten weniger attraktiv, da der Wert der Kapitalerhöhung aus der Sicht der potentiellen Neuaktionäre nicht von der Höhe des Kupons, sondern nur von den zu verhindernden Insolvenzkosten und ihrer Verhandlungsmacht abhängt[44]. Ein höherer Verschuldungsgrad führt somit c.p. zu einer höheren Ausfallwahrscheinlichkeit durch Zahlungsunfähigkeit.

Einen Einfluss auf die Wahrscheinlichkeit eines Ausfalls durch Zahlungsunfähigkeit hat schließlich auch noch der Grad der Unvollständigkeit der Information, in unserem Modell ausgedrückt durch die Standardabweichung κ des Rauschens in der Bilanzinformation. Wie bereits in Abschnitt 3.4 festgestellt, würde ein κ von null vollständige Information bedeuten. Die potentiellen Neuaktionäre könnten aus dem Bilanzwert mit Sicherheit auf den wahren Wert des Unternehmens schließen und bräuchten keine Prüfung vorzunehmen, bevor sie investieren[45]. Folglich würde das Unternehmen niemals aufgrund von Zahlungsunfähigkeit ohne Überschuldung ausfallen, da in allen nicht überschuldeten Zuständen investiert würde. Wir werden später im Rahmen der komparativ statischen Analyse ein solches ansonsten identisches Modell mit vollständiger Information als Benchmark für unser Modell verwenden. Es ist leicht ersichtlich, dass der Informationsgehalt einer Bilanzinformation von der Stärke des Rauschens des Signals abhängt. Man kann sich also leicht vorstellen, dass bei einem besonders positiven Bilanzsignal c.p. die Wahrscheinlichkeit eines Ausfalls durch Zahlungsunfähigkeit[46] mit zunehmendem Rauschen in der

[44] Der Anteil, den die potentiellen Neuaktionäre am Unternehmen fordern, hängt natürlich positiv vom Kupon ab, da für eine größere Einlage auch ein größerer fairer Anteil verlangt wird. Gemeint ist hier der Wert des Anteils in EUR, der über die faire Entschädigung für die geleistet Einlage hinausgeht.

[45] Wir hatten nicht unterstellt, dass die Outsider das Unternehmen prüfen, bevor sie investieren, sondern dass sie mit Sicherheit den wahren Wert des Unternehmen kennen.

[46] Wir hatten bereits festgestellt, dass gegeben alle anderen Parameter die Bilanzinformation determiniert, ob ein Unternehmen geprüft wird oder nicht und somit durch Zahlungsunfähigkeit ausfällt. Mit

Bilanz steigt, weil die Outsider der Bilanzinformation bei stärkerem Rauschen weniger Aussagekraft zumessen. Im umgekehrten Fall einer sehr schlechten Bilanz sinkt die Wahrscheinlichkeit eines Ausfalls durch Zahlungsunfähigkeit mit zunehmendem Rauschen, weil die Outsider das Signal für zufällig halten und ihm weniger Gewicht beimessen.

Wir werden auf die einzelnen Effekte im Rahmen der komparativ statischen Analyse in den Abschnitten 4.2 und 4.4 nochmals am konkreten Beispiel zu sprechen kommen und wenden uns nun zunächst der Vorgehensweise bei der numerischen Auswertung des beschriebenen Modells zu.

einer zunehmenden Ausfallwahrscheinlichkeit meinen wir an dieser Stelle, dass eine Zahlungsunfähigkeit c.p. bereits bei einem höheren Bilanzwert eintritt und vice versa.

Kapitel 4

Bewertung bei unvollständiger Information

Neben der reinen Beschreibung eines Modells, das Zahlungsunfähigkeit eigenständig als Folge unvollständiger Information abbilden kann, ist vor allem die Auswertung eines solchen Modells Ziel der vorliegenden Arbeit, da viele Effekte erst im Rahmen einer komparativ statischen Untersuchung deutlich werden. Im Rahmen der Modellbeschreibung in den vorherigen Abschnitten wurde bereits mehrfach darauf hingewiesen, dass als wesentliche Nebenbedingung der Modellierung stets die Rechenbarkeit des Modells zu beachten war. Neben der oben beschriebenen existieren zahlreiche andere Modellvarianten, die durchdacht und schließlich verworfen wurden, da sie unmöglich oder nur mit nicht zu rechtfertigendem (Rechen-)Aufwand zu lösen wären.

Da sich das vorliegende Modell aufgrund seiner komplizierten Struktur nicht geschlossen lösen lässt, sind wir auf numerische Methoden angewiesen und können entsprechend nicht die Allgemeingültigkeit unserer Ergebnisse feststellen. Wir sind allerdings in der Lage, rekursiv mit Hilfe eines Binomialbaumes Werte für Eigen- und Fremdkapial des Unternehmens für verschiedene Bewertungssituationen sowohl auf dem Primärmarkt in $t = 0$ als auch auf dem Sekundärmarkt zu allen übrigen Zeitpunkten zu finden. Wie diese Bewertung durchgeführt wird, soll im weiteren Verlauf dieses Kapitels beschrieben werden. Ferner führen wir eine ausführliche komparativ statische Analyse für die verschiedenen Bewertungszeitpunkte durch.

4.1 Bewertung im Primärmarkt

Während wir bei der Beschreibung des vorliegenden Modelles bisher stets zeitlich "vorwärts" gerichtet im Sinne ablaufender Kalenderzeit argumentiert haben, ist für die Bewertung der riskanten Ansprüche mit Hilfe eines Binomialbaumes eine zeitlich rückwärts gerichtete, rekursive Formulierung des Modells notwendig. Der entscheidende Unterschied der beiden Sichtweisen ist der, dass man bei der Vorwärtsargumentation die unterschiedlichen Informationszustände der verschiedenen teilnehmenden Personen und deren Handlungen berücksichtigt, während bei der Rückwärtsargumentation eine Bedingung zwingend auf die Zustandsvariable erfolgen muss. Ein einfaches Beispiel möge den Unterschied verdeutlichen, betrachtet sei ein beliebiger Kupontermin. Bei einer vorwärts gerichteten Betrachtung kennen die Outsider den Wert des Unternehmens am letzten Kupontermin[1] und die realisierte Bilanzinformation, wissen aber nicht, in welchem der möglichen Zustände sich der Unternehmenswert befindet. Die öffentliche Information determiniert ihre Entscheidung zur Prüfung und das Unternehmen überlebt oder fällt aus.

Bei einer auf den wahren Wert bedingten rekursiven Betrachtung kennen wir den wahren Wert des Unternehmens und wollen die Werte von Fremd- und Eigenkapital bestimmen. Hierbei wissen wir mit Sicherheit, dass das Unternehmen ausfällt, sofern es überschuldet ist und können die Werte für Eigen- und Fremdkapital aus dem Liquidationswert $\rho \cdot V_\tau$ des Unternehmens und der strikten Bevorzugung der Gläubiger im Insolvenzfall ableiten. Falls das Unternehmen nicht überschuldet ist, ergeben sich die Werte von Eigen- und Fremdkapital als gewichtete Mittel der Werte, die die Kapitalien im Fall eines Ausfalls durch Zahlungsunfähigkeit bzw. Überleben des Unternehmens annehmen, gewichtet mit der jeweiligen Wahrscheinlichkeit. Die Bestimmung dieser Ausfallwahrscheinlichkeit durch Zahlungsunfähigkeit in einem gegebenen nicht überschuldeten Zustand ist das wesentliche Problem bei der numerischen Auswertung dieses Modells und wird uns im Folgenden beschäftigen.

Wir haben bereits in Abschnitt 3.7 festgestellt, dass es neben der bekannten Dynamik (3.1) der Zustandsvariablen der letzte bekannte Unternehmenswert und die aktuelle Bilanzinformation sind, die die Einschätzung der Outsider über den wahren Wert des Unternehmens treiben. Wir bestimmen zunächst den Wert des Eigen- und Fremdkapitals in einem beliebigen Kupontermin. Da der wahre Wert des Unternehmens in $t = 0$ und die Dynamik der Zustandsvariablen bekannt sind, kennen wir alle möglichen Knoten und Pfade durch den Binomialbaum. Wir verwenden die bereits in Abschnitt 2.4 verwandte

[1] Oder den Startwert, falls es sich um den ersten Kupontermin handelt.

Approximation der Brown'schen Bewegung, die zu einem rekombinierenden Baum führt. Da wir uns bei der rekursiven Bewertung zeitlich rückwärts durch den Baum bewegen, kennen wir zu jedem Zeitpunkt die Fortführungswerte von Eigen- und Fremdkapital, die sich durch Diskontieren mit dem risikolosen Zinssatz und Gewichten mit den risikoneutralen Wahrscheinlichkeiten der entsprechenden Werte der Nachfolgerknoten[2] ergeben. Aus diesem Grund können wir für jeden Knoten sofort eine Überschuldung feststellen, falls der Fortführungswert des gesamten Eigenkapitals unter dem Wert des erforderlichen Kupons nach Steuern liegt $[EK^+(V_{ti}) < (1-s) \cdot K]$.

Falls keine Überschuldung vorliegt, steht für einen gegebenen Knoten nun die Berechnung der Ausfallwahrscheinlichkeit durch Zahlungsunfähigkeit an. Problematisch an dieser Berechnung ist, dass die Outsider ihre Prüfungsentscheidung auf Basis der öffentlichen Informationen[3], also des letzten bekannten Unternehmenswertes und der aktuellen Bilanzinformation, aber ohne Kenntnis des wahren Unternehmenswertes treffen, wir aber nun die Wahrscheinlichkeit einer Prüfung bedingt auf den wahren Wert rekursiv bestimmen müssen. Gegeben einen wahren Wert hängt die Wahrscheinlichkeit einer Prüfung daher davon ab, wie hoch der letzte bekannte Unternehmenswert war. Dadurch entsteht eine Pfadabhängigkeit der Werte von Eigen- und Fremdkapital. Da wir uns bei der Bewertung rekursiv durch den Baum bewegen, müssen wir zu jedem Zeitpunkt mit Sicherheit wissen, wann der Unternehmenswert das letzte Mal aufgedeckt wurde. Dies ist der Grund dafür, dass wir in der Modellierung zwingend eine öffentliche Aufdeckung des Unternehmenswertes in jedem Kupontermin verlangen. So können wir bei der rekursiven Bewertung unterstellen, dass der Unternehmenswert für jeden zeitlich früheren Kupontermin bekannt ist, sofern das Unternehmen überlebt hat[4]. Da nach der jeweils jüngsten Aufdeckung des Unternehmenswertes die Historie früherer Bilanz- und Unternehmenswerte irrelevant ist, brauchen wir bei der rekursiven Bewertung im Zeitpunkt t nur die möglichen Unternehmenswerte im Zeitpunkt des letzten Kupontermins $t-1$ beachten. Das Problem der Pfadabhängigkeit zwischen den Kuponterminen lässt sich dadurch lösen, dass alle Pfade, die in einen gegebenen Knoten im Kupontermin führen, einzeln betrachtet werden. Dadurch kann man alle möglichen Vorgängerknoten im vorherigen Kupontermin identifizieren und die Wahrscheinlichkeit bestimmen, mit der der Unternehmenswert den betreffenden Knoten aus dem jeweiligen Vorgängerknoten heraus erreicht hat. Die mit einem Vorgängerknoten verbundenen Werte des Eigen- und Fremdkapitals werden dann mit

---

[2] Vorgänger und Nachfolger ist hier kalenderzeitlich zu verstehen.

[3] Die öffentliche Information besteht aus den bedingten Wahrscheinlichkeiten $P(V_{ti}|V_{t-1}, B_t)$.

[4] Da wir bei der rekursiven Bewertung stets den Fortführungswert des Unternehmens rückwärts durch den Baum tragen, können wir bei der Berechnung immer das Überleben bis zu dem jeweils betreffenden Zeitpunkt unterstellen.

der Wahrscheinlichkeit gewichtet, dass der betreffende Knoten tatsächlich der Vorgänger war. Da Pfadabhängigkeit in unserem Modell nur im Bezug auf den Unternehmenswert im jeweils vorherigen Kuponterminen besteht und die Kurshistorie mit dem Aufdecken des Unternehmenswertes im Kupontermin irrelevant wird, vermeiden wir ein exponentielles Wachstum der Anzahl der Bewertungsknoten mit der Laufzeit, was eine numerische Auswertung mit akzeptablen Rechenzeiten erst ermöglicht.

Da wir bei der Bewertung in einem gegebenen Zustand alle möglichen Vorgängerknoten im vorhergehenden Kupontermin einzeln betrachten, können wir bei den weiteren Überlegungen einen bestimmten Vorgängerknoten als gegeben ansehen. Wir erinnern uns, dass es der bekannte Vorgängerknoten und die im Kupontermin veröffentlichte Bilanzinformation sind, die gemeinsam die Handlungen der potentiellen Neuaktionäre beeinflussen. Da wir durch die Bedingung auf einen bestimmten Vorgängerknoten eine Unsicherheitsquelle "ausgeschaltet" haben, können wir uns bei der Bewertung nun auf den Effekt der Bilanzinformation konzentrieren. Das Problem bei der Bewertung besteht darin, in einem gegebenen wahren Zustand und für einen gegebenen Vorgängerknoten im letzten Kupontermin die Wahrscheinlichkeit zu errechnen, mit der in dieser Konstellation eine Bilanz veröffentlicht wird, die dazu führt, dass das Unternehmen wegen Zahlungsunfähigkeit ausfällt.

Für die folgende Argumentation ist es nützlich, von der zeitlich rückwärts auf eine zeitlich vorwärts gerichtete Betrachtung zu wechseln. Die potentiellen Neuaktionäre kennen alle möglichen Zustände, die der Unternehmenswert im aktuellen Kupontermin annehmen kann, und deren a priori Eintrittswahrscheinlichkeiten bedingt auf den Vorgänger und die Dynamik (3.1) der Zustandsvariablen. Sie kennen weiterhin, wie oben beschrieben, die erwarteten Verhandlungsergebnisse in allen möglichen Zuständen und ihre Prüfkosten. Ihre Entscheidung zur Prüfung[5] hängt somit lediglich von der Bilanzinformation ab, die sie im Kupontermin erhalten. Wir haben in Abschnitt 3.7 festgestellt, dass sowohl der Wert der Kapitalerhöhung aus der Sicht der potentiellen Neuaktionäre monoton mit dem wahren Wert des Unternehmens wächst als auch der erwartete wahre Wert des Unternehmens mit der veröffentlichten Bilanzinformation[6]. Insofern besteht ein monotoner Zusammenhang zwischen der im Kupontermin veröffentlichten Bilanzinformation und der Erwartung der potentiellen Neuaktionäre über den Wert der Zeichnung junger Aktien. Da die Prüfkosten der potentiellen Neuaktionäre fix sind, besteht somit für einen gegebenen Vorgängerknoten im vorherigen Kupontermin ein eindeutiger *kritischer Bilanzwert* B_t^*, bei dem der Erwar-

[5] Vgl. Zusammenhang (3.13).

[6] Vgl. die Diskussion auf Seite 72 und Fussnote 41 in Kapitel 3.

tungswert für die Prüfung mit anschließender eventueller Zeichnung junger Aktien gerade null beträgt. Für Bilanzwerte unterhalb dieses kritischen Bilanzwertes B_t^* würden die potentiellen Investoren auf eine Investition verzichten und das Unternehmen fällt unabhängig vom tatsächlichen wahren Wert wegen Zahlungsunfähigkeit aus. Oberhalb von B_t^* wird das Unternehmen geprüft und überlebt, sofern es nicht überschuldet ist. Wichtig ist an dieser Stelle nochmals darauf hinzuweisen, dass jedem möglichen Vorgängerknoten eindeutig ein kritischer Bilanzwert zugewiesen werden kann. Mit anderen Worten weiß man zum Zeitpunkt t der Aufdeckung des Unternehmenswertes nach erfolgter Kapitalerhöhung in einem Kupontermin, wie hoch der Bilanzwert in der nächsten Periode $t+1$ mindestens sein muss, damit das Unternehmen dann überlebt.

Mit dieser Erkenntnis über das Konzept des kritischen Bilanzwertes wechseln wir nun zurück in die zeitlich rückwärts gerichtete Bewertungsargumentation. Ziel der Überlegungen ist nach wie vor, für einen gegebenen wahren Unternehmenswert $V_{ti} > V_B$ die Wahrscheinlichkeit eines Ausfalls durch Zahlungsunfähigkeit zu bestimmen. Wir hatten unsere Überlegungen bereits auf einen bestimmten Vorgängerknoten bedingt und unterstellen nun, dass wir mit Hilfe der oben beschriebenen Überlegungen den kritischen Bilanzwert ermittelt haben. Das Risiko eines Ausfalls durch Zahlungsunfähigkeit besteht nun darin, in einem gegebenen Zustand eine Bilanz ausweisen zu müssen, die unterhalb des kritischen Bilanzwertes B_t^* liegt. Da, wie in Abschnitt 3.4 festgestellt und aus Zusammenhang (3.8) eindeutig zu erkennen, die Bilanzinformation eine zwar verrauschte, aber unverzerrte Information über den wahren Wert ist, sollte die Wahrscheinlichkeit eines Ausfalls durch Zahlungsunfähigkeit negativ vom wahren Wert des Unternehmens abhängen. Dies ist tatsächlich der Fall, wie aus Abbildung 4.1 eindeutig zu erkennen ist. Um zu ermitteln, mit welcher Wahrscheinlichkeit ein Unternehmen aufgrund von Zahlungsunfähigkeit ausfällt, bestimmen wir die Fläche unter der Verteilung der in jedem wahren Zustand möglichen Bilanzwerte bis zum kritischen Bilanzwert B_1^*. Diese Fläche ist in jedem Zustand identisch mit der gesuchten Wahrscheinlichkeit eines Ausfalls durch Zahlungsunfähigkeit

$$P(ZU\,|V_{ti}) = \int_0^{B_t^*} f(B_t\,|V_{ti})\,dB_t. \tag{4.1}$$

An dieser Stelle wird, aufgrund der nun besser verständlichen Argumentation, nochmals für einen Moment die in Abschnitt 3.5 aufgeworfene und vertagte Diskussion einer möglichen bilanziellen Überschuldung aufgegriffen. Wir hatten bereits in Abschnitt

Abbildung 4.1: Ermittlung der Wahrscheinlichkeit eines Ausfalls durch Zahlungsunfähigkeit bedingt auf den wahren Unternehmenswert

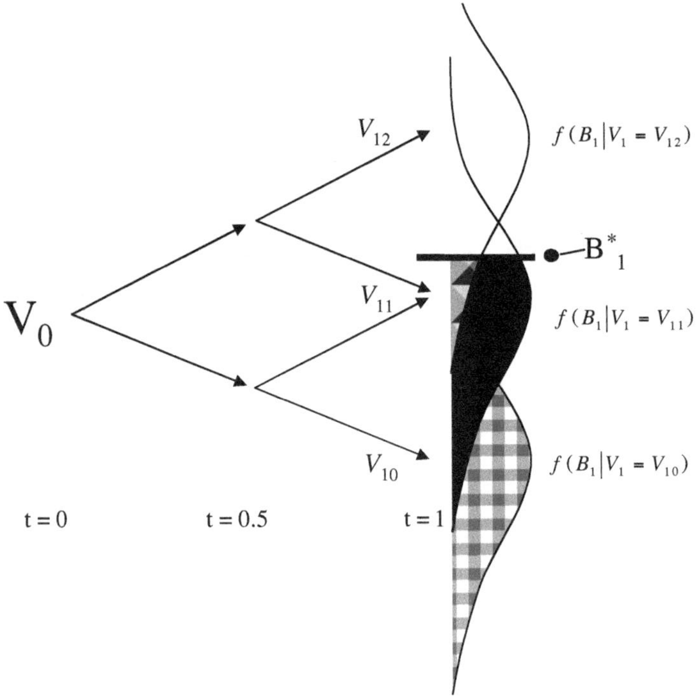

2.2 festgestellt, dass die reine Veröffentlichung einer Bilanz, in der der bilanzielle Wert der Vermögensgegenstände nicht mehr die Schulden deckt, nicht ausreicht, um eine Überschuldung zu begründen. Vielmehr muss, wie beschrieben, im Rahmen einer zweistufigen Überschuldungsprüfung zunächst die Zahlungsfähigkeit des Unternehmens festgestellt werden und danach eine Bilanz unter Berücksichtigung auch der stillen Reserven und Lasten erstellt werden. Wollte man das Modell dennoch dahingehend gestalten, dass das Management oder die Outsider Insolvenz auslösen, sobald das bilanzielle Vermögen nicht mehr die bilanziellen Verbindlichkeiten deckt, müsste man in jeder Periode nur das Maximum des endogen ermittelten kritischen Bilanzwertes und der bilanziellen Verbindlichkeiten als neuen kritischen Bilanzwert einsetzen. Da wir aber der Meinung sind, dass die im Kupontermin sowieso erfolgende Aufdeckung des wahren Wertes des Unternehmens zusammen mit der Überschuldungsprüfung nach Marktwerten den gesetzlichen Anforderungen näher kommen, verzichten wir auf diesen Schritt.

In unserem Bewertungsbeispiel in Abbildung 4.1 gibt es, da es sich um den ersten Kupontermin nach der Emission des Fremdkapitals in $t = 0$ handelt, mit V_0 nur einen in Frage kommenden Vorgängerknoten, was die Bewertung erleichtert. Bei mehreren in Frage kommenden Vorgängerknoten ist zu beachten, dass die Wahrscheinlichkeit eines Ausfalls durch Zahlungsunfähigkeit in einem gegebenen Knoten als gewichtetes Mittel aller sich für die verschiedenen Vorgänger ergebenen Wahrscheinlichkeiten ermittelt werden muss. Die Gewichtung der Ausfallwahrscheinlichkeiten erfolgt hierbei mit der oben beschriebenen Wahrscheinlichkeit, den gegebenen Zustand aus einem der betreffenden Vorgängerzustände heraus erreicht zu haben.

Für jeden möglichen Knoten im Kupontermin wurde wie beschrieben die Wahrscheinlichkeit eines Ausfalls durch Zahlungsunfähigkeit ermittelt, so dass nun die Bewertung von Eigen- und Fremdkapital erfolgen kann. Wenn dem Unternehmen die Platzierung junger Aktien zur Finanzierung des Kupons gelingt, nehmen Eigen- und Fremdkapital die Fortführungswerte an, die aus der bis zu diesem Zeitpunkt bereits erfolgten rekursiven Berechnung bekannt sind. Im Fall eines Ausfalls wird das Unternehmen liquidiert und die Insolvenzmasse in Höhe von $\rho \cdot V_\tau$ wird den Gläubigern zugeschlagen. Falls diese in voller Höhe befriedigt werden können, fällt der Rest den Eigenkapitalgebern zu. Da somit sowohl die Zerschlagungs- als auch die Fortführungswerte von Eigen- und Fremdkapital bekannt sind und wir die Ausfallwahrscheinlichkeit des Unternehmens im Kupontermin kennen, können wir die Erwartungswerte der Kapitalien vor der Kapitalerhöhung berechnen.

Wir werden zunächst die Bewertung des Eigenkapitals beschreiben, da wir die Fortführungswerte des Eigenkapitals in den Kuponterminen für die Überschuldungsprüfung bei der Fremdkapitalbewertung benötigen. Hierzu muss in jedem Kupontermin zunächst zwischen drei Eigenkapitalwerten $EK^+(V_{ti})$, $EK(V_{ti})$ und $EK^-(V_{ti})$ unterschieden werden. $EK^+(V_{ti})$ bezeichnet den Fortführungswert des Eigenkapitals. Dieser Wert umfasst das gesamte Eigenkapital des Unternehmens in dem Fall, dass eine Kapitalerhöhung durchgeführt und der Kupon bezahlt wurde. Ist $EK^+(V_{ti}) < (1-s) \cdot K$ dann liegt eine Überschuldung vor, das Unternehmen erhält trotz erfolgter Prüfung keine Mittel und fällt aufgrund von Überschuldung und Zahlungsunfähigkeit aus. Wenn $EK^+(V_{ti}) \geq (1-s) \cdot K$ werden junge Aktionäre den Nachsteuerkupon finanzieren und das gesamte Eigenkapital des Unternehmens nimmt seinen Fortführungswert an.

$EK(V_{ti})$ ist definiert als der Teil des Eigenkapitals, der nach erfolgter Überschuldungsprüfung durch die potentiellen jungen Aktionäre den Altaktionären zusteht. Dieser Wert ergibt sich im Fall von $EK^+(V_{ti}) \geq (1-s) \cdot K$ als Verhandlungsergebnis zwischen den beiden Aktionärsgruppen, im Fall der Überschuldung als der den Altaktionären zustehende Vermögensteil nach Befriedigung der Gläubiger und nach Insolvenzkosten. $EK^-(V_{ti})$ schließlich bezeichnet den Wert des den Altaktionären zustehenden Teils des Eigenkapitals vor der Unternehmensprüfung. Er hängt somit insbesondere von der Wahrscheinlichkeit der Due Dilligence und damit von der Wahrscheinlichkeit eines Ausfalls durch Zahlungsunfähigkeit ab. Der Fortführungswert des Eigenkapitals für einen Unternehmenswert der um das Diskretisierungsintervall Δt vor dem Kupontermin liegt, ergibt sich dann in üblicher Weise als mit dem risikolosen Zinssatz diskontierter Erwartungswert der Eigenkapitalwerte $EK^-(V_{ti})$ in den beiden Folgeknoten des Baumes.

Für den Begin der Rekursion unterstellen wir, dass das Unternehmen in T eine letzte Kapitalerhöhung durchführen muss, um den fälligen Kupon zu bedienen. Sofern das gelingt, kann das Unternehmen danach seine Aktiva kostenlos liquidieren, um das Fremdkapital zurückzuzahlen. Der bei der Liquidation verbleibende Rest fällt den Aktionären zu. Mit dieser Annahme folgen wir Brennan/Schwartz (1978), indem wir annehmen, dass im Fälligkeitszeitpunkt T der Wert des verschuldeten Unternehmens wieder dem des ansonsten identischen, aber unverschuldeten entspricht. Nicht berücksichtigt wird bei dieser Art der Modellierung die Möglichkeit der Eigentümer/Manager, das Unternehmen in T wieder zu verschulden und somit weiterhin vom Steuervorteil der Fremdfinanzierung zu profitieren. Brennan/Schwartz (1978) betonen jedoch, dass diese Annahme eine zu vernachlässigende Einschränkung der Allgemeingültigkeit bedeutet, da der

Fälligkeitszeitpunkt T beliebig lange vom Emissionszeitpunkt entfernt gewählt werden kann[7].

Formal ergeben sich für die Bewertung des Eigenkapitals in unserem Modell die nachfolgenden Zusammenhänge. Für den Fälligkeitszeitpunkt T des Fremdkapitals gilt

$$EK^{+}(V_{Ti}) = \max(V_{Ti} - FK, 0), \tag{4.2}$$

wobei FK den Nominalwert des Fremdkapitals bezeichnet. $EK^{+}(V_{Ti})$ bezeichnet somit den Wert des gesamten Eigenkapitals in Abhängigkeit des wahren Unternehmenswertes V_{Ti} unmittelbar nach der letzten Kapitalerhöhung und der Kuponzahlung. Der Wert des Eigenkapitals der *Altaktionäre*, unmittelbar nachdem der wahre Wert des Unternehmens aufgedeckt wurde, ergibt sich zu

$$EK(V_{Ti}) = \begin{cases} (1 - \Theta(V_{Ti})) \cdot EK^{+}(V_{Ti}), & \text{für } EK^{+}(V_{Ti}) \geq (1-s) \cdot K \\ \max\left(\rho \cdot V_{Ti} - (FK + K), 0\right), & \text{sonst.} \end{cases} \tag{4.3}$$

Für den Wert des Eigenkapitals (der Altaktionäre) unmittelbar vor Fälligkeit des Fremdkapitals $EK^{-}(V_{Ti})$ gilt

$$EK^{-}(V_{Ti}) = P\left(ZU\,|V_{Ti}\right) \cdot \max\left(\rho \cdot V_{Ti} - (FK + K), 0\right) + \left(1 - P\left(ZU\,|V_{Ti}\right)\right) \cdot EK(V_{Ti}), \tag{4.4}$$

wobei $P\left(ZU\,|V_{Ti}\right)$ gemäß (4.1) definiert ist.

Hier wird deutlich, dass der Wert des Eigenkapitals bei Überschuldung des Unternehmens unabhängig von der Wahrscheinlichkeit eines Ausfalls durch reine Zahlungsunfähigkeit ist, da ein Ausfall wegen Überschuldung in jedem Fall stattfindet.

Da ein Ausfall des Unternehmens nur bei Fälligkeit des Fremdkapitals oder an Kuponterminen auftreten kann und nur an den Kuponterminen neue Informationen in den Markt gelangen, gilt für alle anderen Zeitpunkte

$$EK^{-}(V_{ti}) = EK^{+}(V_{ti}). \tag{4.5}$$

[7] Brennan/Schwartz (1978), S. 106 f.

Hierbei ergibt sich $EK^+(V_{ti})$ in üblicher Weise mit Hilfe risikoneutraler Wahrscheinlichkeiten p und $1-p$ für die nachfolgenden Up- und Down-Zustände im Binomialbaum und dem risikolosen Zinssatz r zu

$$EK^+(V_{ti}) = \left[p \cdot EK^-(V_{t+\Delta t,\ i+1}) + (1-p) \cdot EK^-(V_{t+\Delta t,\ i})\right] \cdot e^{-r \cdot \Delta t}. \tag{4.6}$$

An *Kuponterminen* $t < T$ gilt für $EK^+(V_{ti})$ Zusammenhang (4.6), Überschuldung oder Kapitalerhöhung werden analog zu Zusammenhang (4.3) berücksichtigt durch

$$EK(V_{ti}) = \begin{cases} (1-\Theta(V_{ti})) \cdot EK^+(V_{ti}), & \text{für } EK^+(V_{ti}) \geq (1-s) \cdot K \\ \max\left(\rho \cdot V_{ti} - (FK + K), 0\right), & \text{sonst.} \end{cases} \tag{4.7}$$

Der Wert des Eigenkapitals unmittelbar vor dem Kupontermin ergibt sich somit analog zu Zusammenhang (4.4) zu

$$EK^-(V_{ti}) = P(ZU\,|V_{ti}) \cdot \max\left(\rho \cdot V_{ti} - (FK+K), 0\right) + (1 - P(ZU\,|V_{ti})) \cdot EK(V_{ti}). \tag{4.8}$$

Da zum Zeitpunkt der Emission des Fremdkapitals in $t = 0$ keine Kapitalerhöhung durchgeführt wird, gilt hier $EK(V_0) = EK^+(V_0)$. Der errechnete Wert des Eigenkapitals in $t = 0$ berücksichtigt die Wahrscheinlichkeit eines Ausfalls durch Zahlungsunfähigkeit und Überschuldung genauso wie die erwartete Verwässerung des Eigenkapitals in allen möglichen Zuständen und für alle möglichen Pfade. Der Steuervorteil der Fremdfinanzierung ist in diesem Wert ebenfalls enthalten, da in jedem Kupontermin eine Kapitalerhöhung zur Finanzierung des Kupons in Höhe von K nur im Volumen von $(1-s) \cdot K$ durchgeführt wird. Somit reduziert der Steuervorteil der Fremdfinanzierung den Umfang der Verwässerung, den die Altaktionäre für die Finanzierung der Verpflichtungen aus der Fremdkapitalemission in Kauf nehmen müssen. Da die Kapitalerhöhungen in unserem Modell nicht von den ursprünglichen Eigentümern erbracht werden und nicht zu "fairen" Konditionen stattfinden, ist dies die einzige Möglichkeit, den Steuervorteil der Fremdfinanzierung sinnvoll abzubilden. Die in vielen Strukturmodellen[8] mit vollständiger Information übliche Abbildung des Steuervorteils als separaten Zufluss zum Wert des Ei-

[8] Vgl. z.B. Leland (1994).

genkapitals ist hier nicht möglich[9]. Ebenfalls enthalten im Wert des Eigenkapitals sind Kosten der unvollständigen Information in Form der Zugeständnisse der Altaktionäre an die Neuaktionäre in den jeweiligen Kuponterminen. Da die jungen Aktien unter ihrem fairen Wert an die neuen Aktionäre ausgegeben werden, erleiden die Altaktionäre in jeder Periode einen Wertverlust. Da dieser Wertverlust bei der rekursiven Bewertung über den Anteil am Unternehmen $\Theta(V_{ti})$, den die Neuaktionäre für ihre Investition erhalten, berücksichtigt ist, sind diese Kosten der unvollständigen Information ebenfalls in den Wert des Eigenkapitals in $t = 0$ eingepreist.

Bei der Bewertung des Fremdkapitals ist insbesondere zu beachten, dass den Fremdkapitalinhabern im Falle des Überlebens des Unternehmens neben dem aus diskontierten zukünftigen Zahlungen abgeleiteten Fortführungswert des Fremdkapitals im Kupontermin auch die Zahlung des Kupons in Höhe von K zufließt. Der Wert des Fremdkapitals in einem gegebenen Zustand $V_{ti} > V_B$ unmittelbar vor dem Kupontermin besteht somit aus dem Wert des Fremdkapitals bei Zerschlagung, gewichtet mit der Wahrscheinlichkeit eines Ausfalls durch Zahlungsunfähigkeit und dem Fortführungswert inklusive Kupon, gewichtet mit der Gegenwahrscheinlichkeit. Liegt Überschuldung vor, ermittelt sich der Wert des Fremdkapitals unmittelbar vor dem Kupontermin aus dem Zerschlagungswert, da das Unternehmen, wie bereits beschrieben, in diesem Fall mit Sicherheit insolvent ist. Da die Kosten einer eventuellen Prüfung in diesem Zustand von den potentiellen Neuaktionären getragen werden und anschließend keine Investition stattfindet, hat eine solche Prüfung keinen Einfluss auf den Wert des Unternehmens. Aus den so ermittelten Werten des Fremdkapitals unmittelbar vor dem Kupontermin ergeben sich mit den risikoneutralen Wahrscheinlichkeiten gewichtet und risikolos diskontiert die Fortführungswerte im Zeitpunkt $t - \Delta t$. Analog zu der beim Eigenkapital gewählten Notation bezeichnen wir mit $FK^+(V_{ti})$ den Wert des Fremdkapitals unmittelbar nach einem Zeitpunkt t in Abhängigkeit des wahren Wertes der Zustandsvariablen V_{ti}, und mit $FK(V_{ti})$ bzw. $FK^-(V_{ti})$ den Wert des Fremdkapitals während bzw. unmittelbar vor dem Zeitpunkt t in Zustand i.

Im Fälligkeitszeitpunkt $t = T$ des Fremdkapitals gilt

[9] Wenn die Kapitalerhöhungen von den Altaktionären zu fairen Konditionen erbracht werden, muss die Verwässerung nicht berücksichtigt werden, da hierbei lediglich Aktionärsvermögen von liquiden Mitteln in Aktien umgeschichtet wird und sich der Besitzanteil am Unternehmen nicht ändert. Die Steuerersparnis der Fremdfinanzierung kann dann als Zufluss dem Eigenkapital zugeschlagen werden.

$$FK(V_{Ti}) = \begin{cases} FK + K, & \text{für } EK^{+}(V_{Ti}) \geq (1-s) \cdot K \\ \rho \cdot V_{Ti}, & \text{sonst.} \end{cases} \tag{4.9}$$

FK bezeichnet hierbei den Nominalwert der ausstehenden Anleihe, K bezeichnet den Kupon. Da das Unternehmen annahmegemäß auch in T zunächst eine Kapitalerhöhung durchführen muss, gilt für den Wert des Fremdkapitals unmittelbar vor dem Fälligkeitszeitpunkt

$$FK^{-}(V_{Ti}) = P\left(ZU \left| V_{Ti}\right.\right) \cdot \min\left(FK + K, \rho \cdot V_{Ti}\right) + \left(1 - P\left(ZU \left| V_{Ti}\right.\right)\right) \cdot FK(V_{Ti}). \tag{4.10}$$

Da zu allen anderen Zeitpunkten, die keine Kupontermine sind, kein Ausfall stattfinden kann und keine neuen Informationen in den Markt gelangen, gilt analog zu (4.5)

$$FK^{-}(V_{ti}) = FK^{+}(V_{ti}). \tag{4.11}$$

Der Wert $FK^{+}(V_{ti})$ des Fremdkapitals unmittelbar nach diesem Zeitpunkt ergibt sich durch risikoloses Diskontieren der mit den risikoneutralen Wahrscheinlichkeiten gewichteten Fremdkapitalwerte unmittelbar vor den nachfolgenden Up- und Downzuständen im Binomialbaum zu

$$FK^{+}(V_{ti}) = \left[p \cdot FK^{-}(V_{t+\Delta t,\, i+1}) + (1-p) \cdot FK^{-}(V_{t+\Delta t,\, i})\right] \cdot e^{-r \cdot \Delta t}. \tag{4.12}$$

In allen Kuponterminen gilt (4.12) analog für $FK^{+}(V_{ti})$. Allerdings wird in den Kuponterminen der Wert des Unternehmensvermögens aufgedeckt und das Unternehmen bleibt nur dann solvent, wenn es nach Marktwerten nicht überschuldet ist. Überschuldung ist ausgeschlossen, wenn der Wert des Eigenkapitals unmittelbar nach dem Kupontermin den Wert des Kupons mindestens erreicht ($EK^{+}(V_{ti}) \geq (1-s) \cdot K$)[10]. Wenn das Unternehmen im Kupontermin nicht überschuldet ist, wird der Kupon in Höhe von K an die Gläubiger gezahlt. Andernfalls fällt das Unternehmen aus und wird liquidiert. Es gilt somit

$$FK(V_{ti}) = \begin{cases} FK^{+}(V_{ti}) + K, & \text{für } EK^{+}(V_{ti}) \geq (1-s) \cdot K \\ \min\left(FK + K, \rho \cdot V_{ti}\right), & \text{sonst.} \end{cases} \tag{4.13}$$

[10] Vgl. Abschnitt 3.5.

Die Wahrscheinlichkeit eines Ausfalls durch reine Zahlungsunfähigkeit wird wiederum berücksichtigt bei der Berechnung des Wertes des Fremdkapitals unmittelbar vor dem Kupontermin, für den somit gilt

$$FK^{-}(V_{ti}) = P(ZU\,|V_{ti}) \cdot \min(FK + K, \rho \cdot V_{ti}) + (1 - P(ZU\,|V_{ti})) \cdot FK(V_{ti}). \quad (4.14)$$

Da zum Zeitpunkt der Emission des Fremdkapitals in $t = 0$ kein Kupon gezahlt wird, errechnet sich der Emissionswert des Fremdkapitals $FK(V_0) = FK^{+}(V_0)$ gemäß Gleichung (4.12) aus den entsprechenden Werten der beiden Nachfolgerknoten.

4.2 Komparative Statik der Bewertung zum Emissionszeitpunkt des Fremdkapitals

Nachdem wir den Aufbau des Modells und die Vorgehensweise bei der Bewertung ausführlich beschrieben haben, wollen wir uns im folgenden Abschnitt erstmals der Auswertung des Modells in Form einer komparativ statischen Analyse zuwenden. Hierbei werden wir zunächst den Emissionszeitpunkt $t = 0$ betrachten. Wie beschrieben ist das Unternehmen zu diesem Zeitpunkt zunächst unverschuldet und der Wert der Aktiva V_0 ist öffentlich bekannt. Wir haben unterstellt, dass das Unternehmen eine Anleihe zu pari emittiert und das somit aufgenommene Kapital als Sonderdividende an die Aktionäre ausschüttet. Für die Bewertung hat dies einige Implikationen.

Erstens ist der Wert des Unternehmens in $t = 0$ identisch mit der Summe der Werte von Eigen- und Fremdkapital. Während der Marktwert des Fremdkapitals zunächst dem Nennwert entspricht, kann es für das Eigenkapital des Unternehmens keinen Marktwert geben, da wir unterstellt haben, dass die Aktien des Unternehmens nicht gehandelt werden[11]. Wir können jedoch durch rekursive Berechnung, wie in Abschnitt 4.1 erläutert, den Wert berechnen, den ein risikoneutraler Investor bereit wäre für das Eigenkapital zu bezahlen[12]. Diesen Wert werden wir in der Folge als (Markt-)Wert des Eigenkapitals bezeichnen.

[11] Vgl. Abschnitt 3.2.

[12] Dies ist an dieser Stelle keine kritische Aussage, da der wahre Wert des Unternehmen zum Zeitpunkt der Emission des Fremdkapitals in $t = 0$ öffentlich bekannt ist. Vgl. hierzu die Diskussion in Abschnitt 4.3.

Die Annahme der Emission des Fremdkapitals zum Nennwert in $t = 0$ treffen wir weiterhin, um die Vergleichbarkeit der Ergebnisse zu gewährleisten. Da die Wahrscheinlichkeit eines Ausfalls durch Zahlungsunfähigkeit von der Höhe des Kupons abhängt, wären bei identischem Verschuldungsgrad nach Marktwerten beispielsweise die Emissionsrenditen für einen Zerobond und einen Kuponbond nicht sinnvoll vergleichbar. Da es in unserem Modell für einen Zerobond einen Ausfall durch Zahlungsunfähigkeit konstruktionsbedingt nicht geben kann, wäre der Vergleich nicht aussagekräftig. Ebenfalls nicht möglich wäre in unserem Modell die Berechung der Steuerersparnis aus der Fremdfinanzierung für Nullkuponanleihen, da keine Zahlungen anfallen, auf die der Steuervorteil zu berechnen wäre. Das Problem der Berechnung sinnvoller Tax-Shields für nicht zum Nennwert emittierte Anleihen betrifft prinzipiell alle Strukturmodelle, da die nicht zahlungswirksamen Zu- bzw. Abschreibungen zum Wert der Anleihe bei Emissionen unter bzw. über Par steuerlich berücksichtigt werden müssten. Wir erreichen somit durch die erzwungene Emission zum Nennwert sowohl Vergleichbarkeit im Hinblick auf die Ausfallwahrscheinlichkeit als auch eine sinnvolle Ermittlung der Steuervorteile der Fremdfinanzierung.

Die Höhe des Kupons, für den der Marktwert des Fremdkapitals dem Nennwert entspricht ist jedoch nicht offensichtlich. Da ein höherer Kupon nicht nur eine höhere erwartete Zahlungsreihe an die Fremdkapitalgeber auslöst, sondern außerdem einen Einfluss auf die Ausfallwahrscheinlichkeiten sowohl durch Zahlungsunfähigkeit als auch durch Überschuldung hat, handelt es sich um einen nichtlinearen Zusammenhang, der durch eine iterative Nullstellensuche gelöst wird.

4.2.1 Parameter des Basisfalles

Im Rahmen der komparativ statischen Analyse werden wir stets einen der zur Bewertung notwendigen Parameter ändern, während wir alle anderen konstant halten. Je nachdem, welchen Aspekt wir in der Folge untersuchen wollen, werden wir dann entweder die zu den entsprechenden Parameterkonstellationen gehörenden Preise von Eigen- und Fremdkapital bestimmen oder den Spread ermitteln, den die Investoren zu einem gegebenen Zeitpunkt über die risikolose Rendite verlangen, um die Anleihen des Unternehmens zu halten. Mit Ausnahme des variierten Parameters werden alle anderen Parameter bei der Auswertung stets denen des Basisfalles entsprechen, welchen wir im Folgenden beschreiben wollen.

Die Parameter unseres Basisfalles entsprechen im Wesentlichen denen der Untersuchungen von Leland (2002) und Huang/Huang (2002). Als Volatilität des Unternehmensvermögens σ wählen wir 23%. Leland (2002) zeigt, dass dies der Assetvolatilität eines zu 35% fremdkapitalfinanzierten Unternehmens entspricht, das eine Eigenkapitalvolatilität von 35% aufweist. Wenn man diese Größen als repräsentativ annimmt und eine Korrelation der Eigenkapitalrenditen verschiedener Unternehmen von 0,2 unterstellt, erhält man eine Volatilität von 20% für ein diversifiziertes Aktienportfolio. Diese Grösse entspricht in etwa der Volatilität des S&P 500 Index. Als risikolosen Zinssatz r wählen wir 8%, was in etwa dem historischen Durchschnitt der Treasury Rates von 1973 bis 1998 entspricht[13]. Dieser Zinssatz wird als sicher unterstellt, womit wir von etwaigen Zinsrisiken abstrahieren. Insolvenzkosten $(1 - \rho)$ werden wie in Leland (2002) in Höhe von 30% unterstellt, was in unserem Fall zu einer "recovery of firm value" von 70% führt. Hierbei ist zu beachten, dass diese Größe nicht ohne weiteres mit der oft in empirischen Untersuchungen zu findenden "recovery of face value" zu vergleichen ist, da in unserem Modell zumindest die Ausfälle auf Grund von Überschuldung bei Vermögenswerten unterhalb des Nominalwertes der Anleihe stattfinden, so dass die auf den Nominalwert der Anleihe bezogene Recovery geringer ist als 70 %[14]. Als Steuersatz auf Unternehmensebene unterstellen wir 35%, eine Steuer auf persönlicher Ebene berücksichtigen wir nicht. Wollten wir dies tun, müssten wir auf persönlicher Ebene die Steuersätze für Gewinne aus Eigen- und Fremdkapitalanlagen festlegen und den Unternehmenssteuersatz bei der Berechung der Tax-Shields um den Steuervorteil der Anlage in Eigenkapital auf der persönlichen Ebene bereinigen[15].

Da Ausfälle sowohl durch Zahlungsunfähigkeit als auch durch Überschuldung in unserem Modell immer nur an Kuponterminen auftreten können, ist die Bewertung nicht unabhängig von der jährlichen Anzahl dieser Termine. Wir unterstellen für unser Modell analog der angelsächsischen Gepflogenheiten zwei Kupontermine pro Jahr. Der nominale Kupon per annum wird somit jedes halbe Jahr jeweils zur Hälfte an die Fremdkapitalgeber gezahlt. Zu beachten ist in diesem Zusammenhang ebenfalls, dass die Anzahl der Kupontermine einen Einfluss auf die Möglichkeiten der Auswertung im Rahmen der komparativ statischen Analyse hat. Da das Modell immer mit der letzten Kuponzahlung in T endet, lässt es sich sinnvoll nur für Laufzeiten des Fremdkapitals auswerten, die ein Vielfaches des Zeitabstandes zwischen zwei Kuponterminen sind. Die kürzeste sinnvoll auswertbare Laufzeit des Fremdkapitals beträgt somit in unserem Fall 1/2 Jahr.

Als Nominalwert des Fremdkapitals wählen wir im Basisfall 50% des Wertes des unverschuldeten Unternehmens V_0. Da der Marktwert des Fremdkapitals im Emissionszeitpunkt dem Nennwert entspricht, hängt der Verschuldungsgrad des Unternehmens nach Markt-

[13] Vgl. Huang/Huang (2002), S. 20.

[14] Im Modell von Leland (2002), in dem Ausfall nur durch Überschuldung stattfindet und aufgrund der stationären Struktur eine fixe endogene Ausfallschranke auftritt, führt eine "recovery of firm value" von 30 % zu der von Huang/Huang (2002) unterstellten "recovery of face value" von 51%.

[15] Für ein einfaches konkretes Beispiel vgl. Leland (2002), S. 16, Fußnote 30.

werten von der Reaktion des Eigenkapitalwertes auf die Emission ab. Wenn der Wert des Eigenkapitals durch die Steuerersparnis aufgrund der Fremdfinanzierung steigt, wenn also der Wert des verschuldeten Unternehmens über dem des unverschuldeten liegt, beträgt der Verschuldungsgrad des Unternehmens nach Marktwerten weniger als 50 %. Indem wir den Nominalwert des Fremdkapitals relativ zum Wert des unverschuldeten Unternehmens definieren, erreichen wir, dass unser Modell und damit die Ergebnisse unabhängig sind von der absoluten Höhe des Wertes des unverschuldeten Unternehmens im Ausgangszeitpunkt V_0. Dies erspart uns eine Schätzung des Wertes des Unternehmensvermögens und erlaubt eine Festlegung auf den Wert von $V_0 = 100$. Wenn wir also beispielsweise für den oben beschriebenen Fall den Wert des Eigenkapitals des verschuldeten Unternehmens als 60 errechnen, bedeutet dies einen Wert des verschuldenten Unternehmens von $\nu = 50 + 60 = 110$. Dies lässt sich aufgrund der Normierung des Wertes des unverschuldeten Unternehmens interpretieren als eine Wertsteigerung des Unternehmens aufgrund teilweiser Fremdfinanzierung um 10%.

Während sich die Basiswerte für die bisher beschriebenen Parameter im Wesentlichen aus beobachtbaren Grössen ableiten lassen, ist dies für die Verhandlungsmacht des Unternehmens, die Prüfkosten und den Grad an Informationsunsicherheit im Modell nicht möglich. Wir könnten versuchen, diese Parameter mittels einer Kallibrierung des Modells an reale Spreads implizit zu schätzen. Da diese Vorgehensweise allerdings die simultane Ermittlung von Werten für mindestens diese drei Größen erfordert, wird sie vorraussichtlich nicht zu stabilen Werten führen. Wir haben uns daher entschieden, für diese Parameter plausible Werte festzulegen. Da im Weiteren auch eine Variation dieser Parameter erfolgt, können wir feststellen, wie hoch die Sensitivität unserer Ergebnisse hinsichtlich der Festlegung dieser Größen ist. Für die Verhandlungsmacht des Unternehmens η unterstellen wir eine Größe von 0,99. Diese Annahme bedeutet, dass die potentiellen Neuaktionäre bei den Verhandlungen über die Konditionen der Kapitalerhöhung für sich einen Vorteil in Höhe von 1% der aus der Sicht der Altaktionäre vermiedenen Insolvenzkosten erreichen. Prüfkosten C unterstellen wir in einer Höhe von 0,01% des Wertes des unverschuldeten Unternehmens in $t = 0$. Die Prüfung eines Unternehmens mit einem ursprünglichen Unternehmensvermögen von 1 Mrd. Euro würde somit 100.000 Euro kosten[16]. Der Grad der Informationsunsicherheit wird bestimmt durch die Standardabweichung κ des Störterms $\tilde{U}(t)$, wie aus den Zusammenhängen (3.5) bis (3.7) deutlich wird. Für unseren Basisfall unterstellen wir ein κ von 10%.

[16] Dies entspricht in etwa dem, was eine zehntägige Unternehmensprüfung durch ein fünfköpfiges Team einer großen Wirtschaftsprüfungsgesellschaft kostet.

Vergleichen werden wir die Ergebnisse unserer komparativ statischen Auswertung mit einem geeigneten Referenzmodell. Als eine solche Referenz bietet sich das Modell von Duffie/Lando (2001) an, bei dem Informationsunsicherheit ebenfalls eine wichtige Rolle spielt. Im Primärmarkt fällt allerdings das Modell von Duffie/Lando (2001), wie in Abschnitt 2.6 beschrieben, im Wesentlichen mit dem unter vollständiger Information spezifizierten Modell von Leland (1994) zusammen. Damit entspricht unser Referenzmodell für die Bewertung im *Primärmarkt* einer diskreten Variante des Modells von Leland (1994). Deshalb werden wir die Primärmarktergebnisse des Referenzmodells auch mit der Bezeichnung "vollständige Information" versehen.

Bei der *Sekundärmarktbewertung* hat die unvollständige Information sowohl in unserem als auch im Referenzmodell von Duffie/Lando (2001) einen Einfluss auf die Preise von Eigen- und Fremdkapital. Auf die Unterschiede der beiden Modelle werden wir an geeigneter Stelle in Abschnitt 4.4 eingehen. Bei der Sekundärmarktbewertung werden wir die Ergebnisse des Referenzmodells mit dem Hinweis "Duffie/Lando" versehen.

In den zeitstetigen Originalmodellen von Leland (1994) und Duffie/Lando (2001) ist das Fremdkapital mit einer unbeschränkten Laufzeit und einem stetig gezahlten Kupon ausgestattet. Aus Gründen der Vergleichbarkeit mit unserem Modell unterstellen wir dagegen eine endliche Laufzeit des Fremdkapitals und eine halbjährliche Kuponzahlung. Damit kann ein Ausfall des Unternehmens nur an den Kuponterminen auftreten. Als Ausfallursache kommt im Referenzmodell lediglich Überschuldung in Betracht, da im Modell von Duffie/Lando (2001) die Insider die notwendigen Kuponzahlungen leisten und dem Unternehmen daher in nicht überschuldeten Zuständen niemals die notwendige Investition verweigern. In allen nicht überschuldeten Zuständen finden somit in den Kuponterminen Kapitalerhöhungen statt, womit Zahlungsunfähigkeit nur im Zusammenhang mit Überschuldung auftreten kann. Weiterhin unterscheidet sich das Referenzmodell von unserem Modell im Bezug auf die Konditionen der Kapitalerhöhung. Da die Kapitalerhöhungen im Modell von Duffie/Lando (2001) anteilig von den vollständig informierten Eigentümern/Managern erbracht werden, finden sie, wie in Strukturmodellen mit vollständiger Information üblich, zu fairen Konditionen statt.

Diejenigen Parameter des Modells, die nicht die unvollständige Information oder die Verhandlungen zwischen Alt- und Neuaktionären betreffen, werden im Referenzmodell für den Basisfall in gleicher Höhe gewählt wie in unserem Modell. Der Kupon der Anleihe wird ebenfalls stets derart gewählt, dass der Marktwert des Fremdkapitals im Emissionszeitpunkt dem Nennwert entspricht. Schließlich unterstellen wir, dass der Wert des

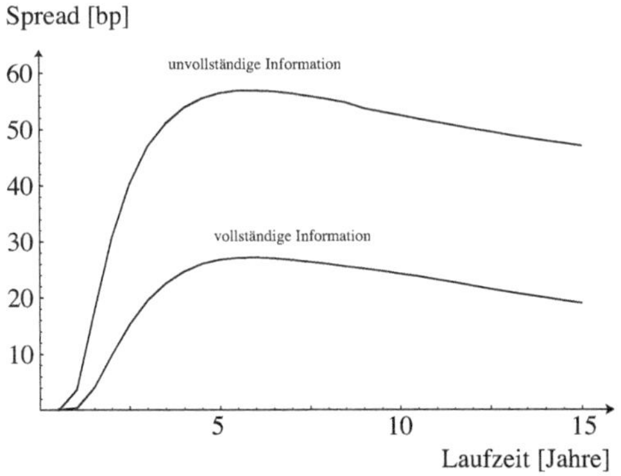

Abbildung 4.2: Spreadverhalten für verschiedene Laufzeiten des Fremdkapitals

verschuldeten Unternehmens im Fälligkeitszeitpunkt des Fremdkapitals mit dem Wert des unverschuldeten Unternehmens übereinstimmt.

4.2.2 Variation der Laufzeit der emittierten Anleihe

Der erste Parameter, den wir im Rahmen der komparativ statischen Analyse untersuchen wollen, ist die Laufzeit des Fremdkapitals. Da wir die Zeitrechnung in unserem Modell stets mit dem Zeitpunkt der Emission des Fremdkapitals in $t = 0$ beginnen, ist die Laufzeit des Fremdkapitals identisch mit dem Fälligkeitszeitpunkt T. Wir haben uns im Rahmen der Erläuterung der Modellparameter unseres Basisfalles bisher nicht zur Laufzeit des Fremdkapitals geäußert, da es sich hier um eine Entscheidungsvariable des Managements handelt. Bei der folgenden komparativ statischen Auswertung hinsichtlich der Laufzeit des Fremdkapitals werden wir insbesondere auf zwei Aspekte achten. Erstens stellt sich die Frage, ob es durch die Modellierung unvollständiger Information gelingt, das Problem der kurzfristigen Risikolosigkeit zu lösen. Zweitens werden wir eine vernünftige Laufzeit des Fremdkapitals für unseren Basisfall bestimmen. Hierbei sollte ein Kompromiss gefunden werden zwischen einer ausreichend langen Laufzeit, die das Problem der kurzfristigen Risikolosigkeit zumindest im Referenzmodell (hier wird dieser Effekt auf jeden Fall auftreten) berücksichtig, und der Tatsache, dass mit zunehmender Laufzeit des Fremdkapitals die zur Auswertung des Modells notwendigen Rechenzeiten steigen.

Wie man mit einem Blick auf Abbildung 4.2 feststellen kann, lässt sich zumindest die erste Frage eindeutig beantworten. Die Modellierung von unvollständiger Information in der hier vorgenommenen Art und Weise ist nicht geeignet, für eine Emission von Fremdkapital im *Primärmarkt* positive Spreads am kurzen Laufzeitende zu erzeugen. Für die kürzeste ermittelte Laufzeit von 1/2 Jahr erhalten wir weder für das Referenzmodell noch für unser Modell Spreads, die sich erkennbar von null unterscheiden. Der Grund für diesen Effekt ist auch hier wieder darin zu finden, dass sich die Zustandvariable im Zeitintervall Δt nur in einer von der Volatilität bestimmten Höhe ändern kann. Das Referenzmodell generiert für eine Anleihe mit einer Laufzeit von 1/2 Jahr risikolose Renditen, da der Wert des Unternehmens innerhalb dieser Frist von $V_0 = 100$ ausgehend nicht so weit sinken kann, dass das Unternehmen mit einer ausstehenden Anleihe im Nennwert von 50 überschuldet wäre[17]. Den potentiellen Neuaktionären in unserem Modell mit unvollständiger Information ist diese Tatsache zum Zeitpunkt $t = 1/2$ ebenfalls bekannt. Die Wahrscheinlichkeit, dass sich der Wert des Unternehmens in einem Zustand befindet, in dem sie durch den Gewinn aus der Zeichnung junger Aktien nicht ihre Prüfkosten decken können, ist sehr gering. Anders ausgedrückt liegt der kritische Bilanzwert, unterhalb dessen die potentiellen Neuaktionäre nicht mehr prüfen würden, sehr niedrig. Die Wahrscheinlichkeit, dass ein solcher Bilanzwert auftritt, ist entsprechend gering. Darüber hinaus ist es, je nach Höhe der Insolvenzkosten, denkbar, dass die Fremdkapitalgeber selbst im Falle eines Ausfalls durch Zahlungsunfähigkeit noch voll befriedigt werden. Alles zusammen führt dazu, dass auch in unserem Modell keine merklich positiven Risikoprämien zustande kommen, sofern bekannt ist, dass sich der Wert des Unternehmensvermögens noch vor kurzer Zeit weit von der Ausfallschranke entfernt befunden hat.

Sobald man in Bereiche der Laufzeit kommt, innerhalb derer auch ein Ausfall durch Überschuldung möglich ist, wirkt der zusätzlich mögliche Ausfall durch Zahlungsunfähigkeit stark spreaderhöhend. Beispielsweise kann man in Abbildung 4.2 erkennen, dass für Laufzeiten von einem Jahr im Referenzmodell mit vollständiger Information eine, wenn auch geringe, Risikoprämie von 0,4[bp] zu zahlen ist. Dies ist ein eindeutiger Hinweis darauf, dass in dieser Zeitspanne ein Ausfall durch Überschuldung möglich ist, bei dem die Gläubiger geschädigt werden. Für die potentiellen Neuaktionäre in unserem Modell mit unvollständiger Information bedeutet dies, dass es mindestens einen möglichen Zustand gibt, in dem das Unternehmen überschuldet ist, und unter Umständen noch eine ganze Reihe weiterer, in denen man zwar nach erfolgter Prüfung investieren würde, in denen man aber nicht in der Lage sein wird, seine Prüfkosten vollständig zu decken. Als Folge dieses für die potentiellen Neuaktionäre bestehenden Verlustrisikos entsteht in den Zuständen, in denen das Unternehmen nicht überschuldet ist und in denen bei

[17] Als Schrittweite des Binomialbaumes für die numerische Auswertung wurde $\Delta t = 1$ Monat gewählt.

vollständiger Information investiert würde, eine positive Wahrscheinlichkeit eines Ausfalls durch Zahlungsunfähigkeit. In diesem konkreten Beispiel beträgt die Wahrscheinlichkeit, bei einer Laufzeit des Fremdkapitals von 1 Jahr im Fälligkeitstermin zum Zeitpunkt $t = 1$ im ersten Zustand oberhalb der Ausfallschranke V_B[18] durch Zahlungsunfähigkeit auszufallen, etwas mehr als 40%. Diese Größe ist zu verstehen als unbedingte, weil über alle möglichen Vorgänger im ersten Kupontermin in $t = 1/2$ gemittelte, risikoneutrale Wahrscheinlichkeit. Hierbei fällt auf, dass lediglich bei Realisation eines der beiden schlechtesten in $t = 1/2$ möglichen Zuständen überhaupt eine nennenswerte Ausfallwahrscheinlichkeit durch Zahlungsunfähigkeit in $t = 1$ besteht. Wenn sich in $t = 1/2$ ein Wert des Unternehmensvermögens von $V_{1/2} = 67$ realisiert, muss das Unternehmen in $t = 1$ mindestens einen (kritischen) Bilanzwert von $B_1^* = 56$ ausweisen, um nicht wegen Zahlungsunfähigkeit auszufallen. Realisiert sich in $t = 1/2$ ein Unternehmenswert von $V_{1/2} = 77$, beträgt der kritische Bilanzwert $B_1^* = 13$.

Weiterhin fällt in Abbildung 4.2 auf, dass sowohl das Modell mit unvollständiger als auch das Rererenzmodell mit vollständiger Information den bekannten buckligen ("hump-shaped") Verlauf der Risikostrukturkurve aufweisen. Beide Modelle erreichen hierbei ihre maximale Risikoprämie für eine Laufzeit von 6 Jahren. Da die Möglichkeit eines Ausfalls durch Zahlungsunfähigkeit in unserem Modell mit unvollständiger Information im Vergleich zum Referenzmodell ein zusätzliches Risiko darstellt, sollte es nicht verwundern, dass die Spreads hier durchgängig höher liegen. Bemerkenswert erscheint jedoch, dass das mit der Zahlungsunfähigkeit verbundene zusätzliche Risiko im Basisfall zu einem mehr als doppelt so hohen Spread führt und die Spreaddifferenz über die gesamte untersuchte Laufzeit besteht.

Weitere interessante Details werden offenbar, wenn man in Abbildung 4.3 das Verhalten des Unternehmenswertes in Abhängigkeit der Laufzeit des Fremdkapitals betrachtet. Der Wert des verschuldeten Unternehmens ν_0 wird hierbei in % des Wertes des ansonsten identischen, aber unverschuldeten Unternehmens V_0 dargestellt. Zunächst fällt auf, dass der Wert des verschuldeten Unternehmens im Referenzmodell mit vollständiger Information stets über dem des identisch verschuldeten[19] Unternehmens in unserem Modell mit unvollständiger Information liegt. Eine Erklärung für diesen Effekt findet sich, wenn man bedenkt, welche Parameter und Einflüsse letztendlich für den Unternehmenswert verantwortlich sind. Neben dem Wert der Aktiva, der in beiden Fällen identisch ist, sind dies

[18] In diesem Zustand ist das Unternehmen per definition nicht überschuldet.

[19] Wir beziehen uns an dieser Stelle auf den Marktwert des Fremdkapitals relativ zum Wert der Aktiva. Würde man den Marktwert des Fremdkapitals in Bezug zum Marktwert des Unternehmens setzen, würden sich die Verschuldungsgrade der Unternehmen in den beiden Modellen unterscheiden.

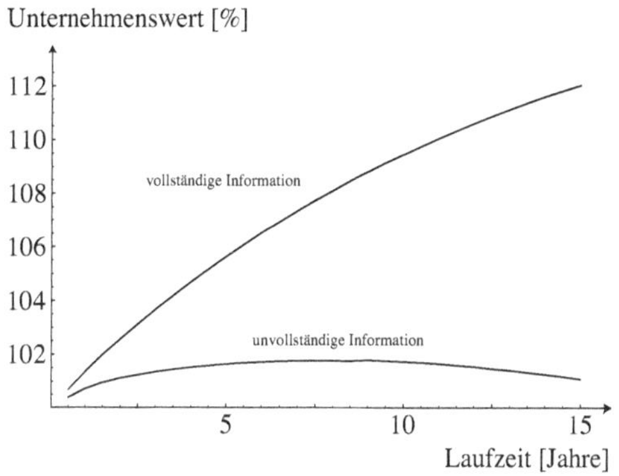

Abbildung 4.3: Verhalten des Unternehmenswertes für verschiedene Laufzeiten des Fremdkapitals

vor allem die Steuerersparnisse aufgrund der Fremdfinanzierung und die erwarteten Insolvenzkosten. Die höhere Ausfallwahrscheinlichkeit aufgrund der zusätzlich möglichen Zahlungsunfähigkeit in unserem Modell mit unvollständiger Information wirkt sich in beiden Komponenten wertmindernd aus. Die Steuerersparnis aufgrund von Fremdfinanzierung fällt nur solange an, wie das Unternehmen auch überlebt. Da die Wahrscheinlichkeit eines Ausfalls in unserem Modell mit unvollständiger Information höher ist, ist auch der Barwert der erwarteten Steuerersparnis geringer[20]. Ein ähnlicher Wirkungsmechanismus gilt für die erwarteten Insolvenzkosten, die sich negativ auf den Wert des Unternehmens auswirken. Eine höhere Ausfallwahrscheinlichkeit erhöht hier die erwarteten Insolvenzkosten und reduziert somit den Unternehmenswert. Hinzu kommt noch, dass aufgrund des zusätzlich möglichen Ausfalls durch Zahlungsunfähigkeit der durchschnittliche Wert des Unternehmensvermögens beim Ausfall im Modell mit unvollständiger Information höher ist. Da wir die Kosten der Insolvenz relativ zum Wert des Unternehmensvermögens modelliert haben, trägt auch dieser Effekt dazu bei, dass der Unternehmenswert in unserem Modell mit unvollständiger Information geringer ist.

Bei näherer Betrachtung von Abbildung 4.3 fällt neben dem Unterschied der Unternehmenswerte auch ein Unterschied im Wertverhalten bei zunehmender Laufzeit des Fremdkapitals auf. Während der Wert des Unternehmens im Referenzmodell bei vollständiger Information monoton steigt und gegen den Wert bei unendlicher Laufzeit[21] konvergiert, zeigt

[20] Am Rande sei bemerkt, dass der etwas höhere Kupon im Modell mit unvollständiger Information diesem Effekt geringfügig entgegenwirkt.

[21] Vgl. z.B. Leland (1994).

sich in unserem Modell bei unvollständiger Information ein Maximum für eine Laufzeit von 7,5 Jahren. Eine Erklärung für diesen Unterschied findet sich, wenn man den dritten, noch verbliebenen Effekt betrachtet, der einen Einfluss auf den Wert des Unternehmens besitzt. Da die Eigenkapitalgeber in unserem Modell mit unvollständiger Information in jedem Kupontermin neue Aktien unter ihrem tatsächlichen Wert emittieren müssen, erleiden sie einen Wertverlust, der sich auf den Wert des Eigenkapitals in $t = 0$ auswirkt. Insofern wird der Wert des Eigenkapitals und damit des gesamten Unternehmens bei unvollständiger Information zusätzlich um den "Barwert des erwarteten Underpricings" reduziert[22]. Da dieser Effekt nur in unserem Modell bei unvollständiger Information auftritt, muss er für das unterschiedliche Verhalten der beiden Modelle verantwortlich sein. Es stellt sich somit die Frage, warum der Barwert des Underpricings hier offensichtlich mit zunehmender Laufzeit des Fremdkapitals steigt bzw. alle anderen Effekte dominiert. Eine Begründung hierfür findet sich in der Art und Weise, wie die Barwerte der erwarteten Steuerersparnis und Insolvenzkosten auf der einen und des erwarteten Underpricings auf der anderen Seite zu Stande kommen.

Die Steuerersparnisse aufgrund der Fremdfinanzierung fallen bei jeder Kuponzahlung in gleicher Höhe an und werden immer sicherer, je höher der Wert des Unternehmensvermögens ist. Da die Zustandsvariable in unserem Modell eine positive Driftrate aufweist, werden hohe Unternehmenswerte mit ablaufender Kalenderzeit immer wahrscheinlicher. Längere Laufzeiten des Fremdkapitals führen also dazu, dass man bei positiver Entwicklung der Zustandsvariablen zunehmend sichere Zahlungsreihen erwartet. Aufgrund seiner Struktur ist der Barwert der erwarteten Steuerersparnis allerdings beschränkt, da die Zahlungsreihe maximal den Wert annehmen kann, den sie im Fall unendlicher Zahlungen hätte. Aufgrund dieser beiden Effekte steigt der Barwert der erwarteten Steuerersparnis mit der Laufzeit des Fremdkapitals und konvergiert gegen einen positiven Wert.

Ähnliche Argumente gelten für den Barwert der erwarteten Insolvenzkosten. Mit zunehmender Laufzeit ergeben sich zwar mehr Möglichkeiten für das Unternehmen auszufallen. Allerdings führt die positive Drift des Unternehmensvermögens dazu, dass aus der Sicht von $t = 0$ Ausfälle mit zunehmender Laufzeit unwahrscheinlicher werden. Da die Kosten einer späten Insolvenz darüber hinaus diskontiert werden, strebt auch der Barwert der Insolvenzkosten mit zunehmender Laufzeit des Fremdkapitals gegen einen positiven Grenzwert[23].

[22] Vgl. hierzu auch Abschnitt 5.3.

[23] Für eine explizite Darstellung der Ausfallwahrscheinlichkeit bei unendlicher Laufzeit vgl. Koziol/Thabe (2005). Für eine explizite Darstellung des Barwertes der Insolvenzkosten bei vollständiger Information vgl. Leland (1994).

Das beschriebene Verhalten der Barwerte der Steuerersparnis und der Insolvenzkosten führt dazu, dass der Wert des Unternehmens bei vollständiger Information für eine unendliche Laufzeit gegen einen positiven Wert konvergiert. Der Barwert des Underpricings hingegen unterscheidet sich in seiner Struktur von den beiden anderen und verursacht den beschriebenen Effekt des Unternehmenswertmaximums. Wenn in einem Kupontermin ein Underpricing stattfindet, fließen keine Zahlungen von oder an die Altaktionäre, sondern ihr Eigentum am Unternehmen wird verwässert. Entscheidend hierbei ist, dass diese *prozentuale* Verwässerung die Altaktionäre in frühen wie in späten Perioden gleichermaßen trifft und sich folglich nicht "diskontieren" lässt.

Wir verdeutlichen diesen Sachverhalt anhand eines einfachen Beispiels. Hierzu unterstellen wir ein zweiperiodiges Modell unter Sicherheit, in dem ein Unternehmen im Zeitpunkt $t = 0$ Fremdkapital aufnimmt und einmal, entweder in $t = 1$ *oder* in $t = 2$ Eigenkapital aufnehmen muss, um die Verbindlichkeiten zu begleichen. Wir unterstellen weiter, dass diese Kapitalerhöhung für die Anteilseigner eine Verwässerung ihres Besitzanteils von 50 % zur Folge hat[24], und der Wert des gesamten Eigenkapitals im Zeitpunkt $t = 2$ nach der Liquidation des Unternehmens EUR 121 beträgt. Der risikolose Zinssatz sei aus Gründen der Vereinfachung 10%. Müsste das Unternehmen keine Kapitalerhöhung während der Laufzeit durchführen, hätte das Eigenkapital in $t = 0$ einen Wert von EUR 100. Falls das Unternehmen unmittelbar vor der Liquidation in $t = 2$ eine Kapitalerhöhung durchführen muss, erhalten die Altaktionäre am Ende der Laufzeit lediglich EUR 60,50, da ihnen das Unternehmen zu diesem Zeitpunkt zur Hälfte gehört. Der Wert dieses Anteils im Zeitpunkt $t = 0$ beträgt EUR 50. Das Gleiche gilt für eine Kapitalerhöhung im Zeitpunkt $t = 1$. Auch hier müssen die Aktionäre die Hälfte des Unternehmenswertes abgeben und erhalten in $t = 2$ lediglich EUR 60,50. Der Wert ihrer Anteile in $t = 0$ beträgt wiederum EUR 50. Dieses Beispiel verdeutlicht, dass der Wert des Eigenkapitals unabhängig davon ist, zu welchem Zeitpunkt die (prozentual jeweils gleich hohe) Verwässerung stattfindet. Eine Verwässerung ihres Anteils kurz vor Ende der Laufzeit hat den gleichen Effekt auf den Wert ihrer Position wie eine Verwässerung gleich zu Beginn.

Im obigen Beispiel haben wir unterstellt, dass lediglich eine Kapitalerhöhung stattfindet, während in unserem Modell mit unvollständiger Information bis zum Ende der Laufzeit viele Kapitalerhöhungen stattfinden. Da die Altaktionäre nach der ersten Kapitalerhöhung nicht mehr die alleinigen Eigentümer des Unternehmens sind, tragen sie bei allen folgenden Kapitalerhöhungen nicht mehr die volle Last des Underpricings *in EUR*. Allerdings

[24] In unserem Modell wird zwar der Kupon immer gleich und fair (in EUR) vergütet, das prozentuale Underpricing hängt aber von der Marktmacht der Neuaktionäre und nicht vom Unternehmenswert ab, weshalb die hier beschriebene Situation mit der unseres Modells vergleichbar ist.

erleiden sie in jeder Periode die gleiche anteilige Verwässerung wie alle anderen Aktionäre. Im Ergebnis bedeutet dies, dass eine zusätzliche Verwässerung aller Aktionäre um 1% in Periode $t = 100$ den Wert des Eigenkapitals des Unternehmens (= den Wert der Aktien der ursprünglichen Eigentümer in $t = 0$) um 1% reduziert. Da derart "späte" Perioden aufgrund der starken Diskontierung wenig Einfluss auf den Barwert der Steuersparnis (oder der Insolvenzkosten) haben, aber durch das Underpricing voll auf den Wert des Eigenkapitals durchschlagen, dominiert dieser Effekt mit zunehmender Laufzeit des Fremdkapitals und der Unternehmenswert weist in unserem Modell mit unvollständiger Information ein Maximum auf.

Zu beachten ist hierbei, dass dieser Effekt nicht mit der auch im Referenzmodell mit vollständiger Information zu findenden "fairen" Verwässerung zur Bedienung der Kupons verwechselt werden darf. Hier werden junge Aktien zum fairen Preis begeben und die Altaktionäre erfahren zwar eine Verwässerung ihres Anteils, erleiden aber keinen Vermögensschaden in EUR, da der Verwässerung eine Einlage der Neuaktionäre in gleicher Höhe gegenübersteht. In unserem Modell mit unvollständiger Information hängt die Höhe des Underpricings wesentlich von der Verhandlungsmacht des Unternehmens bzw. der potentiellen Neuaktionäre ab. Im Extremfall einer vollständigen Verhandlungsmacht auf Seiten der potentiellen Neuaktionäre wäre das Eigenkapital des Unternehmens wertlos, da die Altaktionäre ihren Anteil bei der ersten Kapitalerhöhung bis auf eine marginale Größe verwässern müssten und somit voraussehbar niemals eine Zahlung aus dem Unternehmensvermögen erhielten[25]. Wir werden uns mit dem Thema Underpricing und den daraus für unser Modell resultierenden Effekten noch eingehend in Abschnitt 5.3 beschäftigen.

Festzuhalten bleibt neben der bereits für unser Modell mit unvollständiger Information konstatierten kurzfristigen Risikolosigkeit, dass im Basisfall eine Laufzeit des Fremdkapitals von 7,5 Jahren optimal ist. Da für Laufzeiten zwischen 5 und 7,5 Jahren der prozentuale Unterschied des Wertes des verschuldeten Unternehmens nur 0,1% beträgt und die zusätzliche Prämie für das Risiko unvollständiger Information nahezu konstant ist, wird bei der Variation der anderen Parameter von einer Laufzeit von 5 Jahren ausgegangen. Die Laufzeit von 5 Jahren ist darüber hinaus bei Emissionen durchaus üblich und bedeutet bspw. im Vergleich zu einer Laufzeit von 7,5 Jahren eine erhebliche Verkürzung der notwendigen Rechenzeiten. Dies gilt insbesondere für die in Kapitel 5 noch zu diskutierenden Fälle mit optimaler Kapitalstruktur, da hierbei im Vergleich zur komparativen Statik

[25] Es würden sich außerdem keine potentiellen Neuaktionäre finden, die zur Investition bereit sind, da auch diese beim nächsten Kupontermin wieder ihr Eigentum am Unternehmen abtreten müssten.

mit festem Verschuldungsgrad ein Vielfaches an notwendigen Auswertungen anfällt und jede einzelne von der kürzeren Rechenzeit aufgrund der geringeren Laufzeit der Anleihe profitiert.

4.2.3 Variation des Grades unvollständiger Information

Nachdem wir im vorangegangenen Abschnitt mit der Laufzeit des Fremdkapitals den letzten Parameter unseres Basisfalls festgelegt und gleichzeitig unsere komparativ statische Analyse begonnen haben, wollen wir uns nun zunächst mit demjenigen Parameter befassen, der mit dem Grad der Informationsunsicherheit den Kern unseres Modells mit unvollständiger Information determiniert. Unter dem Grad der Informationsunsicherheit verstehen wir den Parameter κ, der die Standardabweichung des Störterms bei der Bilanzerstellung $\tilde{U}(t)$ festlegt. Wie aus den Zusammenhängen (3.5) bis (3.7) in Abschnitt 3.4 ersichtlich ist, führt ein höheres κ dazu, dass die Bilanzwerte weiter um den wahren Wert des Unternehmensvermögens streuen. Unabhängig vom Grad der Informationsunsicherheit gilt jedoch stets, dass die Bilanz eine zwar unter Umständen verrauschte, aber dennoch unverzerrte Information über den wahren Wert des Unternehmens ist.

Im Fall vollständiger Information beträgt die Risikoprämie für die Parameter unseres Basisfalles 26,8[bp], wie sich aus Abbildung 4.2 in Abschnitt 4.2.2 entnehmen lässt. Mit einem Blick auf Abbildung 4.4 wird deutlich, dass der von den Investoren geforderte Risikozuschlag sprunghaft ansteigt, sobald wir Informationsunsicherheit in das Modell einführen. Bereits bei einem κ von 1% verlangen die Investoren auf dem Primärmarkt für Unternehmensanleihen eine Prämie von 35[bp] über die risikolose Rendite. Dies bedeutet einen Aufschlag von 8,2[bp] oder fast 31% verglichen zum Fall mit Informationssicherheit.

Der Grund für diesen sprunghaften Anstieg der Risikoprämie bei Einführung von Informationsunsicherheit liegt in der nun zwingend notwendigen Unternehmensprüfung. Während es bei vollständiger Information für eine erfolgreiche Kapitalerhöhung zu wissen genügte, dass das Unternehmen nicht überschuldet ist, ist dies aus Sicht der potentiellen Neuaktionäre nun nicht mehr ausreichend. Sie können sich zwar bei derart geringen Störungen des Bilanzwertes relativ sicher sein, in welchem Zustand sich der Unternehmenswert befindet, der Wert des Unternehmens in einem solchen Zustand muss nun aber nicht nur sicherstellen, dass das Unternehmen nicht überschuldet ist, sondern ebenfalls ausreichen, die Prüfkosten der Investoren zu decken. Insofern wird das Unternehmen nun durch Zahlungsunfähigkeit im Vergleich zum Referenzmodell früher (d.h. in höheren Zuständen des Unternehmenswertes) und somit häufiger ausfallen.

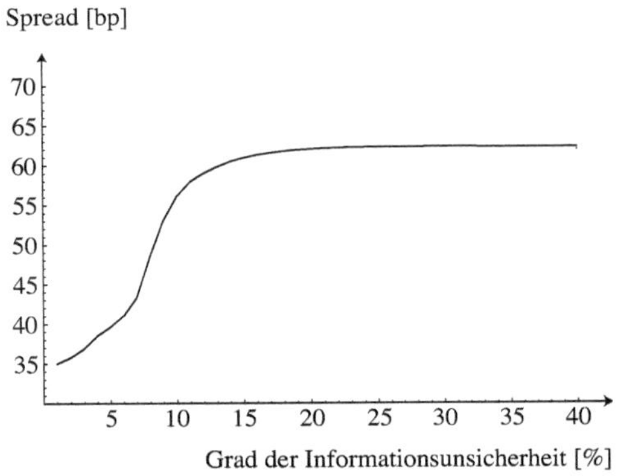

Abbildung 4.4: Spreadverhalten für verschiedene Grade von Informationsunsicherheit

Die Deckung der Prüfkosten der potentiellen Neuaktionäre erfolgt darüber hinaus in der beschriebenen Art und Weise durch ein Underpricing der Eigenkapitalemissionen in den Kuponterminen. Da dieses Underpricing den Wert des Eigenkapitals reduziert, steigt im Vergleich zum Referenzmodell mit vollständiger Information (und ohne Underpricing) die optimale Ausfallschranke für die Überschuldung des Unternehmens. Auch dieser Zusammenhang führt zu einer höheren Ausfallwahrscheinlichkeit und erklärt den sprunghaften Anstieg der Risikoprämie. Ebenfalls nicht vernachlässigt werden darf, dass sich die Informationsunsicherheit von 1% auf den gesamten Wert des Unternehmensvermögens bezieht. Eine Änderung des Unternehmenswertes von 1% kann deshalb prozentuale Änderungen im Wert von Eigen- oder Fremdkapital bewirken, die deutlich über 1% liegen. Da dies insbesondere für niedrige Werte des Eigenkapitals in der Nähe der Überschuldungsgrenze gilt, besitzt eine Informationsunsicherheit von 1% eine sehr viel stärkere Auswirkung auf die "optimale" Investitionsentscheidung, als es diese niedrige Ziffer vermuten lässt.

In Abbildung 4.4 ist weiterhin zu erkennen, dass der geforderte Risikozuschlag mit dem Grad der Informationsunsicherheit steigt. Auch dieser Effekt sollte nicht verwundern, da eine höhere Unsicherheit über den Wert des Unternehmensvermögens die Ausfallwahrscheinlichkeit des Unternehmens erhöht. Dies liegt insbesondere daran, dass es den potentiellen Neuaktionären in den Kuponterminen anhand der Bilanz zunehmend schwer fällt, die Unternehmenszustände mit Überschuldung von denen ohne Überschuldung zu trennen. Da sich für Unternehmenswerte $V_{ti} < V_B$ auch bei einer Prüfung durch die potentiellen Neuaktionäre ein Ausfall für das Unternehmen unter keinen Umständen vermeiden lässt, berührt eine höhere Unsicherheit jedoch nicht die Ausfallwahrscheinlichkeit aufgrund von Überschuldung[26]. Für $V_{ti} \geq V_B$ lässt sich jedoch der wahre Wert, der im Fall vollständiger Information eine Investition rechtfertigen würde, zunehmend schlechter identifizieren. Somit steigt in diesen Fällen die Wahrscheinlichkeit eines Ausfalls aufgrund von Zahlungsunfähigkeit. Damit erhöht sich auch die Wahrscheinlichkeit eines Ausfalls insgesamt. Diese steigende Ausfallwahrscheinlichkeit führt im Ergebnis dazu, dass die von den Investoren auf dem Primärmarkt für Unternehmensanleihen geforderte Risikoprämie mit einem zunehmenden Grad an Informationsunsicherheit steigt.

In Abbildung 4.4 ist hierbei deutlich zu erkennen, dass die Zunahme der Risikoprämie in zwei Phasen verläuft[27]. Die geforderte Risikoprämie steigt für kleine Werte von κ bis circa 9% zunächst progressiv, um danach in einen degressiven Verlauf überzugehen. Der progressive Verlauf erklärt sich daraus, dass es den potentiellen Neuaktionären in den Kuponterminen für kleine Werte von κ zunächst noch relativ leicht und danach zunehmend schwer fällt, den wahren Wert des Unternehmens anhand der Bilanz zu identifizieren. Man kann sich vorstellen, dass bei einem kleinen κ für einen gegebenen Bilanzwert zunächst nur sehr wenige Unternehmenswerte als potentiell wahr in Frage kommen, da der Bilanzwert nicht sehr weit vom wahren Wert des Unternehmens abweicht. Mit steigendem κ kommen dann zunehmend mehr Unternehmenswerte in Frage, was die Unterscheidung der wahren Werte und die Prüfungsentscheidung überproportional erschwert.

Steigt der Grad der Informationsunsicherheit hingegen weiter, wird die Bilanzinformation für die potentiellen Neuaktionäre in den Kuponterminen zunehmend wertlos. Wenn mit steigender Unsicherheit der Informationsgehalt der Bilanz sinkt, stützen die potentiellen Neuaktionäre ihre Prüfungsentscheidung im Kupontermin verstärkt auf die restliche öffentliche Information, nämlich den letzten bekannten Unternehmenswert und die Dynamik der Zustandsvariablen. Deutlich wird dies insbesondere aus Zusammenhang (3.10) und Abbildung 3.1. Für hohe Grade der Informationsunsicherheit nähern sich die a posteriori Wahrscheinlichkeiten den a priori Wahrscheinlichkeiten an, die sich aus dem letzten bekannten Unternehmenswert und der Dynamik der Zustandsvariablen ergeben. Für diese Situation einer keinerlei Informationen enthaltenden (oder nicht vorhandenen) Bilanz ergeben sich in allen möglichen Zuständen dieselben Ausfallwahrscheinlichkeiten aufgrund von Zahlungsunfähigkeit auf der Basis von a priori Wahrscheinlichkeiten[28]. Da sich die

[26] Wir betrachten an dieser Stelle nur den direkten Effekt im betreffenden Kupontermin und ignorieren die indirekten Auswirkungen, die eine erhöhte Ausfallwahrscheinlichkeit durch Zahlungsunfähigkeit in zukünftigen Perioden auf den Wert des Eigenkapitals und damit auf die Ausfallschranke V_B zum heutigen Zeitpunkt hat.

[27] Wollte man den Sprung der Risikoprämie beim Schritt von $\kappa = 0\%$ zu $\kappa = 1\%$ hinzuzählen, wären es drei Phasen.

[28] Der realisierte, nach einem Kupontermin veröffentliche, Unternehmenswert determiniert in diesem Fall, ob das Unternehmen im nächsten Kupontermin durch (reine) Zahlungsunfähigkeit ausfällt. Bei

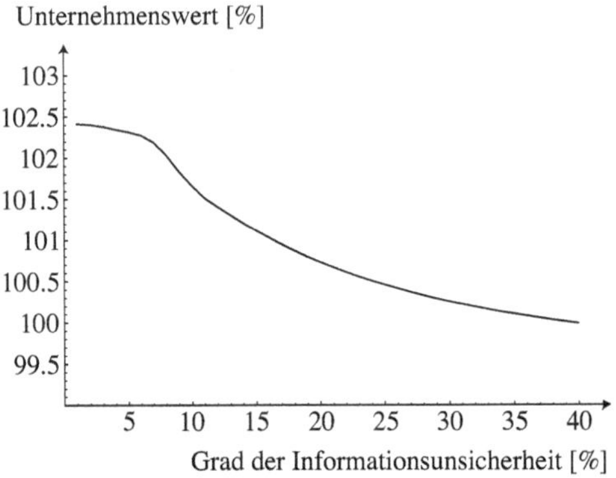

Abbildung 4.5: Verhalten des Unternehmenswertes für verschiedene Grade von Informationsunsicherheit

geforderten Risikoprämien bei zunehmend unsicher werdenden Bilanzinformationen gegen diejenigen ohne Bilanzinformation annähern müssen, beobachten wir den beschriebenen degressiven Verlauf.

Bemerkenswert erscheint an dieser Stelle insbesondere, dass sich die Risikoprämie durch eine Erhöhung der Unsicherheit über den wahren Wert des Unternehmens nicht unbegrenzt steigern lässt, wie man es unter Umständen hätte vermuten können. Der von uns mehr oder weniger willkürlich gewählte Wert von $\kappa = 10\%$ liegt im degressiven Wachstumsbereich und erscheint in dieser Hinsicht eher hoch zu sein.

Der Wert des verschuldeten Unternehmens fällt monoton mit zunehmender Unsicherheit der Bilanzinformation, wie Abbildung 4.5 zu entnehmen ist. Ein hiervon abweichendes Verhalten ist nicht zu erwarten, da mit einer steigenden Ausfallwahrscheinlichkeit auch steigende erwartete Insolvenzkosten verbunden sind. Für die Betrachtung des gesamten Unternehmswertes ist es hierbei irrelevant, ob die Insolvenzkosten zu Lasten des Eigen- oder des Fremdkapitals gehen. Bemerkenswert ist allerdings, dass der Einfluss des Grades der Informationsunsicherheit auf den Unternehmenswert, ähnlich dem oben diskutierten Einfluss auf den Spread, in zwei Phasen verläuft. Für niedrige Werte von κ fällt der Unternehmenswertes zunächst progressiv und dann degressiv. Die Ursachen sind auch hier wieder die bereits diskutierten, im Ergebnis verhält sich der Unternehmenswert regressiv für hohe Grade von Informationsunsicherheit.

der rekursiven Bewertung ergibt somit die Wahrscheinlichkeit, in einem zu niedrigen Vorgängerknoten gewesen zu sein, die Ausfallwahrscheinlichkeit durch Zahlungsunfähigkeit bedingt auf einen bestimmten Zustand.

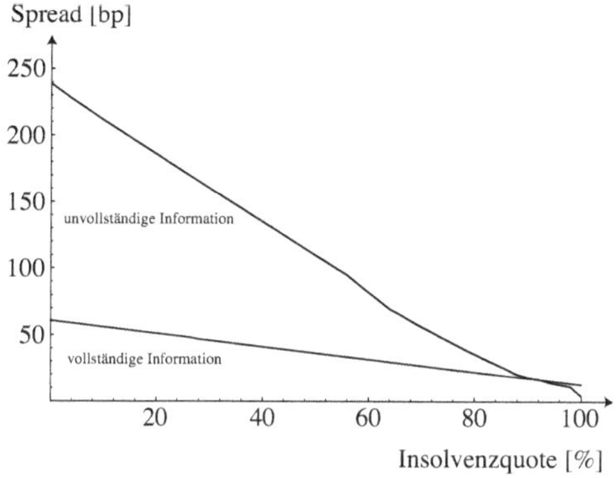

Abbildung 4.6: Spreadverhalten für verschiedene Insolvenzquoten

4.2.4 Variation der Insolvenzquote

Als dritten Parameter der komparativ statischen Analyse wollen wir die Insolvenzquote ρ variieren. Wie in Abschnitt 3.2 erläutert, treffen sowohl wir als auch Duffie/Lando (2001) die Annahme, dass die Zahlungen an die Kapitalinhaber im Insolvenzfall in Bezug zum Wert des Unternehmens unmittelbar vor dem Ausfall stehen (Recovery-of-firm-value). Vom Wert des Unternehmensvermögens im Ausfallzeitpunkt V_τ geht zum Zeitpunkt der Insolvenz Masse im Umfang von $(1 - \rho) \cdot V_\tau$ in Form von direkten Insolvenzkosten verloren. Die verbleibende Masse im Umfang von $\rho \cdot V_\tau$ fällt zunächst an die Gläubiger und danach, falls die Ansprüche der Gläubiger vollständig befriedigt werden können, an die Anteilseigner des Unternehmens. Da den Kapitalinhabern jedoch bei einem Ausfall des Unternehmens neben dem Verlust von Unternehmensvermögen in Höhe von $(1 - \rho) \cdot V_\tau$ außerdem ein Verlust der in Zukunft nicht mehr zu realisierenden Tax-Shields entsteht, erfasst $(1-\rho) \cdot V_\tau$ nicht die vollständigen Insolvenzkosten des Unternehmens. In den Abbildungen 4.6 und 4.7 haben wir auf den Abszissen nach rechts hin steigende Insolvenzquoten abgetragen, was sinkenden Insolvenzkostenraten entspricht[29].

Abbildung 4.6 zeigt das Verhalten der auf dem *Primärmarkt* für Unternehmensanleihen geforderten Risikoprämien für verschiedene Insolvenzquoten. Da bei einer höheren Insolvenzquote im Fall einer Insolvenz mehr Masse zur Befriedigung der Gläubiger zur

[29] Aus den genannten Gründen erfasst $(1-\rho) \cdot V_\tau$ nicht alle Insolvenzkosten. Da der Verlust an Unternehmensvermögen im Insolvenzfall allerdings regelmäßig der größte Teil der Insolvenzkosten ist, ist davon auszugehen, dass bei einer Bewegung auf der Abszisse nach rechts auch die gesamten Insolvenzkosten steigen.

Verfügung steht, erwartet man mit steigender Insolvenzquote sinkende Spreads, was sowohl für das Referenzmodell mit vollständiger als auch für unser Modell mit unvollständiger Information zutrifft. Allerdings zeigen sich bei näherer Betrachtung Unterschiede im Verhalten der beiden Modelle, die im Folgenden erläutert werden.

Credit Spreads sind in unserem Modell mit unvollständiger Information zunächst höher und reagieren stärker auf Variationen der Insolvenzquote als im Referenzmodell mit vollständiger Information. Beide Beobachtungen beruhen darauf, dass aufgrund der in unserem Modell zusätzlich möglichen Zahlungsunfähigkeit die Wahrscheinlichkeit eines Ausfalls insgesamt höher ist. Darüber hinaus ist der Verlauf der Spreadkurven bei steigenden Insolvenzquoten unterschiedlich. Während die Spreads im Referenzmodell mit steigenden Insolvenzquoten linear fallen, zeigt unser Modell mit unvollständiger Information nach einem linearen Teil bei niedrigen Insolvenzquoten zunächst ein konvexes Verhalten, das in der Nähe einer hundertprozentigen Insolvenzquote in ein konkaves Verhalten umschlägt. Hierbei schneiden die Risikoprämien unseres Modells mit unvollständiger Information die Kurve des Referenzmodells und fallen auf einen Wert nahe null (ca. 4 [bp]) für eine Insolvenzquote von 100%.

Beide Verhaltensweisen, sowohl diejenige unseres Modells als auch die des Referenzmodells, lassen sich über die jeweiligen Ausfallursachen erklären. Ausfall im Referenzmodell entsteht nur auf Grund von Überschuldung und somit in Bereichen des Unternehmenswertes, in denen die Eigenkapitalgeber nach der Bedienung der Fremdkapitalansprüche keine Zahlungen mehr aus der Insolvenzmasse erwarten können. Somit haben die Insolvenzkosten keinen Einfluss auf den Wert des Eigenkapitals und entsprechend auch nicht auf die Höhe der Ausfallschranke, wie Leland (1994) in einem allgemeinen Modellkontext zeigt[30]. Die Variation der Insolvenzkosten berührt somit im Referenzmodell mit vollständiger Information nicht die Ausfallwahrscheinlichkeit, sondern lediglich die zu erwartenden Zahlungen im Fall eines Ausfalls. Da diese Zahlungen linear von der Höhe der Insolvenzquote abhängen, sinkt auch die Risikoprämie mit steigender Insolvenzquote linear.

Anders stellt sich die Situation in unserem Modell mit unvollständiger Information dar. Zwar findet auch hier ein Ausfall durch Überschuldung lediglich in denjenigen Regionen des Unternehmenswertes statt, in denen die Eigenkapitalgeber keine Zahlungen aus der Insolvenzmasse erwarten können, das Gleiche gilt aber nicht für einen möglichen Ausfall durch Zahlungsunfähigkeit. Zahlungsunfähigkeit ohne Überschuldung kann ohne weiteres in Zuständen auftreten, in denen der Wert der Aktiva des Unternehmens vor dem Ausfall die Höhe des Anspruchs der Fremdkapitalgeber im Fall eines Ausfalls (Nominalwert

[30] Vgl. Leland (1994), S. 1222.

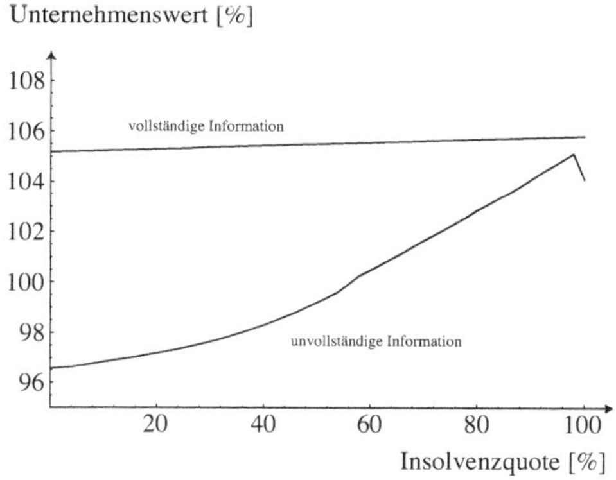

Abbildung 4.7: Verhalten des Unternehmenswertes für verschiedene Insolvenzquoten

der Verbindlichkeiten des Unternehmens plus aufgelaufene Stückzinsen) überschreitet. In einem solchen Fall können die Eigenkapitalgeber des Unternehmens eine Zahlung aus der Insolvenzmasse erwarten, wenn die Insolvenzquote ausreichend hoch ist. Aus diesem Grund haben in unserem Modell mit unvollständiger Information die Insolvenzkosten und somit natürlich auch die Insolvenzquote einen Einfluss auf den Wert des Eigenkapitals. Dieser Einfluss auf den Wert des Eigenkapitals schlägt sich entsprechend über die Höhe der Ausfallschranke und die Erwartungen der potentiellen Neuaktionäre bei der Entscheidung zur Unternehmensprüfung auf die Wahrscheinlichkeit eines Ausfalls sowohl durch Überschuldung als auch durch reine Zahlungsunfähigkeit durch. Eine Erhöhung der Insolvenzquote erhöht somit nicht nur die erwarteten Zahlungen im Fall eines Ausfalls, sondern reduziert darüber hinaus die Wahrscheinlichkeit eines Ausfalls. Diese beiden Effekte sind für den zunächst konvexen Verlauf des Spreads im Modell mit unvollständiger Information verantwortlich.

Zur Erklärung des konkaven Verlaufs der Spreadkurven und deren niedriger Werte für hohe Insolvenzquoten betrachten wir zunächst den Verlauf der Unternehmenswertes des verschuldeten Unternehmens. Abbildung 4.7 zeigt, dass der Wert des Unternehmens im Referenzmodell mit vollständiger Information den erwarteten linear steigenden Verlauf aufweist. Dagegen nimmt der Wert des Unternehmens bei unvollständiger Information zunächst progressiv zu, um dann für Insolvenzquoten nahe 100 % einzubrechen. Eine Erklärung für dieses ungewöhnliche Verhalten findet sich bei der Analyse der Umstände, die zum Ausfall durch Zahlungsunfähigkeit führen. Wir haben in Abschnitt 3.6 gesehen, dass bei den Verhandlungen zwischen Alt- und Neuaktionären die durch Investition zu verhindernden Insolvenzkosten aus der Sicht der Eigenkapitalgeber aufgeteilt werden. Diese bestehen aus der Differenz des Eigenkapitalwertes aus der Sicht der Altaktionäre bei Fortführung und dem verbleibenden Wert des Unternehmens nach Liquidation und Befriedigung der Ansprüche der Fremdkapitalgeber im Insolvenzfall. Da bei einer Insolvenzquote von 100% der Wert der Aktiva erhalten bleibt, besteht der Wertverlust des *gesamten* Unternehmens beim Ausfall lediglich aus der verlorenen Steuerersparnis der Fremdfinanzierung. Allerdings kann es bei einer Insolvenz zu Wertverschiebungen zwischen Eigen- und Fremdkapitalgebern kommen, wie wir im Folgenden erläutern werden.

Hierzu betrachten wir zunächst den Fälligkeitstermin des Fremdkapitals. Das Unternehmen hat eine Bilanz veröffentlicht und die potentiellen Neuaktionäre überlegen, ob sie die Mittel zur Prüfung des Unternehmens aufwenden sollen. Zu diesem Zweck bilden sie sich, wie in Abschnitt 3.5 beschrieben, eine Meinung über den zu erwartenden Wert der Kapitalerhöhung, der sich aus ihrer Einschätzung der zu erwartenden wahren Unternehmenswerte und der in diesen Fällen zu erwartenden Verhandlungsergebnisse ergibt. Im Fall einer Insolvenzquote von $\rho = 1$ wissen die potentiellen Neuaktionäre, dass sie als Ergebnis ihrer Verhandlungen mit den Altaktionären lediglich einen ihrer Verhandlungsmacht entsprechenden Anteil an den Steuerersparnissen der Fremdfinanzierung erwarten können, deren Wegfall sie mit ihrer Investition verhindern können[31]. Da die Steuerersparnisse zu diesem Zeitpunkt lediglich die Kuponzahlungen für das vergangene halbe Jahr berühren, ist der durch die Investition verhinderte Verlust sehr gering. Da somit das erwartete Verhandlungsergebnis aus der Sicht der potentiellen Neuaktionäre ebenfalls sehr gering ist, lohnt es sich für sie nicht, das Unternehmen zu prüfen um mit den Altaktionären in Verhandlungen zu treten. Das Unternehmen wird als Folge dessen wegen Zahlungsunfähigkeit ausfallen.

Nun betrachten wir den vorletzte Kupontermin, ein halbes Jahr vor Fälligkeit des Fremdkapitals. Die potentiellen Neuaktionäre wissen, dass sich ein mögliches Verhandlungsergebnis mit den Altaktionären lediglich auf den zu verhindernden Verlust der Steuerersparnis der Fremdfinanzierung stützen kann. Die Periode, die zu diesem Zeitpunkt für die Steuerersparnis der Fremdfinanzierung in Frage kommt, beträgt im Unterschied zur oben beschriebenen Situation ein Jahr. Deshalb sollte ein größerer Anreiz bestehen, das Unternehmen am Leben zu erhalten. Allerdings antizipieren die potentiellen Neuaktionäre das vorher beschriebene Entscheidungsproblem am Fälligkeitstermin des Fremdkapitals. Sie wissen daher, dass der Steuervorteil der Fremdfinanzierung nicht für ein ganzes Jahr

[31] Die Steuerersparnis der Fremdfinanzierung fällt immer nur dann an, wenn der Kupon der betreffenden Periode auch tatsächlich bezahlt wird.

bis zur Fälligkeit des Fremdkapitals, sondern höchstens für das zurückliegende halbe Jahr anfallen wird. Daher stellt sich für die potentiellen Neuaktionäre das exakt gleiche Entscheidungsproblem wie vorher, mit dem gleichen Ergebnis, dass das Unternehmen wegen Zahlungsunfähigkeit ausfällt. Diese Argumentation lässt sich bis zum ersten Kupontermin nach der Emission des Fremdkapitals fortführen. Das Ergebnis dieser ersten und vorläufigen Überlegungen ist, dass das Unternehmen bei einer Insolvenzquote von 100% mit Sicherheit am ersten Kupontermin nach der Emission wegen Zahlungsunfähigkeit ausfällt. Allerdings ist die bisherige Analyse daran gebunden, dass an jedem Kupontermin ein hoher Unternehmenswert vorliegt, der den Verhandlungsspielraum auf einperiodige Steuererspanisse reduziert.

Anders stellt sich die Situation hingegen in schlechten Zuständen in der Nähe der Ausfallschranke dar. Auch hier geht dem Unternehmen aufgrund der vollständigen Recovery im Insolvenzfall keine Masse verloren und der Wert der möglichen Steuerersparnis der Fremdfinanzierung ist der gleiche wie in allen anderen Zuständen, in denen das Unternehmen ausfällt. Allerdings zeigt sich, dass in diesen schlechten Zuständen im Fall eines Ausfalls eine Wertverschiebung von Eigen- zu Fremdkapital stattfindet, die einen zusätzlichen Verhandlungsspielraum für die potentiellen Investoren eröffnet und im Ergebnis Zahlungsunfähigkeit verhindert.

Liegt eine Periode vor Fälligkeit des Fremdkapitals ein niedriger Unternehmenswert nahe der Überschuldungsgrenze V_B vor, der in der nächsten Periode mit einer positiven Wahrscheinlichkeit in die Überschuldung führt, dann besitzt das Fremdkapital einen Marktwert unterhalb des risikolosen Wertes.

Wenn das nicht überschuldete Unternehmen in diesem Zustand wegen Zahlungsunfähigkeit ausfällt, erhalten die Fremdkapitalgeber aufgrund der Insolvenzquote von 100% den Nennwertes plus Kupon, also den maximalen Rückzahlungsanspruch. Die Differenz zwischen dieser Zahlung und dem Marktwert des Fremdkapitals bei Fortführung geht zu Lasten der Eigenkapitalgeber. Diese verlieren den Zeitwert ihrer Eigenkapitaloption und erhalten damit weniger, als ihr Anteil bei Fortführung wert gewesen wäre. In diesem Fall sind die Altaktionäre bereit, nicht nur über den Wert der möglichen Steuerersparnis, sondern auch über den Wert zu verhandeln, der ihnen bei einem Ausfall an die Fremdkapitalgeber verloren geht. Dadurch wird es möglicherweise für die potentiellen Neuaktionäre wieder attraktiv, das Unternehmen zu prüfen, und ein Ausfall durch Zahlungsunfähigkeit findet nicht mehr zwingend statt.

Diese Erhöhung des Fortführungswertes des Eigenkapitals in den niedrigen Zuständen der späten Perioden überträgt sich auch auf Zustände mit hohem Unternehmenswert in früheren Perioden und es wird für diese Zustände attraktiv, das Unternehmen zu prüfen. Ein Ausfall des Unternehmens durch Zahlungsunfähigkeit aufgrund der hohen Insolvenzquote findet somit lediglich in hohen Zuständen gegen Ende der Fremdkapitallaufzeit statt. Da diese Ausfälle für die Fremdkapitalgeber unschädlich sind[32] und das Unternehmen aufgrund des geringeren Wertes des Eigenkapitals im Vergleich zum Referenzmodell in höheren Zuständen durch Überschuldung (und Zahlungsunfähigkeit) ausfällt, sind die Fremdkapitalgeber besser geschützt und verlangen eine niedrigere Rendite, verglichen mit der Situation bei vollständiger Information.

Im Ergebnis führt eine besonders hohe Insolvenzquote somit nicht zu höheren, sondern zu niedrigeren Unternehmenswerten des verschuldeten Unternehmens, da sie dazu führt, dass das Unternehmen in den guten Zuständen den Steuervorteil der Fremdfinanzierung verliert. Dies geschieht, da das Unternehmen aufgrund der zu starken Verhandlungsposition der Altaktionäre nicht in der Lage ist, neue Aktionäre zu gewinnen, um den fälligen Kupon zu bedienen.

Im Gegensatz zu unserem Modell erreichen die Spreads im Referenzmodell mit vollständiger Information auch bei einer Insolvenzquote von eins nicht das risikolose Niveau. Der Grund für dieses Verhalten liegt in der endogen ermittelten Ausfallschranke für Überschuldung V_B, die stets unter dem Nominalwert des Fremdkapitals liegt, wie Leland (1994) zeigt[33]. Somit erleiden die Fremdkapitalgeber auch bei einer Insolvenzquote von eins im Fall eines Ausfalls einen Verlust, da ihre Ansprüche nicht vollständig befriedigt werden. Da ein Ausfall durch Zahlungsunfähigkeit ohne Überschuldung im Referenzmodell nicht möglich ist, erreicht der Wert des verschuldeten Unternehmens bei einer Insolvenzquote von eins sein Maximum, da in diesem Fall die erwarteten Kosten der Insolvenz minimal sind.

4.2.5 Variation der Marktmacht der potentiellen Neuaktionäre

Bei der komparativ statischen Variation der Marktmacht der potentiellen Neuaktionäre zeigt sich ein Effekt, der dem oben beschriebenen Effekt bei der Variation der Insolvenzquote ähnlich ist. Während es bei einer Insolvenzquote von eins ein Mangel an Verhandlungsmasse ist, der die potentiellen Neuaktionäre in späten Perioden bei hohen Unternehmenswerten davon abhält, das Unternehmen zu prüfen, ist es bei einer Marktmacht von null die mangelnde Aussicht auf Verhandlungserfolg. Die potentiellen Neuaktionäre wis-

[32] Der Fremdkapitalanspruch wird in diesen Zuständen stets vollständig befriedigt.
[33] Vgl. Leland (1994), S. 1235.

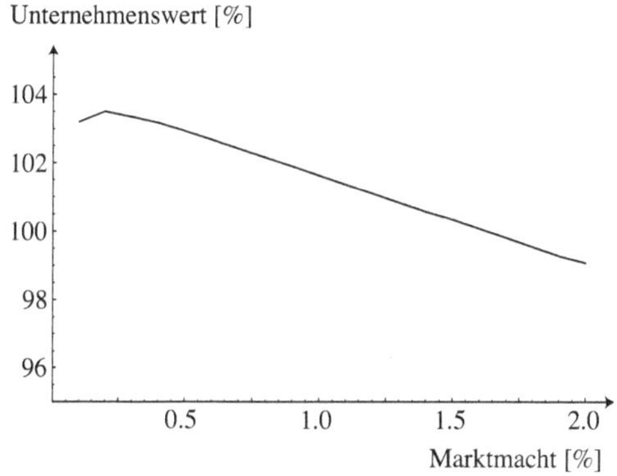

Abbildung 4.8: Verhalten des Unternehmenswertes für verschiedene Marktmacht der Neuaktionäre

sen, dass sie in diesem Fall bei den Verhandlungen mit den Altaktionären bestenfalls einen Anteil am Unternehmen erhalten, der wertmäßig ihrer Einlage entspricht. Sie werden daher niemals in der Lage sein, ihre Prüfkosten zurückzuerlangen und verzichten somit auf eine Prüfung. Das Unternehmen fällt daher mit Sicherheit am ersten Kupontermin wegen Zahlungsunfähigkeit aus und es ergibt sich ein Unternehmenswert des verschuldeten Unternehmens von $\nu(V_0) = \rho \cdot V_0$. In unserem Basisfall beträgt dieser Wert 70.

Im anderen Extrem einer Marktmacht der potentiellen Neuaktionäre von 1 ergibt sich ebenfalls ein Unternehmenswert von $\rho \cdot V_0$. In diesem Fall erhalten die Neuaktionäre die gesamten durch ihre Investition verhinderten Insolvenzkosten. Den Altaktionären bleibt somit nur der Wert, den sie im Falle einer Insolvenz zu erwarten hätten, da sie diesen durch ein Scheiternlassen der Verhandlungen jederzeit erreichen können. Im Ergebnis ist somit der Wert des Unternehmens identisch mit dem Wert, den es hätte, wenn es mit Sicherheit am ersten Kupontermin ausfällt, auch wenn ein Ausfall nicht stattfindet.

Aus dieser Überlegung heraus lässt sich vermuten, dass es zwischen diesen beiden Extremen einen Grad an Verhandlungsmacht des Unternehmens geben sollte, der die beiden Effekte balanciert und für den der Unternehmenswert maximal wird. Tatsächlich zeigt sich in Abbildung 4.8, dass im Basisfall der Wert des Unternehmens für eine Verhandlungsmacht der potentiellen Neuaktionäre von 0,2% ein Maximum erreicht. An dieser Stelle halten sich aus der Sicht der ursprünglichen Aktionäre in $t = 0$ die Mehrkosten der Kapitalerhöhungen durch Underpricing der Neuemissionen bei höherer Verhandlungsmacht der Outsider und die Kosten der zusätzlichen Ausfälle durch Zahlungsunfähigkeit wegen

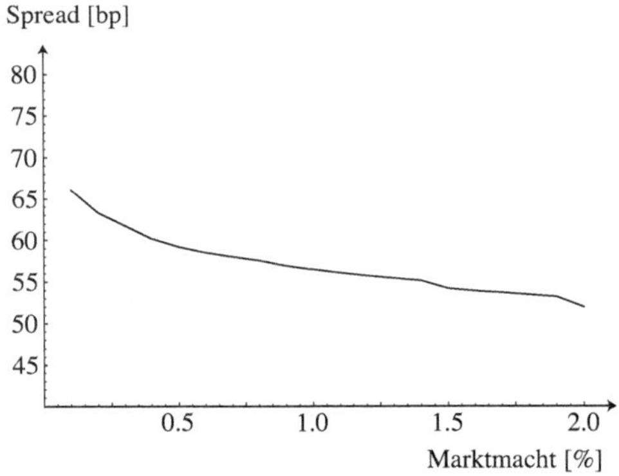

Abbildung 4.9: Spreadverhalten für verschiedene Marktmacht der Neuaktionäre

geringerer Verhandlungsmacht die Waage. Wollte man hieraus eine Empfehlung ableiten, so wäre es im Sinne der Altaktionäre, bei den Verhandlungen mit den potentiellen Neuaktionären stets einen Anteil von 0,2% der aus ihrer Sicht verhinderten Insolvenzkosten in Form eines Underpricings der jungen Aktien an die Neuaktionäre abzugeben.

Im Gegensatz zum Unternehmenswert zeigt der Spread der Fremdkapitalemission für positive Marktmacht in Abbildung 4.9 einen monoton fallenden Verlauf. Der Unterschied zum Verhalten des Unternehmenswertes beruht auf zwei Effekten. Erstens sind die Fremdkapitalgeber nicht davon betroffen, wie hoch der Anteil ist, den die Altaktionäre an die Neuaktionäre abtreten müssen, um den Kupon zu bedienen. Zweitens führt eine höhere Marktmacht der potentiellen Neuaktionäre dazu, dass diese eher geneigt sind, das Unternehmen zu prüfen und somit einen Ausfall durch Zahlungsunfähigkeit in denjenigen Zuständen verhindern, in denen das Unternehmen zwar nicht überschuldet ist, ein Ausfall aber nach Insolvenzkosten dazu führt, dass die Fremdkapitalgeber geschädigt werden. Eine höhere Markmacht der Neuaktionäre führt zwar über den geringeren Wert des Eigenkapitals indirekt über die höhere Ausfallschranke zu einer erhöhten Ausfallwahrscheinlichkeit durch Überschuldung. Dieser Effekt tritt aber hier hinter den oben beschriebenen zurück, so dass die Risikoprämie des Fremdkapitals mit steigender Marktmacht der potentiellen Neuaktionäre fällt.

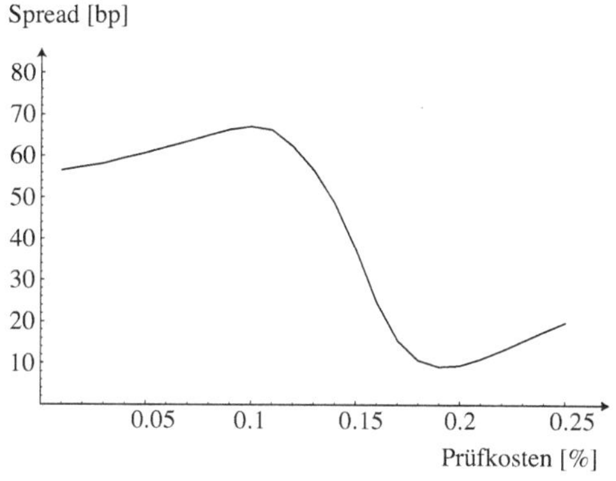

Abbildung 4.10: Spreadverhalten für verschiedene Prüfkosten der Neuaktionäre

4.2.6 Variation der Prüfkosten

Der nächste Parameter, den wir im Rahmen unserer komparativ statischen Analyse variieren werden, betrifft die Kosten, zu denen die potentiellen Neuaktionäre den wahren Wert des Unternehmens in Erfahrung bringen können. Da sich auch dieser Parameter empirisch nur bedingt beobachten lässt, haben wir versucht, einen sinnvollen Wert für unseren Basisfall zu finden. Wenn man den gewählten Wert von 0,01% des Wertes der Aktiva in $t = 0$ ins Verhältnis zum Investitionsvolumen setzt, das die potentiellen Neuaktionäre im Falle einer Prüfung an jedem Kupontermin aufbringen müssen, ergeben sich Prüfkosten je nach Kuponhöhe des Fremdkapitals von circa 0,5%-0,7% der zu investierenden Mittel.

Für diesen Basisfall generiert unser Modell mit unvollständiger Information eine Risikoprämie von 56,5[bp]. Die Risikoprämie unseres Referenzmodells, in dem die Prüfkosten keine Rolle spielen, beträgt für den Basisfall im Vergleich hierzu 26,8[bp]. Für diesen Unterschied sind zwei Ursachen verantwortlich. Zum einen der in unserem Modell mit unvollständiger Information mögliche Ausfall durch Zahlungsunfähigkeit und zum anderen die erhöhte Ausfallwahrscheinlichkeit durch Überschuldung, die auf dem durch das Underpricing der Eigenkapitalemissionen verursachten niedrigeren Eigenkapitalwert beruht. Welches Ausmaß diese beiden Effekte jeweils haben, zeigt sich bei der Untersuchung unseres Modelles für Prüfkosten von null. In diesem Fall werden die potentiellen Neuaktionäre das Unternehmen in jedem Kupontermin prüfen. Ein Ausfall wegen Zahlungsunfähigkeit scheidet somit aus und die unvollständige Information wird bedeutungslos. Für diesen Fall ergibt sich mit 27,2[bp] eine Risikoprämie, die nur unwesentlich über der unseres Referenzmodells liegt. Das Underpricing der Eigenkapitalemissionen besitzt somit im Basisfall nur einen geringen Einfluss auf die Risikoprämie des Fremdkapitals.

Betrachten wir hingegen in unserem Modell positive Prüfkosten, steigt die Risikoprämie erheblich. Für Prüfkosten von 0,001% der Aktiva in $t = 0$ (1/10 der Prüfkosten unseres Basisfalles) ergibt sich bereits ein Spread von 55,9[bp]. Die potentiellen Neuaktionäre können nicht mehr sicher sein, dass sie bei der Prüfung nur gewinnen können, und Ausfälle durch Zahlungsunfähigkeit für niedrige Zustände $V_{ti} > V_B$ treten auch bei niedrigen Prüfkosten mit bereits relativ hoher Wahrscheinlichkeit auf. Gegeben, dass wir positive Prüfkosten betrachten, reagiert unser Modell jedoch zunächst wenig auf Variationen dieser Kosten. Eine Verdopplung der Prüfkosten auf 0,002% (2/10 unseres Basisfalles) erhöht die Risikoprämie um 0,07[bp], eine Verzehnfachung der Prüfkosten auf das Niveau unseres Basisfalles erhöht den Spread um 0,54[bp].

Eine weitere Erhöhung der Prüfkosten bis zum 10-fachen des Basisfalles führt zu einer Zunahme des Spreads bis zu 67[bp]. Die potentiellen Neuaktionäre werden durch die steigenden Prüfkosten davon abgehalten, den wahren Wert des Unternehmens erfahren zu wollen. Ein Ausfall durch Zahlungsunfähigkeit schädigt primär die Fremdkapitalgeber, da die vermehrten Ausfälle zunächst in den niedrigen Zuständen in der Nähe der Ausfallschranke stattfinden, in denen die Fremdkapitalgeber einen großen Teil der Insolvenzkosten zu tragen haben. Der Grund hierfür liegt in der bereits mehrfach erwähnten Tatsache, dass das aus der Sicht der potentiellen Neuaktionäre erwartete Ergebnis der Unternehmensprüfung und der ggf. anschließenden Investition mit dem Unternehmenswert steigt. Da sie in allen Zuständen die gleichen Prüfkosten aufwenden müssen, werden sie zunächst vermehrt in den niedrigen Zuständen auf eine Prüfung verzichten.

Im weiteren Verlauf von Abbildung 4.10 erkennt man jedoch, dass die Risikoprämie des Fremdkapitals für Prüfkosten zwischen 0.11% und 0.19% sinkt. Auch diese zunächst unverständliche Reaktion lässt sich auf die weiter steigende Wahrscheinlichkeit eines Ausfalls durch Zahlungsunfähigkeit zurückführen. Ausfälle durch Zahlungsunfähigkeit finden nun vermehrt für höhere Unternehmenswerte statt, in denen die Fremdkapitalgeber vollständig aus der Insolvenzmasse befriedigt werden können. Ein Ausfall durch Zahlungsunfähigkeit mit vollständiger Rückzahlung des Fremdkapitalanspruchs bewahrt die Fremdkapitalgeber vor einem möglicherweise verlustreichen Ausfall durch Überschuldung in einem niedrigeren Zustand. Somit ist zu erklären, dass die Risikoprämie sogar unter das Niveau des Modells mit vollständiger Information fällt.

Im Bereich für Prüfkosten über 0.19% schließlich zeigt Abbildung 4.10 wieder steigende Risikoprämien. In diesem Bereich wird ein Ausfall des Unternehmens am ersten Ku-

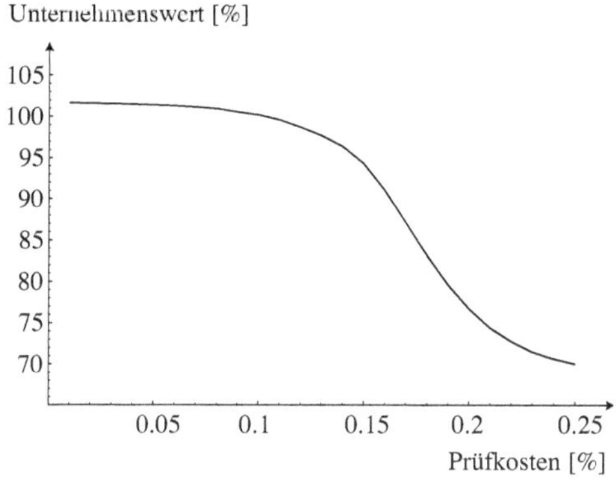

Abbildung 4.11: Verhalten des Unternehmenswertes für verschiedene Prüfkosten der Neuaktionäre

pontermin zunehmend sicher und der Spread nimmt einen vom Fremdkapitalvolumen abhängigen Wert an. Für niedriges Volumen wird die Rendite risikolos, da die Insolvenzmasse am ersten Kupontermin auch nach Insolvenzkosten ausreicht, um die Fremkapitalgeber vollständig zu befriedigen. Für ein hohes Fremdkapitalvolumen steigt die Rendite an, da hier aus der Sicht der Fremdkapitalgeber ein relativ zur Fremdkapitalmenge größerer Verlust zu erwarten ist.

Im Gegensatz zur Risikoprämie des Fremdkapitals reagiert der Unternehmenswert monoton fallend auf eine Erhöhung der Prüfkosten der potentiellen Neuaktionäre, wie in Abbildung 4.11 zu erkennen ist. Eine Erhöhung der Prüfkosten führt in jedem Fall zu einer Erhöhung der Ausfallwahrscheinlichkeit des Unternehmens, was den Barwert der Steuerersparnis reduziert und den Barwert der Insolvenzkosten erhöht. Beides führt dazu, dass der Wert des verschuldeten Unternehmens sinkt.

Der Unterschied des Unternehmenswertes zwischen den Modellen mit vollständiger und unvollständiger Information lässt sich wieder auf die zusätzlichen Ausfälle durch Zahlungsunfähigkeit und das Underpricing zurückführen. Im Gegensatz zur Risikoprämie hat auf den Unternehmenswert zunächst das Underpricing den stärkeren Effekt. So sinkt der Unternehmenswert in unserem Modell bei Prüfkosten von null von 105,63% im Referenzmodell auf 102,52%. Diese Differenz ist ausschließlich auf das Underpricing zurückzuführen. Für positive Prüfkosten von 0,001% (1/10 unseres Basisfalles) beträgt der Unternehmenswert 101,67%. Während also das zusätzliche Underpricing den Unternehmenswert relativ um 3% senkt, senkt der zusätzlich mögliche Ausfall durch Zahlungsunfähigkeit den Wert

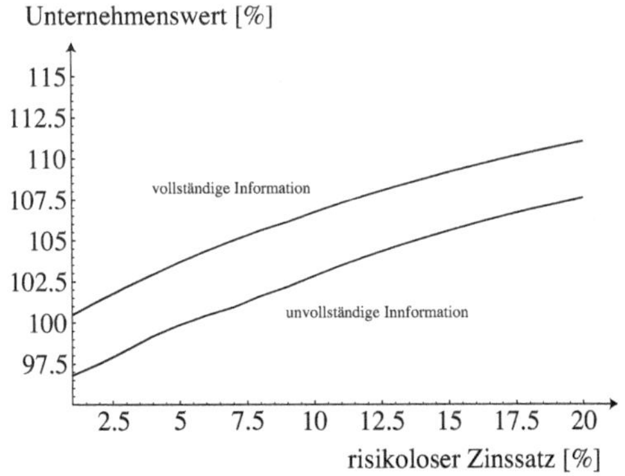

Abbildung 4.12: Verhalten des Unternehmenswertes für verschiedene risikolose Zinssätze

des verschuldeten Unternehmens relativ nur um 0,8%. Für hohe Prüfkosten wird, wie oben beschrieben, ein Ausfall durch Zahlungsunfähigkeit am ersten Kupontermin zunehmend sicher. Entsprechend sinkt der Wert des verschuldeten Unternehmens auf $\rho \cdot V_0$, in unserem Basisfall also auf 70.

4.2.7 Variation des risikolosen Zinssatzes

Bei der Variation des risikolosen Zinssatzes ist es auf den ersten Blick zunächst unklar, ob und wenn ja, welchen Einfluss eine Erhöhung auf den Wert des Unternehmens und die Risikoprämie des Fremdkapitals haben sollte. Man könnte vermuten, dass eine Erhöhung des risikolosen Zinssatzes den Wert des Unternehmens senkt, da alle zukünftig zu erwartenden Zahlungen stärker diskontiert werden und der Barwert des Unternehmens folglich sinkt. Wie man jedoch in Abbildung 4.12 erkennt, steigt der Wert des verschuldeten Unternehmens monoton sowohl im Referenzmodell mit vollständiger Information als auch in unserem Modell mit unvollständiger Information.

Eine Erklärung für dieses Verhalten findet sich bei der Betrachtung der Komponenten, die den Wert des verschuldeten Unternehmens ausmachen. Für den (einfacheren) Fall des Referenzmodells sind dies der Wert des unverschuldeten Unternehmens V_0 und die Barwerte der Steuerersparnis und der Insolvenzkosten. Der Wert des unverschuldeten Unternehmens ist exogen und ändert sich als solcher bei Variation des risikolosen Zinssatzes nicht. Da V_0 als Barwert der zukünftigen erwarteten Zahlungen aufgefasst werden kann, die von den Aktiva des unverschuldeten Unternehmens generiert werden, wird klar, dass man bei der komparativen Statik des risikolosen Zinssatzes implizit unterstellt, dass die zukünftigen Zahlungen aus den Aktiva des Unternehmens steigen. Diese Steigerung der Zahlungen gleicht den Effekt der stärkeren Diskontierung aus.

Der Barwert der Steuerersparnis, der den zweiten Teil des Wertes des verschuldeten Unternehmens ausmacht, ist in der hier beschriebenen Situation ebenfalls unabhängig vom risikolosen Zinssatz. Wir haben unterstellt, dass das Unternehmen stets Fremdkapital mit Nennwert gleich Marktwert in Höhe von 50 emittiert. Durch die mit dem risikolosen Zinssatz folglich ebenso steigenden Kupons des Fremdkapitals steigt die in allen Zuständen zu realisierende Steuerersparnis des Fremdkapitals, die sich auf den nominalen Kupon bezieht. Diese erhöhte Steuerersparnis wird nun jedoch stärker diskontiert. Man kann sich leicht klar machen, dass die Steuerersparnis der Fremdfinanzierung dem gleichen Ausfallrisiko unterworfen ist wie der Fremdkapitalanspruch selbst, da Tax-Shields immer nur dann anfallen, wenn auch der Kupon gezahlt wird und das Unternehmen folglich nicht ausgefallen ist. Da das Unternehmen Fremdkapital bei jedem risikolosen Zinssatz im Umfang von 50 emittiert und sich der Barwert der Steuerersparnis aus Zahlungen ableitet, die stets proportional zum Kupon des Fremdkapitals sind, ändert sich auch der Barwert der Steuerersparnis nicht[34].

Der Barwert der Insolvenzkosten, der das dritte Element des Wertes des unverschuldeten Unternehmens ist, sinkt hingegen bei steigendem risikolosen Zinssatz. Hierbei wirken insbesondere zwei Effekte. Zum einen sinkt der Barwert der Insolvenzkosten, weil die zum Zeitpunkt einer Insolvenz anfallenden Kosten stärker diskontiert werden. Zum anderen bedingt ein steigender risikoloser Zinssatz eine steigende Drift des Unternehmenswertprozesses. Dies erhöht alle zukünftig erwarteten Unternehmenswerte und senkt somit die Ausfallwahrscheinlichkeit des Unternehmens. Die reduzierte Ausfallwahrscheinlichkeit senkt unmittelbar den Barwert der erwarteten Insolvenzkosten.

Im Ergebnis bleibt somit festzuhalten, dass der Wert des verschuldeten Unternehmens mit dem risikolosen Zinssatz steigt, weil sich der Barwert der Insolvenzkosten reduziert. Der in Abbildung 4.12 dargestellte Wertunterschied zwischen den Modellen mit vollständiger und unvollständiger Information erklärt sich aus dem Barwert des Underpricings und dem erhöhten Risiko eines Ausfalls durch Zahlungsunfähigkeit. Dieser Unterschied reduziert sich mit steigendem risikolosen Zinssatz geringfügig, wobei zwei verschiedene Effekte

[34] An dieser Stelle vernachlässigen wir den Effekt, den eine Änderung des risikolosen Zinssatzes über den Wert des Eigenkapitals auf die Ausfallschranke des Unternehmens und somit auf die erwartete Recovery im Insolvenzfall hat. Eine sich ändernde Recovery (die die Tax-Shields nicht betrifft) könnte dazu führen, dass die Risiken von Fremdkapitalanspruch und Barwert der Steuerersparnis auf eine Änderung des risikolosen Zinssatzes unterschiedlich reagieren.

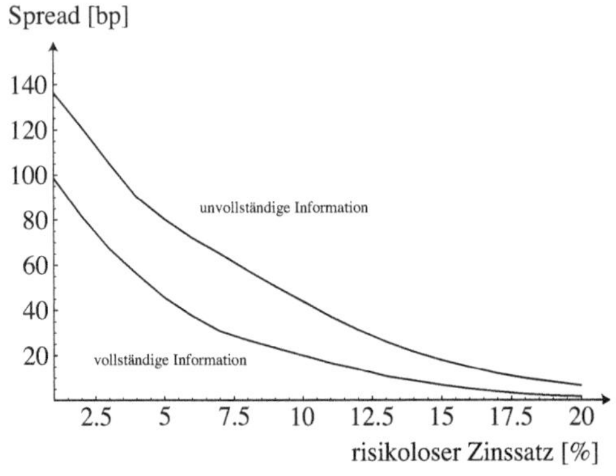

Abbildung 4.13: Spreadverhalten für verschiedene risikolose Zinssätze

gegeneinander wirken. Während zinsbedingte höhere erwartete Unternehmenswerte in der Zukunft den Effekt der zusätzlich möglichen Zahlungsunfähigkeit, und somit den Wertunterschied zwischen den Modellen reduzieren, führen im Mittel höhere Unternehmenswerte zu einem höheren Verhandlungsspielraum für die potentiellen Neuaktionäre, wodurch sich der Unterschied vergrößert.

Der Effekt eines steigenden risikolosen Zinssatzes auf die Drift des Unternehmenswertprozesses spiegelt sich auch im Verhalten der Risikoprämien des Fremdkapitals in Abbildung 4.13 wider. Wie bereits erwähnt, führt diese steigende Drift zu sinkenden Ausfallwahrscheinlichkeiten des Unternehmens, wodurch die Spreads sowohl im Referenzmodell als auch im Modell mit unvollständiger Information sinken. Man erkennt, dass das Referenzmodell für einen risikolosen Zinssatz von 20% beinahe risikolose Renditen generiert, während im Modell mit unvollständiger Information noch deutlich positive Risikoprämien auftreten. Dieser Unterschied ist wiederum auf den zusätzlich möglichen Ausfall durch Zahlungsunfähigkeit zurückzuführen.

4.2.8 Variation des Unternehmenssteuersatzes

Bei der Variation des Unternehmenssteuersatzes gilt, ähnlich wie bei der Variation des risikolosen Zinssatzes im vorherigen Abschnitt, dass man bei einer Erhöhung des Parameters eine Reduktion des Unternehmenswertes erwartet, da zukünftige Gewinne stärker besteuert werden und dadurch der (Bar-)Wert des Unternehmens sinken sollte. Es zeigt sich aber auch hier, dass der Wert des verschuldeten Unternehmens steigt, wie Abbildung

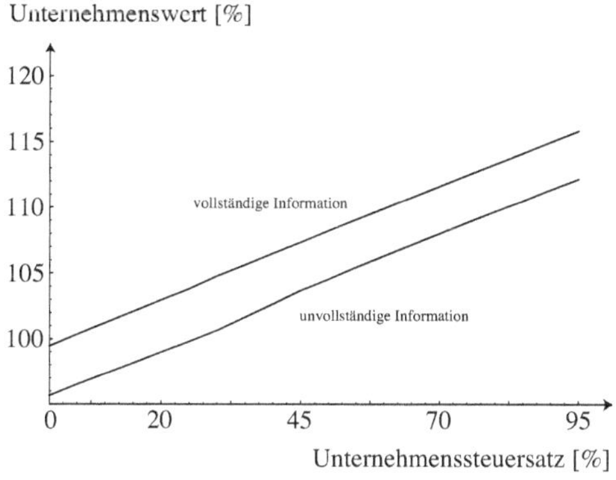

Abbildung 4.14: Verhalten des Unternehmenswertes für verschiedene Unternehmenssteuersätze

4.14 deutlich zeigt. Ursache dieses Effektes ist auch hier wieder die in Strukturmodellen übliche Modellierung des Wertes des unverschuldeten Unternehmens als exogene Variable. Bei der komparativ statischen Variation des Steuersatzes bleibt V_0 konstant. Da in der unterstellten Modellwelt der Wert des unverschuldeten Unternehmens eine Größe *nach* Steuern ist, erhöhen wir auch hier wieder implizit die zukünfitgen Cashflows aus den Aktiva *vor* Steuern. Im Modell drückt sich dieser Effekt dadurch aus, dass das Unternehmen bei steigendem Unternehmenssteuersatz in jeder Periode c.p. höhere Steuervergünstigungen realsieren kann. Diese kommen den Eigenkapitalgebern zugute und erhöhen so den Unternehmenswert.

Bei der Betrachtung der von den Fremdkapitalgebern geforderten Risikoprämie könnte man vermuten, dass eine höhere steuerliche Belastung des Unternehmens in der Zukunft das Ausfallrisiko erhöht und die Fremdkapitalgeber folglich eine höhere Rendite fordern sollten. Auch hier zeigt sich jedoch bei der Auswertung des Modells das Gegenteil, wie in Abbildung 4.15 zu erkennen ist. Die von den Fremdkapitalgebern verlangte Risikoprämie sinkt, da sich die Ausfallwahrscheinlichkeit des Unternehmens mit steigendem Unternehmenssteuersatz reduziert. Die Ursache hierfür ist die oben beschriebene Zunahme des Wertes des Eigenkapitals bei wachsendem Steuersatz. Dieser erhöhte Eigenkapitalwert führt zu einer sinkenden Ausfallschranke durch Überschuldung V_B und damit zu einer abnehmenden Ausfallwahrscheinlicheit. Anders formuliert ist es bei hohen Unternehmenssteuersätzen für die Eigenkapitalgeber vorteilhaft, das Unternehmen durch Zuschuss

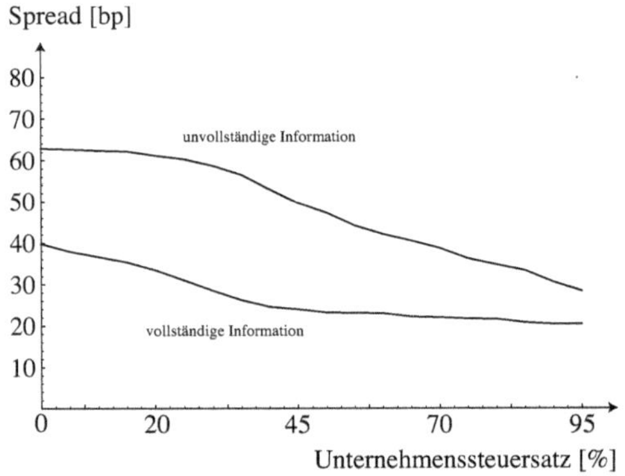

Abbildung 4.15: Spreadverhalten für verschiedene Unternehmenssteuersätze

des Kupons vor der Insolvenz zu bewahren, da sie beim Ausfall einen höheren Barwert zukünftig noch möglicher Steuerersparnisse verlieren.

Im Modell mit unvollständiger Information hat der Unternehmenssteuersatz darüber hinaus noch einen Einfluss auf die Wahrscheinlichkeit eines Ausfalls durch Zahlungsunfähigkeit. Zunächst führen die in jedem Zustand erhöhten Werte des Eigenkapitals, wie bereits mehrfach beschrieben, zu einer erhöhten Prüfwahrscheinlichkeit durch die potentiellen Neuaktionäre, da diese c.p. ein geringeres Risiko eingehen, nach der Prüfung einen überschuldeten Zustand vorzufinden. Darüber hinaus besteht der von den potentiellen Neuaktionären geforderte Investitionsbetrag aus dem Kupon *nach* Steuern. Bei steigenden Steuersätzen sinkt somit der Betrag, den sie investieren müssen, um das Unternehmen am Leben zu erhalten. Hierdurch erhöht sich die Wahrscheinlichkeit, dass der nach der Investition zu Verfügung stehende Wert des Eigenkapitals nicht nur ihre Investition rechtfertigt (= keine Überschuldung), sondern auch ausreicht, um ex post ihre Prüfkosten zu decken. Dies erhöht ebenfalls die Wahrscheinlichkeit, dass sich die potentiellen Neuaktionäre ex ante entscheiden, das Unternehmen zu prüfen, wodurch die Wahrscheinlichkeit eines Ausfalls durch Zahlungsunfähigkeit reduziert wird.

4.2.9 Variation der Volatilität des Unternehmenswertprozesses

Der letzte Parameter, der in diesem Abschnitt der komparativen Statik zum Emissionszeitpunkt mit exogenem Fremdkapitalvolumen variiert werden soll, betrifft die Volatilität des Unternehmenswertprozesses. Je höher diese Volatilität ist, desto stärker schwankt der

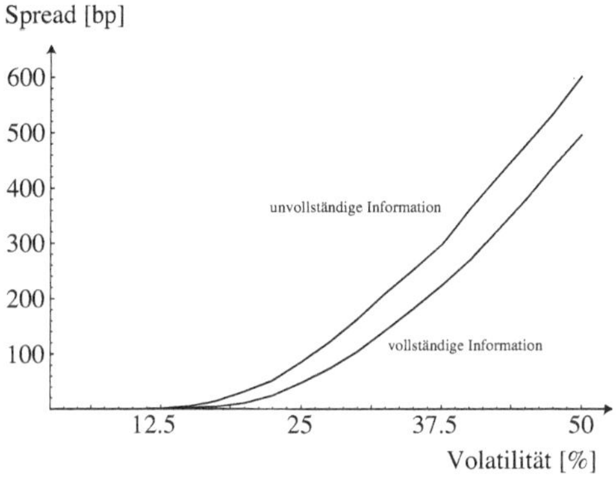

Abbildung 4.16: Spreadverhalten für verschiedene Volatilitäten des Unternehmenswertprozesses

Wert des Unternehmensvermögens in der Zukunft ohne dass hiervon der aktuelle Wert des Unternehmensvermögens V_0 betroffen ist, da die handelnden Personen in unserem Modell risikoneutral sind.

Das höhere Risiko hat allerdings einen Einfluss auf die von den Fremdkapitalgebern geforderte Risikoprämie, wie Abbildung 4.16 zeigt. Die Spreads steigen progressiv mit zunehmendem Risiko des Unternehmenswertprozesses. Diese Reaktion ist zunächst nicht selbstverständlich, da bei steigender Volatilität zwei gegensätzliche Effekte wirken. Zum einen führt eine höhere Volatilität dazu, dass ein gegebener niedriger Unternehmenswert (wie beispielsweise die Ausfallschranke) mit einer höheren Wahrscheinlichkeit unterschritten wird, wodurch die Ausfallwahrscheinlichkeit des Unternehmens und damit das Risiko für die Fremdkapitalgeber steigt. Auf der anderen Seite allerdings erhöht eine steigende Volatilität c.p. den Wert des Eigenkapitals eines verschuldeten Unternehmens, das bekanntlich als Call-Option auf das Unternehmensvermögen aufgefasst werden kann. Folglich sinkt mit steigender Volatilität die Ausfallschranke V_B, an der sich die Eigenkapitalgeber weigern, das Unternehmen durch Zuschuss des Kupons am Leben zu erhalten. Dadurch reduziert sich c.p. die Wahrscheinlichkeit eines Ausfalls sowohl durch Überschuldung als auch durch Zahlungsunfähigkeit. Es lässt sich allerdings im allgemeinen Rahmen des Modells von Leland (1994) zeigen, dass der Effekt der höheren Streuung der zukünftigen Unternehmenswerte in der Regel den der sinkenden Ausfallschranke überwiegt und die Ausfallwahrscheinlichkeit des Unternehmens mit steigender Volatilität zunimmt[35].

[35] Vgl. Abschnitt 3.7 und Thabe/Koziol (2005).

Wir beobachten steigende Spreads nicht nur für das Referenzmodell, sondern ebenso für unser Modell mit unvollständiger Information. Auch dies ist zunächst nicht offensichtlich, da eine zunehmende Volatilität c.p. die Wahrscheinlichkeit eines Ausfalls durch Zahlungsunfähigkeit reduziert, wie wir in Abschnitt 3.7 argumentiert haben. Allerdings scheint das Risiko, bei steigender Volatilität die Ausfallschranke zu durchbrechen, diesen Effekt zu überwiegen.

Auch hinsichtlich des Unternehmenswertes ist zunächst unklar, welches Verhalten zu erwarten ist. Leland (1994) findet im Rahmen seiner komparativen Statik, dass der Wert des verschuldeten Unternehmens sinkt, wenn sich die Volatilität erhöht. Allerdings kehrt sich dieser Effekt um, wenn sich der Wert des Unternehmensvermögens in der Nähe der Ausfallschranke befindet[36]. Darüber hinaus ist die komparativ statische Analyse in der Arbeit von Leland (1994) an dieser Stelle nicht direkt mit unserer vergleichbar. Ursächlich hierfür ist, dass Leland (1994) die Höhe des Kupons seines Consolbonds bei der Erhöhung der Volatilität konstant hält, während wir den Wert des Fremdkapitals zum Emissionszeitpunkt konstant halten und somit den Kupon erhöhen. Als Konsequenz sinkt bei Leland (1994) somit der Barwert der Steuerersparnisse aufgrund des höheren Ausfallrisikos, während dieser Effekt bei unserer Art der komparativen Statik nicht eindeutig ist.

Bei einer volatilitätsbedingten Erhöhung des Kupons steigt auch die Steuerersparnis in jedem nicht überschuldeten Zustand. Eine eindeutige Vorhersage über den Barwert der Tax-Shields ist aber in unserem Fall nicht möglich[37]. Es kann vermutet werden, dass in allen Fällen der Barwert der Insolvenzkosten steigt. Das erheblich erhöhte Ausfallrisiko sollte hier den gegenläufigen Effekt überkompensieren, der dadurch entsteht, dass das Unternehmen aufgrund der sinkenden Ausfallschranke V_B auf niedrigeren Niveaus durch Überschuldung ausfällt und die proportional zum Unternehmenswert modellierten Insolvenzkosten entsprechend ebenfalls sinken.

Im Ergebnis zeigt sich, dass die Reaktion des Wertes des verschuldeten Unternehmens auf eine Erhöhung der Volatilität des Unternehmenswertprozesses nicht eindeutig ist, wie Abbildung 4.17 zu entnehmen ist. Bei niedriger Volatilität unterliegt das Unternehmen aufgrund der positiven Drift des Unternehmenswertprozesses keinem oder nur einem sehr geringen Ausfallrisiko. In diesem Bereich verlangen die Fremdkapitalgeber keine positi-

[36] Auch hier wirkt wieder der bereits in Abschnitt 3.7 beschriebene Effekt, dass in diesem Bereich die Senkung der Ausfallschranke den Effekt der zukünftig höheren Streuung der Unternehmenswerte überwiegt.

[37] Mit dem gleichen Argument wie in Abschnitt 4.2.7, dass die Steuerersparnisse dem gleichen Risiko unterliegen wie das Fremdkapital selber, wäre zu vermuten, dass die Tax-Shields von einer sich ändernden Volatilität unberührt bleiben. Einschränkend gilt aber auch hier wieder, dass dieses Argument nur bei konstanter Ausfallschranke gilt, eine Annahme, die nicht zutrifft.

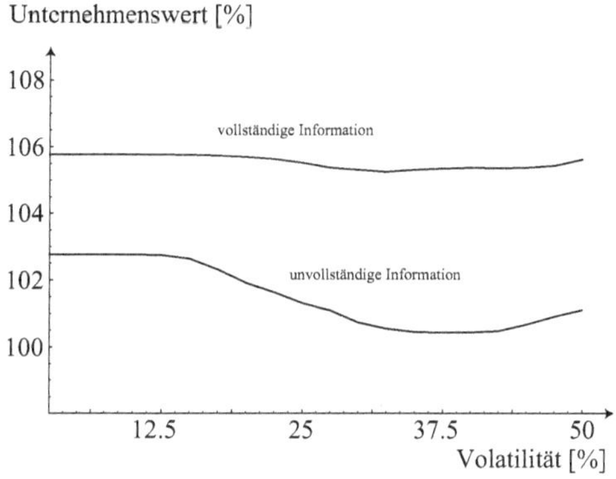

Abbildung 4.17: Verhalten des Unternehmenswertes für verschiedene Volatilitäten des Unternehmenswertprozesses

ve Risikoprämie, wie Abbildung 4.16 zu entnehmen ist, und der Barwert der erwarteten Insolvenzkosten ist null. Der Wert des verschuldeten Unternehmens bei vollständiger Information besteht somit aus dem Wert der Aktiva des entsprechenden unverschuldeten Unternehmens und dem Barwert der erwarteten Steuerersparnis aus der Fremdfinanzierung. Die Unternehmenswerte im Modell mit vollständiger und unvollständiger Information unterscheiden sich somit im Wesentlichen um den Barwert des erwarteten Underpricings bei der Eigenkapitalemission. Bei steigender Volatilität sorgen die beschriebenen gegenläufigen Effekte für das beobachtete nicht-monotone Verhalten.

4.3 Bewertung im Sekundärmarkt

Nachdem wir bisher die Werte von Eigen- und Fremdkapital und somit den Wert des Unternehmens und die von den Fremdkapitalgebern geforderte Risikoprämie zum Zeitpunkt der Emission ($t = 0$) des Fremdkapitals auf dem *Primärmarkt* ermittelt haben, wollen wir uns im Folgenden der Sekundärmarktbewertung zuwenden. Während eine Bewertung prinzipiell zu allen Zeitpunkten $t > 0$ denkbar und problemlos möglich ist, werden wir uns auf den Zeitpunkt unmittelbar vor dem ersten Kupontermin des Fremdkapitals konzentrieren. Dieser Zeitpunkt bietet sich aus mehreren Gründen an. Der offensichtlichste ist, dass auch Duffie/Lando (2001) in ihrem Modell diesen Zeitpunkt für die Bewertung wählen[38] und ein Vergleich der beiden Modelle somit zu diesem Zeitpunkt am sinnvollsten ist. Es gibt darüber hinaus noch einige andere Gründe für die Wahl dieses Zeitpunktes in unserem Modell, die deutlich werden, wenn man sich im Weiteren die Vorgehensweise bei der Sekundärmarktbewertung vor Augen führt.

Obwohl wir aus den in Abschnitt 3.2 genannten Gründen unterstellt haben, dass lediglich das Fremdkapital des Unternehmens öffentlich gehandelt wird, werden wir bei der Sekundärmarktbetrachtung neben dem Wert des Fremdkapitals und der von den Investoren auf dem Sekundärmarkt für Unternehmensanleihen geforderten Risikoprämie an den Stellen, an denen es uns sinnvoll erscheint, auch den Wert des Eigenkapitals des Unternehmens darstellen. Interessant ist eine Darstellung des Eigenkapitalwertes im Rahmen der komparativ statischen Analyse deshalb, weil die potentiellen Neuaktionäre ihr Kalkül bei der Prüfungsentscheidung auf diesen Wert basieren. Da die potentiellen Investoren allerdings niemals in das Unternehmen investieren werden, ohne den genauen Wert zu kennen, ist der Sekundärmarktwert des Eigenkapitals als rein rechnerische Größe zu betrachten. Seine Darstellung dient lediglich dem besseren Verständnis der Modellergebnisse.

Unproblematisch ist im Gegensatz hierzu die in Abschnitt 4.2 vorgenommene Bewertung des Eigenkapitals zum Zeitpunkt der Emission, da zum Zeitpunkt $t = 0$ der Wert der Zustandsvariablen öffentlich bekannt ist. Die Unternehmensinsider haben somit zu diesem Zeitpunkt keinen Informationsvorsprung und ein risikoneutraler Investor wäre tatsächlich bereit, den errechneten Wert für das Eigenkapital zu bezahlen.

Der wichtigste Unterschied bei der Bewertung der Ansprüche gegen das Unternehmen auf dem Sekundärmarkt gegenüber der Primärmarktbewertung ist, dass der Unternehmenswert zum Bewertungszeitpunkt nicht mit Sicherheit bekannt ist. Da die Unternehmensinsider per Annahme in Abschnitt 3.3 vom Handel im Sekundärmarkt ausgeschlossen wurden, stehen somit zunächst lediglich öffentliche Informationen für die Preisbildung zur Verfügung. Wie bereits ausführlich im Zusammenhang mit der Prüfungsentscheidung der potentiellen Neuaktionäre in Abschnitt 3.5 erläutert, sind dies insbesondere der letzte mit Sicherheit bekannte Unternehmenswert und die Dynamik (3.1) des Unternehmenswertprozesses. Da wir in unserem Modell zu allen anderen Bewertungszeitpunkten einen letzten bekannten Unternehmenswert mehr oder weniger willkürlich hätten unterstellen müssen, haben wir den Zeitpunkt unmittelbar vor dem ersten Kupontermin des Fremdkapitals

[38] Im Originalmodell von Duffie/Lando (2001) wird der Kupon stetig gezahlt, weshalb es einen Zeitpunkt vor dem ersten Kupontermin im engeren Sinne nicht geben kann. Gemeint ist der mit unserem Modell vergleichbare Termin nach Veröffentlichung der ersten Bilanz seit der Emission des Fremdkapitals. Die Autoren erläutern ebenfalls die Bewertung zu späteren Zeitpunkten, die allerdings im Vergleich zu ihrem Grundmodell wesentlich komplizierter ist, ohne weitergehende Erkenntnisse zu vermitteln.

für unsere Analyse gewählt. Hier ist eine derartige Wahl nicht notwendig, da der Wert des Unternehmensvermögens V_0 zum Zeitpunkt $t = 0$ annahmengemäß sowieso Teil der öffentlichen Information ist.

Aus den gegebenen öffentlichen Informationen sind die Outsider in der Lage, sich eine Erwartung über die zum Bewertungszeitpunkt möglichen Unternehmenswerte und deren auf den letzten bekannten Unternehmenswert sowie die Dynamik der Zustandsvariablen bedingte Eintrittswahrscheinlichkeiten zu bilden.

Um den Effekt der Bilanzinformation auf den Unternehmenswert und die Risikoprämie des Fremdkapitals im Sekundärmarkt untersuchen zu können, werden wir die Bewertung unmittelbar nach der Veröffentlichung der Bilanz, aber vor der Prüfungsentscheidung vornehmen. Die Fremdkapitalgeber verwenden die Information zum Bewertungszeitpunkt in der gleichen Weise mit Hilfe eines Bayesian Updates, wie dies die potentiellen Neuaktionäre bei ihrer Prüfungsentscheidung tun. Ferner sind die Akteure auf der Grundlage ihrer Informationen in der Lage, die Entscheidung der potentiellen Neuaktionäre zur Unternehmensprüfung zu antizipieren. Da wir unterstellt haben, dass die Verhandlungsmacht des Unternehmens (bzw. die der potentiellen Neuaktionäre) Teil der öffentlichen Informationen ist[39], können die Akteure auf dem Sekundärmarkt das Kalkül der potentiellen Neuaktionäre und deren Entscheidung entsprechend vorhersehen. Sie kennen daher ebenfalls in jedem Kupontermin den kritischen Bilanzwert[40] B_t^* und wissen, dass die potentiellen Neuaktionäre bei einem Bilanzwert unterhalb von B_t^* keine Unternehmensprüfung anstrengen werden. Hieraus lässt sich schließen, dass das Unternehmen in diesem Fall mit Sicherheit aufgrund von Zahlungsunfähigkeit ausfallen und eine kostenpflichtige Zerschlagung erfolgen wird. Die Werte von Eigen- und Fremdkapital hängen somit von der erwarteten Höhe der Insolvenzmasse und der Rangfolge bei der Befriedigung der Ansprüche ab. Da in unserem Modell die Insolvenzmasse durch die Höhe des Unternehmensvermögens bestimmt wird und Fremdkapital im Insolvenzfall stets vorrangig bedient wird, ergibt sich für die Sekundärmarktwerte von Eigen- ($EK^s(V_{ti})$) und Fremdkapital ($FK^s(V_{ti})$) im Kupontermin für den Fall, dass die veröffentlichte Bilanz unterhalb des kritischen Bilanzwertes B_t^* liegt,

[39] Diese Annahme ist in unserem Modell generell notwendig, um bei der Bewertung die Wahrscheinlichkeit eines Ausfalls durch reine Zahlungsunfähigkeit zu ermitteln, und wurde als solche nicht getrotten, um eine Sekundärmarktbewertung zu ermöglichen.

[40] Vgl. Abschnitt 4.1.

$$EK^s\left(V_{ti}\middle| B_t < B_t^*\right) = \sum_{\forall i}\left[P\left(V_{ti}\middle| B_t < B_t^*\right) \cdot \max\left(\rho \cdot V_{ti} - (FK + K), 0\right)\right] \tag{4.15}$$

$$FK^s\left(V_{ti}\middle| B_t < B_t^*\right) = \sum_{\forall i}\left[P\left(V_{ti}\middle| B_t < B_t^*\right) \cdot \min\left(\rho \cdot V_{ti}, (FK + K)\right)\right]. \tag{4.16}$$

Wenn $B_t \geq B_t^*$ gilt, können die Akteure am Sekundärmarkt mit demselben rekursiven Kalkül, das auch die potentiellen Neuaktionäre bei ihrer Prüfungsentscheidung verwenden, zu jedem Zeitpunkt und bedingt auf einen bestimmten Unternehmenswert die Fortführungswerte von Eigen- und Fremdkapital ermitteln. Möglich ist dies insbesondere, weil mit dem Startwert V_0 und der Dynamik (3.1) der Zustandsvariablen alle möglichen Zustände und zukünftigen Entwicklungen des Unternehmenswertes bekannt sind. Die Akteure auf dem Sekundärmarkt ermitteln somit die Fortführungswerte von Eigen- und Fremdkapital für alle in Frage kommenden Zustände V_{ti}. Mit Hilfe des Fortführungswertes des Eigenkapitals sind sie dann in der Lage, jeden in Frage kommenden Zustand auf Überschuldung zu prüfen. Sofern Überschuldung vorliegt, können sie die Werte des Eigen- und Fremdkapitals auf Basis der Liquidationswerte ermitteln, die sich aus dem Wert des Unternehmensvermögens in den betreffenden Zuständen ergeben. Wenn keine Überschuldung vorliegt nehmen Eigen- und Fremdkapital unmittelbar nach der erfolgten Kapitalerhöhung und Bekanntwerden des wahren Unternehmenswertes die zum Unternehmenswert korrespondierenden, rekursiv ermittelten Fortführungswerte an.

Nachdem die Akteure auf dem Sekundärmarkt somit allen möglichen Zuständen des Unternehmens einen Wert des Eigen- bzw. Fremdkapitals zuordnen können, den die Kapitalien im Fall einer Realisierung der entsprechenden Zustände in der nächsten logischen Sekunde annehmen, können sie hieraus und mit Hilfe der öffentlichen Informationen über die Wahrscheinlichkeit der Zustände den Sekundärmarktwert der Kapitalien errechnen. Dieser ergibt sich als mit den Eintrittswahrscheinlichkeiten auf Basis öffentlicher Informationen gewichtetes Mittel der Werte in den einzelnen Zuständen.

Für den Sekundärmarktwert des Eigenkapitals $EK^s(V_{ti})$ ergibt sich somit für den Fall, dass der veröffentlichte Bilanzwert keinen unmittelbaren Ausfall durch Zahlungsunfähigkeit auslöst,

$$EK^s\left(V_{ti}\middle| B_t \geq B_t^*\right) = \sum_{\forall i}\left[P\left(V_{ti}\middle| B_t \geq B_t^*\right) \cdot EK(V_{ti})\right]. \tag{4.17}$$

$EK(V_{ti})$ bezeichnet hierbei analog zu Zusammenhang (4.7) den Wert des Eigenkapitals bedingt darauf, dass als wahrer Zustand des Unternehmens der Zustand i eingetreten ist. Zu beachten ist auch hier wieder, dass nur jeweils der Teil des Fortführungswertes des gesamten Eigenkapitals bewertungsrelevant ist, der im nicht überschuldeten Zustand nach der Kapitalerhöhung in den Händen der Alteigentümer verbleibt.

Der Sekundärmarktwert des Fremdkapitals ergibt sich entsprechend zu

$$FK^s\left(V_{ti}|\,B_t \geq B_t^*\right) = \sum_{\forall i}\left[P\left(V_{ti}|\,B_t \geq B_t^*\right)\cdot\; FK(V_{ti})\right]. \tag{4.18}$$

Auch hier gilt, dass $FK(V_{ti})$ in Analogie zu Zusammenhang (4.13) den Wert des Fremdkapitals bedingt darauf beschreibt, dass als wahrer Zustand des Unternehmens der Zustand i eingetreten ist. Zu beachten ist hierbei, dass das Fremdkapital in nicht überschuldeten Zuständen seinen Fortführungswert annimmt und der Kupon gezahlt wird, während in überschuldeten Zuständen der Liquidationswert maßgeblich ist.

Aus dem so ermittelten Wert des Fremdkapitals lässt sich mit Hilfe des (zum Zeitpunkt $t = 0$ ermittelten) Kupons und des Nennwertes der Anleihe die von den Investoren auf dem Sekundärmarkt geforderte Rendite durch eine Nullstellensuche des entsprechenden Polynoms ermitteln. Die Risikoprämie wiederum ergibt sich als Differenz dieser geforderten Rendite mit dem risikolosen Zinssatz.

4.4 Komparative Statik der Bewertung im Sekundärmarkt

Nachdem wir die Vorgehensweise bei der Bewertung der Ansprüche gegen das Unternehmen im Sekundärmarkt beschrieben haben, wollen wir uns der komparativ statischen Auswertung eben dieser Ansprüche zuwenden. Ziel dieser Auswertung ist auch hier wieder, durch eine Isolation der Einflüsse einzelner Parameter ein besseres Verständnis für die Ökonomie und die Mechanik des Modells zu gewinnen.

Als Referenz werden wir, wo es sinnvoll ist[41],wieder das Modell von Duffie/Lando (2001) heranziehen. Da die von uns für unsere Zwecke (wie in Abschnitt 4.2 beschrieben) modifizierte Variante des Modells von Duffie/Lando (2001) Kupons zeitdiskret ausschüttet, findet die Bewertung auch im Referenzmodell unmittelbar vor dem ersten Kupontermin

[41] Einige Parameter unseres Modells (Marktmacht, Prüfkosten) haben im Modell von Duffie/Lando (2001) keinen Einfluss, weshalb ein Vergleich an diesen Stellen wenig sinnvoll erscheint.

statt. Allerdings gibt es wichtige Unterschiede bei der Sekundärmarktbewertung zwischen unserem Modell und dem von Duffie/Lando (2001) im Hinblick auf die Informationsstruktur.

Im Modell von Duffie/Lando (2001) besteht, ebenso wie in unserem Modell, unvollständige Information auf dem Sekundärmarkt insofern, als die Outsider, die für die Preisbildung verantwortlich sind, den genauen Wert des Unternehmensvermögens nicht beobachten können. Insider sind auch hier vom Handel auf dem Sekundärmarkt ausgeschlossen und einzig das Fremdkapital des Unternehmens wird öffentlich gehandelt. Der wesentliche Unterschied zu unserem Modell besteht darin, dass die zur Finanzierung der Kupons notwendigen Kapitalerhöhungen im Modell von Duffie/Lando (2001) von den stets vollständig informierten Insidern erbracht werden. Diese leisten die notwendigen Zahlungen, solange es sich aus ihrer Sicht lohnt, was nichts anderes bedeutet, als dass das Unternehmen nach Marktwerten nicht überschuldet sein darf.

Im Modell von Duffie/Lando (2001) erhalten die Outsider gleichzeitig mit der Bilanz die Information, ob die Insider die Kapitalerhöhung geleistet oder Insolvenz ausgelöst haben, d.h. ob $V_{ti} > V_B$[42] gilt. Konkret bedeutet dies, dass sie die Informationen über die Wahrscheinlichkeiten der einzelnen möglichen Unternehmenswerte um die Information $V_{ti} > V_B$ erweitern, was wiederum mit Hilfe eines Bayesian Updates geschieht.

Für das Modell von Duffie/Lando (2001) werden wir für den Sekundärmarkt lediglich den Wert des Fremdkapitals und die korrespondierenden Risikoprämien berechnen. Eine Bewertung des Eigenkapitals erscheint uns nicht sinnvoll, da dieser Wert im Modell für die Outsider keinerlei Funktion hat. Im Originalmodell von Duffie/Lando (2001) findet aus den genannten Gründen ebenfalls keine Eigenkapitalbewertung für den Sekundärmarkt[43] statt.

Die Sekundärmarktbewertung des Fremdkapitals im Modell von Duffie/Lando (2001) geschieht prinzipiell analog zu Zusammenhang (4.18). Die Unterschiede zur Bewertung in unserem Modell liegen zum einen darin, dass die Outsider wie beschrieben die Eintrittswahrscheinlichkeit der möglichen Zustände um die Information $V_{ti} > V_B$ erweitern. Zum anderen gibt es einen wertmäßigen Unterschied in den Größen $FK(V_{ti})$. Dieser wertmäßige

[42] Da das Fremdkapital in unserer diskreten Variante des Modells von Duffie/Lando (2001) eine beschränkte Laufzeit hat, ist das Bewertungsproblem nicht mehr stationär und die Höhe der Ausfallschranke zeitabhängig. Die Höhe dieser Schranke zu jedem Zeitpunkt lässt sich aber durch die rekursive Ermittlung des Wertes des Eigenkapitals aus der Sicht der Insider und aus der Kenntnis über die Höhe des Kupons nach Steuern ermitteln.

[43] Der Wert des Eigenkapitals aus der Sicht der Insider lässt sich zu jedem Zeitpunkt problemlos bedingt auf den wahren Zustand bewerten und entspricht stets dem eines Modells bei vollständiger Information, wie z.B. Leland (1994).

Unterschied hat zwei Ursachen. Zum einen gibt es im Modell von Duffie/Lando (2001) keine Ausfälle durch Zahlungsunfähigkeit, weshalb die Terme $P(ZU|V_{ti})$ in den Zusammenhängen (4.10) und (4.14) bei der Berechnung von $FK(V_{ti})$ stets null sind. Zum zweiten unterscheiden sich die Ausfallschranken V_B, da sich zum einen die Höhe der Kupons und zum anderen die Werte des Eigenkapitals unterscheiden. Die Kupons sich zwangsläufig verschieden, da sich das Ausfallrisiko der beiden Modelle unterscheidet und in beiden Fällen das Fremdkapital in $t = 0$ in gleichem Umfang jeweils zum Nennwert gleich Marktwert emittiert wird.

Der Wert des Eigenkapitals im Modell von Duffie/Lando (2001) aus Sicht der Insider unterscheidet sich von dem entsprechenden Wert in unserem Modell aus zwei Gründen. Zum einen ist auch hier wieder die Ausfallwahrscheinlichkeit auf Grund von Zahlungsunfähigkeit $P(ZU|V_{ti})$ in den entsprechenden Zusammenhängen (4.4) und (4.8) gleich null. Zum anderen findet im Modell von Duffie/Lando (2001) kein Underpricing der Eigenkapitalemissionen statt, da diese stets von den vollständig informierten Insidern geleistet werden. Für die Bewertung des Eigenkapitals aus der Sicht der Insider bedeutet dies, dass sich im Vergleich zu unserem Modell die $\Theta(V_{ti})$ in den Zusammenhängen (4.3) und (4.7) unterscheiden. Im Modell von Duffie/Lando (2001) ergeben sie sich in einer Höhe, die dem Fall entspricht, dass man für den Marktmachtparameter der Neuaktionäre η in Zusammenhang (3.12) null einsetzt. In diesem Fall wird die Investition in das Unternehmen mit einem Anteil am Eigenkapital vergütet, der wertmäßig genau der geleisteten Einlage entspricht.

4.4.1 Variation des Bilanzwertes im Kupontermin

Als ersten Parameter wollen wir den Bilanzwert variieren, der vom Unternehmen im ersten Kupontermin nach der Emission des Fremdkapitals veröffentlicht wird. Es ist zu erwarten, dass die von den Marktteilnehmern auf dem Sekundärmarkt geforderte Risikoprämie für das Fremdkapital des Unternehmens mit steigendem Bilanzwert sinkt, da dies für einen besseren Zustand des Unternehmens spricht. Tatsächlich ist dies sowohl bei unserem Modell als auch beim Referenzmodell von Duffie/Lando (2001) der Fall, wie Abbilung 4.18 zeigt. Der Bilanzwert des Unternehmensvermögens ist hier in Prozent des ursprünglichen Wertes des Unternehmensvermögens zum Emissionszeitpunkt abgetragen. Bilanzwerte größer als 100 signalisieren daher eine positive Entwicklung des Unternehmens, Bilanzwerte kleiner als 100 eine negative.

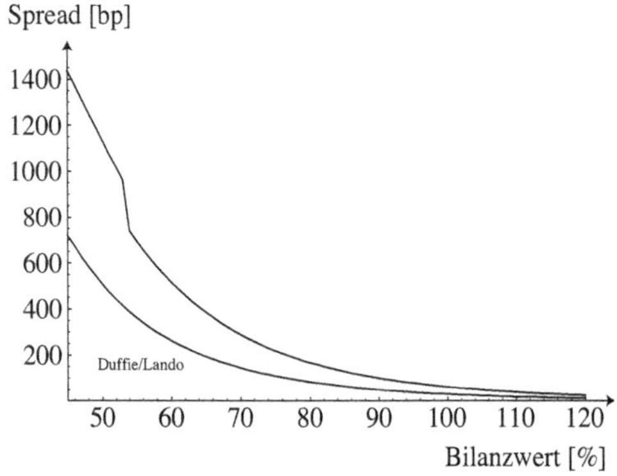

Abbildung 4.18: Spreadverhalten im Sekundärmarkt für verschiedene Bilanzwerte des Unternehmens

Neben dem monoton fallenden Verhalten der Spreads bei zunehmendem Bilanzwert sind in Abbildung 4.18 noch einige andere Eigenschaften der beiden Modelle erkennbar. Zunächst fällt auf, dass die Risikoprämie des Fremdkapitals in unserem Modell stets über der des Referenzmodells liegt. Dies ist aus zweierlei Gründen zwingend der Fall. Zunächst ist der Fremdkapitalanspruch in unserem Modell bei identischen Parametern und Verschuldunggraden aufgrund des möglichen Ausfalls durch Zahlungsunfähigkeit riskanter. Zum Zweiten wissen die Outsider bei der Bewertung im Referenzmodell, dass das Unternehmen nicht überschuldet sein kann. Diese zusätzliche Information über den Unternehmenswert trägt ebenso dazu bei, dass die Spreads im Modell von Duffie/Lando (2001) stets unterhalb der vergleichbaren Spreads in unserem Modell liegen.

Ferner tritt in unserem Modell ein Sprung in der Risikoprämie für einen Bilanzwert von 53 auf. Bei diesem Wert handelt es sich um den kritischen Bilanzwert, der sich für die gewählte Paramterkonstellation im Bewertungszeitpunkt ergibt. Unterhalb dieses Wertes findet mit Sicherheit keine Prüfung des Unternehmens durch die potentiellen Neuaktionäre statt und das Unternehmen fällt vorhersehbar im nächsten Moment auf Grund von Zahlungsunfähigkeit aus. Da die Investoren auf dem Sekundärmarkt dies antizipieren, sind sie nur bereit, denjenigen Preis für das Fremdkapital des Unternehmens zu bezahlen, der sich aus dem erwarteten Liquidationswert des Unternehmens ergibt. Da der Liquidationswert des Unternehmens unter dem Fortführungswert liegt, steigt die Risikoprämie sprunghaft an. Da der Liquidationswert darüber hinaus vom Wert der Aktiva des Unternehmens zum Zeitpunkt unmittelbar vor dem Ausfall abhängt, hängt die von den Investoren auf

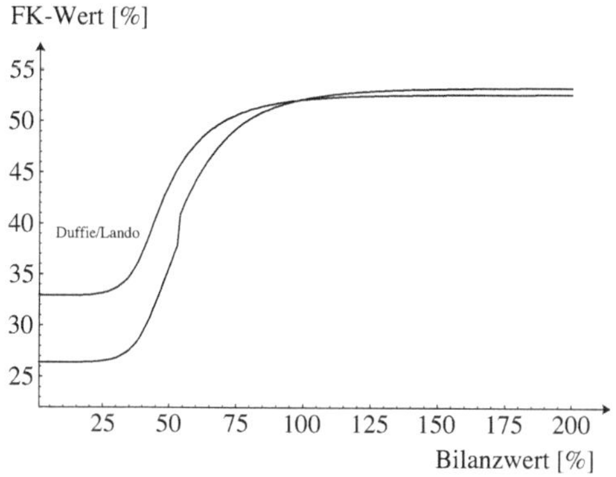

Abbildung 4.19: Verhalten des Fremdkapitalwertes im Sekundärmarkt für verschiedene Bilanzwerte des Unternehmens

dem Sekundärmarkt geforderte Risikoprämie auch bei vorhersehbar sicherem Ausfall des Unternehmens vom Bilanzwert ab.

Wenn man statt der Risikoprämie den Wert des Fremdkapitals im Sekundärmarkt betrachtet, ergeben sich einige weitere interessante Effekte. So zeigt sich in Abbildung 4.19, dass der Wert des Fremdkapitals in unserem Modell den des Fremdkapitals im Referenzmodell von Duffie/Lando (2001) für hohe Bilanzwerte übersteigt. Eine Erklärung hierfür ergibt sich aus der Vorgehensweise bei der komparativ statischen Analyse. In beiden Modellen haben die Unternehmen im Emissionszeitpunkt einen identischen Verschuldunggrad von 50% des Wertes der Aktiva. Da wir den Wert der Aktiva wie beschrieben in beiden Modellen auf 100 normiert haben, emittieren beide Unternehmen somit Fremdkapital zum Marktwert gleich Nennwert von 50. Da unser Modell jedoch aufgrund des zusätzlich möglichen Ausfalls durch Zahlungsunfähigkeit riskanter ist, zahlt es für die Anleihen mit identischem Nominalwert einen höheren Kupon, wie beispielsweise in Abbildung 4.2 deutlich zu erkennen ist. Wenn nun bei steigenden Bilanzwerten die Zahlungen aus den Anleihen der Unternehmen immer sicherer werden, liegen die Anleihenwerte in unserem Modell über denen des Referenzmodells, da höhere Zahlungen versprochen werden. Dies gilt, obwohl die Anleihe in unserem Modell stets riskanter ist, wie in Abbildung 4.18 gesehen.

Da bei gegebener Ausstattung einer Anleihe ein direkter Zusammenhang zwischen dem Wert und der Risikoprämie besteht, zeigt sich für unser Modell auch bei Betrachtung des Anleihenwertes in Abbildung 4.19 der bereits diskutierte Sprung beim kritischen Bilanzwert von 53.

Ebenso zeigt sich in Abbildung 4.19, dass der Wert des Fremdkapitals für besonders schlechte Bilanzwerte sowohl in unserem als auch im Modell von Duffie/Lando (2001) nicht gegen null strebt. Allerdings unterscheiden sich die Ursachen für dieses Verhalten. Im Modell von Duffie/Lando (2001) sinkt der Wert des Fremdkapitals auf dem Sekundärmarkt nicht unter $\rho \cdot V_B$, solange das Unternehmen nicht ausgefallen ist. Der Grund ist die bereits diskutierte Tatsache, dass die Outsider mit Sicherheit wissen, dass $V_{ti} > V_B$ gilt, solange die Insider die zur Kuponzahlung notwendigen Zuschüsse leisten und das Unternehmen eine Bilanz veröffentlicht. In unserem Modell sind unmittelbar vor Bilanzveröffentlichung Unternehmenswerte $V_{ti} < V_B$ möglich, da ein Ausfall zwischen Kuponterminen ausgeschlossen wurde. Dass dennoch der Wert des Fremdkapitals für niedrige Bilanzwerte nicht gegen Null geht, hat numerische Gründe. Hierbei wirkt sich die Tatsache aus, dass der Unternehmenswert in Abhängigkeit der Schrittweite des Binomialbaumes innerhalb eines halben Jahres nur beschränkt weit fallen kann. Der niedrigste mögliche Wert des Fremdkapitals ergibt sich somit aus dem Liquidationswert des schlechtestmöglichen Zustandes des Unternehmenswertes. Eine Verkürzung der Schrittweite im Binomialbaum ist nur beschränkt möglich, da diese mit deutlich höheren Rechenzeiten erkauft werden muss[44]. Wenn es uns möglich wäre, eine beliebig kleine zeitliche Diskretisierung Δt zu wählen, würde der Wert des Fremdkapitals in unserem Modell mit sinkenden Bilanzwerten weiter fallen und schließlich gegen null streben[45].

Neben dem Fremdkapitalwert liefert auch die Analyse des Wertes des Eigenkapitals und des Unternehmenswertes als Ganzes aufschlussreiche Erkenntnisse, die Abbildung 4.20 zu entnehmen sind. Beide Werte sind hier wiederum in Prozent des Wertes des Unternehmensvermögens zum Emissionszeitpunkt abgetragen. Zunächst fällt auf, dass sowohl der Wert des Eigenkapitals als auch der des gesamten Unternehmens monoton mit dem Bilanzwert des Unternehmens wachsen. Da, wie in Abbildung 4.19 zu erkennen und oben erläutert, der Wert des Fremdkapitals mit steigendem Bilanzwert gegen seinen risikolosen Wert konvergiert, wird das Wachstum des Unternehmenswertes hauptsächlich durch

---

[44] Während für alle anderen Berechnungen in diesem Kapitel eine Schrittweite im Binomialbaum von 1 Monat ausreichend ist, haben wir in Abbildung 4.18 und 4.19 eine Schrittweite von ca. 3 Tagen verwandt. Dies führt in diesem Fall zu realistischeren Ergebnissen für sehr niedrige Bilanzwerte. Da bei der komparativ statischen Variation des Bilanzwertes nur ein einziges Mal ein kompletter Binomialbaum über die gesamte Laufzeit des Fremdkapitals ausgewertet werden muss, ist eine derart feine Aufgliederung hier möglich. Bei der Variation von Parametern, die einen Einfluss auf den Binomialbaum selber haben, ist eine derartige Schrittlänge bei den derzeit zur Verfügung stehenden Rechenleistungen nicht möglich und wäre auch nicht sinnvoll vertretbar, da der Aufwand in keinerlei Verhältnis zu den vermeintlich genaueren Ergebnissen steht.

[45] Das Verhalten des Fremdkapitalwertes hängt hier von der Verlässlichkeit des Bilanzwertes ab. Bei einem Bilanzwert von null ohne Rauschen wäre der Wert des Fremdkapitals ebenfalls null. Bei einem stark verrauschten Bilanzwert von null wäre dies nicht der Fall.

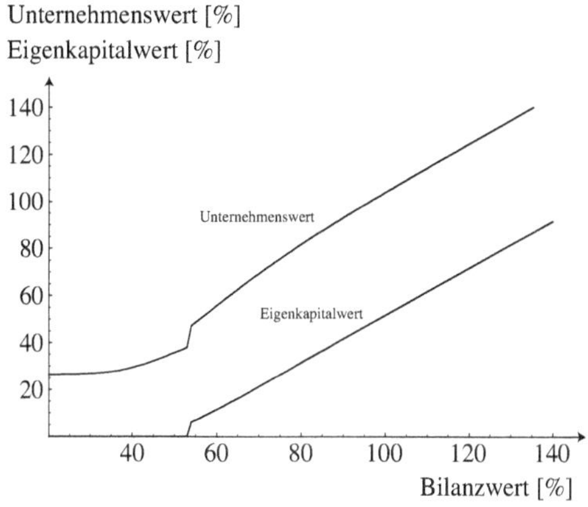

Abbildung 4.20: Verhalten des Unternehmens- und Eigenkapitalwertes im Sekundärmarkt für verschiedene Bilanzwerte des Unternehmens

die Steigerung des Wertes des Eigenkapitals getrieben. Die Ursache ist auch hier wieder, dass die Bedingung auf hohe Bilanzwerte die Wahrscheinlichkeitsmasse auf Basis öffentlicher Informationen in Richtung höherer Zustände verschiebt, wodurch der Erwartungswert des tatsächlich realisierten, aber zunächst unbekannten Unternehmenswertes steigt. Höhere erwartete Unternehmenswerte führen zu höheren erwarteten Eigenkapitalwerten, was leicht nachzuvollziehen ist, wenn man den Wert des Eigenkapitals als gekaufte Kaufoption (Call long) auf den Unternehmenswert interpretiert.

Neben dem Wachstum im Bilanzwert ist auch hier wieder insbesondere das unstetige Verhalten sowohl des Eigenkapital- als auch des Unternehmenswertes am kritischen Bilanzwert von 53 auffällig. Interessant erscheint hierbei, dass von der Änderung des Unternehmenswertes in Höhe von circa 9% des Wertes des ursprünglichen Unternehmensvermögens das Eigenkapital mit zwei Dritteln und das Fremdkapital mit einem Drittel betroffen ist. Der Grund hierfür ist, dass im Fremdkapital bereits für Bilanzwerte knapp oberhalb des kritischen Bilanzwertes ein großer Teil an Insolvenzkosten berücksichtigt ist[46], während der Wert des Eigenkapitals zu einem großen Teil aus Zeitwert[47] besteht, der beim Ausfall verloren geht.

[46] Für einen Bilanzwert von 54 beträgt der Wert des Fremdkapitals circa 41, was weit unter dem Anspruch der Fremdkapitalgeber in Form von Kupon und Nennwert in Höhe von insgesamt 52,11 liegt.

[47] Wenn man den Anspruch der Fremdkapitalgeber in Höhe von 52,11 als Basispreis der Kaufoption zugrunde legt und den Bilanzwert als Proxi für den Unternehmenswert, besteht der Wert des Eigenkapitals in Höhe von 6,16 zu circa 70 % aus Zeitwert und zu 30 % aus innerem Wert.

Weiterhin ist interessant zu beobachten, dass für Bilanzwerte kleiner als 72 der (Markt-)Wert des Unternehmens unterhalb des Bilanzwertes liegt. Für Bilanzwerte größer 72 übersteigt die Summe von Eigen- und Fremdkapitalwert den bilanziellen Wert der Aktiva. Eine Erklärung für diese Beobachtung findet sich in der Zusammensetzung des Wertes des verschuldeten Unternehmens. Dieser setzt sich im Wesentlichen aus dem Wert der Aktiva und den Barwerten der Steuerersparnis und Insolvenzkosten zusammen. Der Bilanzwert des Unternehmens gibt, wie in Abschnitt 3.4 beschrieben, ein zwar verrauschtes, aber im Mittel unverzerrtes Bild des Wertes der Unternehmensaktiva ab und eignet sich insofern als Proxi für diese Größe. Für niedrige Bilanzwerte unterschreitet der Wert des verschuldeten Unternehmens den Bilanzwert (den Wert der Aktiva), weil der Barwert der Insolvenzkosten größer ist als der Barwert der Steuerersparnis. Dies ist der Fall, da die bei schlechten Unternehmenswerten vermehrt drohende Insolvenz sowohl den Barwert der Steuerersparnis sinken als auch den Barwert der Insolvenzkosten steigen lässt[48]. Ein umgekehrtes Bild zeigt sich bei hohen Bilanzwerten (hohen Werten der Aktiva). Hier übersteigt der Barwert der Steuerersparnis den Barwert der Insovenzkosten und der Wert des verschuldeten Unternehmens übersteigt damit den Bilanzwert (den Wert der Aktiva).

Als ein wesentliches Ergebnis dieses Abschnitts bleibt festzuhalten, dass der bei der Sekundärmarktbewertung unterstellte Bilanzwert des Unternehmens einen wesentlichen Einfluss auf die Ergebnisse hat. Dies gilt insbesondere für die Bewertung von Fremdkapital mit kurzen Restlaufzeiten[49], bei der die Erwartung über den aktuellen Unternehmenswert einen großen Einfluss auf die Wahrscheinlichkeit hat, mit der das Unternehmen bis zum Ende der Laufzeit in der Lage sein wird, seinen Verpflichtungen nachzukommen. Vor diesem Hintergrund sind die graphischen Ergebnisse der Sekundärmarktbewertung in der Originalarbeit von Duffie/Lando (2001) mit Vorsicht zu beurteilen. So wählen die Autoren für ihre Darstellungen einen Bilanzwert von 86,3[50], der sehr nahe an der sich endogen ergebenden Ausfallschranke von $V_B = 78$ liegt. Die realistisch erscheinenden Spreadkurven sind somit das Ergebnis eines sehr schlechten Bilanzwertes. Während dies in keiner Art und Weise den von den Autoren geführten Nachweis einer Ausfallintensität in einem Strukturmodell berührt, schränkt es doch die Allgemeingültigkeit des Modells im Hinblick auf die Darstellung und Erzeugung realistischer Risikoprämien ein, die die Autoren als Motivation ihrer Arbeit anführen.

---

[48] Ein ähnlicher Effekt zeigt sich auch in Modellen mit vollständiger Information, wenn der Wert des verschuldeten Unternehmens in der Nähe der Ausfallschranke unter dem (bekannten) Wert seiner Aktiva liegt. Vgl. hierzu bspw. Leland (1994).

[49] Vgl. auch Abschnitt 4.4.2.

[50] Auch diese Werte sind in Prozent des ursprünglichen Wertes der Unternehmensaktiva zu interpretieren, da die Autoren diesen auf 100 normieren.

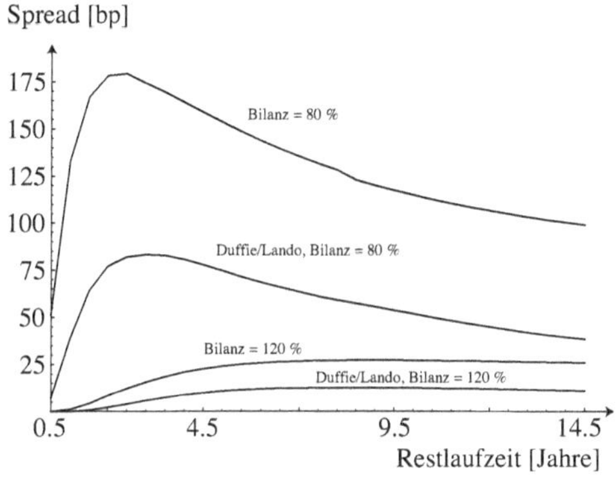

Abbildung 4.21: Spreadverhalten im Sekundärmarkt für verschiedene Restlaufzeiten des Fremdkapitals

4.4.2 Variation der Restlaufzeit

Als zweiten Parameter werden wir im Rahmen der komparativ statischen Analyse unseres Modells im Sekundärmarkt die Restlaufzeit des Fremdkapitals variieren. Die Effekte einer Änderung der Laufzeit des Fremdkapitals auf die Emissionsrenditen haben wir bereits in Abschnitt 4.2.2 diskutiert und in Abbildung 4.2 dargestellt. Der Unterschied zur hier dargestellten Analyse besteht darin, dass lediglich eine Bilanzinformation vorliegt, der wahre Unternehmenswert aber nicht bekannt ist. Die kürzeste in Abbildung 4.21 dargestellte Laufzeit beträgt ein halbes Jahr, da die ursprünglich mit einer Laufzeit von einem halben Jahr emittierte Anleihe unmittelbar nach der Veröffentlichung der Bilanz fällig wird.

Im Gegensatz zur in Abschnitt 4.2.2 ermittelten Emissionsrendite zeigen sich bei der Sekundärmarktbewertung auch für Restlaufzeiten von einem halben Jahr positive Risikoprämien. Allerdings hängt, wie bereits in Abschnitt 4.4.1 erwähnt, das Verhalten der Risikoprämien insbesondere für kurze Restlaufzeiten stark von der Höhe des unterstellten Bilanzwertes ab. Sowohl unser Modell als auch das Referenzmodell von Duffie/Lando (2001) generieren deutlich positive Risikoprämien nur für den relativ schlechten Bilanzwert von 80% des ursprünglichen Unternehmensvermögens und nicht für den Fall des deutlich besseren Bilanzwertes von 120%. Zwar sind auch in diesem Fall die Risikoprämien positiv, jedoch so nahe null, dass sie in Abbildung 4.21 nicht zu erkennen sind.

Aus den bereits ausführlich diskutierten Gründen zeigt sich auch hier wieder, dass die Risikoprämien im Modell von Duffie/Lando (2001) für identische Bilanzwerte stets unter denjenigen liegen, die unser Modell generiert. Ansonsten fällt der bereits bei der Untersuchung zum Emissionszeitpunkt festgestellte bucklige Verlauf der Risikostrukturkuven beider Modelle auf, der jedoch für hohe Bilanzwerte wesentlich weniger ausgeprägt verläuft als für niedrige. Auch hierbei wird wieder der sehr starke Einfluss des Bilanzwertes auf die Ergebnisse deutlich. Für eine Restlaufzeit von 14,5 Jahren beträgt der Renditeunterschied zwischen der Anleihe des Unternehmens mit einem Bilanzwert von 120% versus das Unternehmen mit einer Bilanz in Höhe von 80% immerhin 73[bp] in unserem Modell und 27[bp] im Referenzmodell. Der Einfluss des Bilanzwertes auf die Risikoprämie ist im Modell von Duffie/Lando (2001) dadurch abgeschwächt, dass die Outsider auch bei schlechten Bilanzwerten aus den diskutierten Gründen eine Überschuldung des Unternehmens ausschließen können.

Bestätigt werden die Ergebnisse bezüglich des Verhaltens der Credit Spreads sowohl unseres Modells als auch dessen von Duffie/Lando (2001) durch die empirische Studie von Yu (2005). Der Autor findet im Zuge seiner Untersuchung Hinweise darauf, dass am Sekundärmarkt beobachtete Credit Spreads über die gesamte Kreditstrukturkurve mit dem Niveau der Informationsunsicherheit steigen und dieser Effekt verstärkt für kurze Restlaufzeiten auftritt. Weiterhin stellt er fest, dass der Effekt umso stärker auftritt, je geringer die Kreditqualität ist, was sich sowohl in unserem Modell als auch in dem von Duffie/Lando (2001) als niedrigerer Bilanzwert interpretieren lässt und entsprechend ebenso zutrifft.

Auf eine separate Darstellung des Wertes des Eigenkapitals bzw. des Unternehmens wollen wir an dieser Stelle verzichten. Zum einen ist eine derartige Darstellung aus den genannten Gründen für unser Referenzmodell nicht sinnvoll, zum anderen liefert sie für unser Modell keine weitergehenden Einsichten. Der Wert des Eigenkapitals reagiert, ebenso wie der Wert des gesamten Unternehmens, nur sehr schwach auf eine Änderung der Restlaufzeit und zeigt hierbei ein mit den Ergebnissen der Untersuchung im Primärmarkt in Abschnitt 4.2.2 vergleichbares Verhalten. Da die Restlaufzeit des ausstehenden Fremdkapitals im Sekundärmarkt im Gegensatz zur Laufzeit des Fremdkapitals zum Zeitpunkt der Emission nicht mehr durch das Management des Unternehmens beeinflusst werden kann, erübrigt sich an dieser Stelle auch eine Diskussion über eine etwaige optimale Restlaufzeit des Fremdkapitals von vornherein.

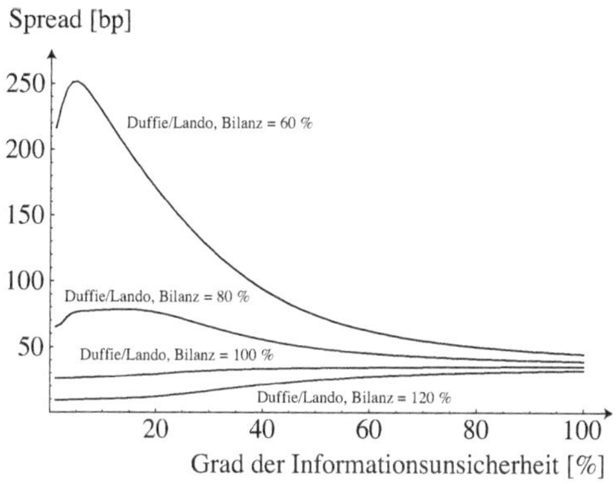

Abbildung 4.22: Spreadverhalten des Referenzmodells im Sekundärmarkt für verschiedene Grade von Informationsunsicherheit

4.4.3 Variation des Grades der unvollständigen Information bei der Sekundärmarktbewertung

Der dritte im Rahmen der komparativ statischen Untersuchung der Sekundärmarktbewertung zu variierende Parameter betrifft den Grad der Informationsunsicherheit. Im Gegensatz zur Bewertung auf dem Primärmarkt, wo dieser Paramter einen Einfluss lediglich auf unser Modell und nicht auf das Referenzmodell von Duffie/Lando (2001) hat, betrifft er bei der Bewertung im Sekundärmarkt beide Modelle, wenn auch auf etwas unterschiedliche Weise.

Im Modell von Duffie/Lando (2001) wissen die Investoren auf dem Sekundärmarkt für Unternehmensanleihen mit Sicherheit, dass das Unternehmen nicht überschuldet sein kann. Da alle das Unternehmen betreffenden Entscheidungen, und hierbei insbesondere die Entscheidung über das optimale Auslösen der Insolvenz, von den vollständig informierten Insidern getroffen werden, gilt weiterhin, dass der faire Preis des Fremdkapitals bedingt auf einen bestimmten Unternehmenswert demjenigen eines vergleichbaren Modells mit vollständiger Information[51] entspricht. Der Grad der Informationsunsicherheit hat somit im Modell von Duffie/Lando (2001) lediglich einen Einfluss auf die Glaubwürdigkeit der Bilanzinformation aus der Sicht der Outsider.

Die Reaktion der von den Teilnehmern auf dem Sekundärmarkt für Unternehmensanleihen geforderten Risikoprämie auf eine Veränderung des Grades der Informationsunsicherheit

[51] Wie beispielsweise dem Modell von Leland (1994).

hängt hierbei von der Höhe des veröffentlichten Bilanzwertes ab, wie Abbildung 4.22 deutlich macht. Auffällig ist zunächst, dass mit stark zunehmender Informationsunsicherheit der Einfluss der aktuellen Bilanzinformation auf die geforderte Risikoprämie abnimmt. Starkes Rauschen verwässert den Informationsgehalt der Bilanz und führt dazu, dass die Outsider der Bilanzinformation nur noch eine geringe Bedeutung zumessen. Im Ergebnis unterscheiden sich die Risikoprämien bei hoher Informationsunsicherheit nur noch geringfügig für unterschiedliche Bilanzwerte.

Das Gegenteil gilt für geringe Grade von Informationsunsicherheit. Hier können die Outsider aus der Bilanzinformation viel über den unbekannten wahren Wert des Unternehmens lernen und entsprechend groß ist der Einfluss des Bilanzwertes auf die geforderte Risikoprämie. Im Ergebnis zeigt sich in Abbildung 4.22, dass sich bei niedriger Informationsunsicherheit die Spreads für die verschiedenen dargestellten Bilanzwerte deutlich unterscheiden.

Neben der absoluten Höhe der Risikoprämie und der Auswirkung des Bilanzwertes hierauf unterscheidet sich auch das Verhalten der Risikoprämien bei zunehmender Unsicherheit in Abhängigkeit des jeweiligen Bilanzwertes. So beobachtet man in Abbildung 4.22 für hohe Bilanzwerte eine schwach monotone Zunahmen der Risikoprämie. Das Verhalten bei hohen Bilanzwerten ist hierbei sofort intuitiv einleuchtend. Der Bilanzwert des Unternehmens liegt über dem von den Outsidern erwarteten Wert[52] und mit zunehmendem Rauschen messen die Outsider dem Bilanzwert weniger Bedeutung zu. Die Risikoprämie bewegt sich deshalb in Richtung des Wertes, den sie ohne jegliche Bilanzinformation annehmen würde. Da der unabhängig von der Bilanz erwartete Unternehmenswert unterhalb des Bilanzwertes liegt, steigt die Risikoprämie mit zunehmendem Grad der Informationsunsicherheit. Dieser Fall entspricht der erwarteten und in der Arbeit von Duffie/Lando (2001) dargestellten Situation[53]. Er deckt aber nicht alle möglichen Fälle ab[54], wie die weitere Diskussion des Falles schlechter Bilanzwerte zeigen wird.

---

52 Ohne Bilanzinformation würde man erwarten, dass der Wert des Unternehmensvermögens mit dem risikolosen Zinssatz steigt. Bei einem Startwert von 100 und einer risikolosen Rendite von 8% ergibt sich somit (bei stetiger Verzinsung) ein erwarteter Unternehmenswert von (etwa) 104 nach einem halben Jahr.

53 Vgl. Duffie/Lando (2001), S. 647 ff.

54 Duffie/Lando (2001) behaupten, dass die Spreads bei unvollständiger Information stets größer sind als bei vollständiger Information und verweisen auf einen Beweis in einer Working-Paper-Version ihrer Arbeit. Aus diesem Satz leiten sie ab, dass Spreads mit dem Grad der Informationsasymmetrie steigen sollten ("One might extrapolate to practical settings and anticipate that, other things equal, secondary-market yield spreads are decreasing in the transparency of the firm"). Während sie diese Vermutung nicht beweisen (können), liegen auch ihrem Beweis Annahmen zugrunde, die auf unsere Untersuchung nicht zutreffen. So wird ein Bilanzwert in Höhe des letzten wahren Unternehmenswertes unterstellt (dies würde unserem Fall eines Bilanzwertes von 100 entsprechen) und eine recovery-of-face-value-Annahme zu Grunde gelegt. Unter diesen sehr speziellen Annahmen gilt, dass der Spread eines Unternehmens mit

Bei besonders schlechten Bilanzwerten zeigt sich, dass höhere Informationsunsicherheit nicht zwingend zu höheren Risikoprämien führt, wie in Abbildung 4.22 zu erkennen ist[55]. Der veröffentlichte Bilanzwert liegt in diesen Fällen (weit) unterhalb des erwarteten Unternehmenswertes. Die Outsider können sich zwar sicher sein, dass das Unternehmen nicht überschuldet ist, sie wissen aber nicht, wie weit von der Ausfallschranke entfernt sich der wahre Unternehmenswert befindet. Bei sehr geringer Informationsunsicherheit können sie in den Fällen der Bilanzwerte von 60% und 80% auf den Unternehmenswert schließen, der zwar schlecht, aber bei einer Verschuldung von 50% immer noch ausreichend weit von der Ausfallschranke entfernt ist. Steigende Informationsunsicherheit führt nun dazu, dass sich der wahre Unternehmenswert zunehmend schlechter abschätzen lässt, wobei sich der wahre Wert sowohl ober- als auch unterhalb des Bilanzwertes befinden kann. Die bei schlechten Bilanzwerten zunächst im Grad der Informationsunsicherheit steigenden Risikoprämien deuten darauf hin, dass das Risiko einer Abweichung des wahren Wertes vom Bilanzwert nach unten für den Wert des Fremdkapitals eine höhere Bedeutung hat als eine mögliche Abweichung nach oben. Dies sollte nicht verwundern, da der Wert des Fremdkapitalanspruchs per se nach oben begrenzt ist und das Abwärtsrisiko somit eine größere Rolle spielt als die sich aus der Unsicherheit ergebende Chance.

Mit zunehmender Informationsunsicherheit ändert sich das beobachtete Verhalten jedoch und die Risikoprämie beginnt zu sinken, wofür sich zwei Ursachen identifizieren lassen. Zum einen spielt die bereits erwähnte Tatsache eine Rolle, dass die Outsider eine Überschuldung des Unternehmens mit Sicherheit ausschließen können. Da mit zunehmendem Rauschen der Bilanzinformation die Spanne infrage kommender Unternehmenswerte größer wird, die Outsider aber alle Unternehmenswerte unterhalb der Ausfallschranke ausschließen können, verschiebt sich mit zunehmender Unsicherheit das Verhältnis von Chancen und Risiken. Dies ist der Fall, da die Chancen auf hohe Unternehmenswerte steigen und die Risiken durch die Beschränkung nach unten begrenzt sind. Zum Zweiten spielt der bereits beim Fall hoher Bilanzwerte beschriebene Effekt eine Rolle, dass der Informationsgehalt der Bilanz mit zunehmendem Rauschen abnimmt. Die Outsider orientieren sich bei steigender Informationsunsicherheit zunehmend am unbedingt erwarteten Unternehmenswert, der in diesem Fall deutlich oberhalb des Bilanzwertes liegt. Beide Ef-

---

einem bekannten Wert von 100 niedriger ist als der Spread eines Unternehmens mit einem Bilanzwert von 100, was unseren weiteren Ergebnissen nicht widerspricht.

[55] Yu (2005) zeigt, dass diese Eigenschaft auch für das Originalmodell von Duffie/Lando (2001) gilt. Dies führt dazu, dass der Autor darauf verzichtet, die Bewertungszusammenhänge von Duffie/Lando (2001) direkt zu schätzen, und er stattdessen seine Hypothesen qualitativ formuliert (vgl. Yu (2005), S. 60). Dies geschieht, indem der Autor den gewöhnlicheren Fall unterstellt, in dem sowohl bei Duffie/Lando (2001) als auch in unserem Modell die Risikoprämie mit steigender Informationsunsicherheit zunimmt.

fekte wirken in die gleiche Richtung und führen dazu, dass die Risikoprämie schließlich mit zunehmender Informationsunsicherheit fällt.

In unserem Modell gelten im Wesentlichen die selben Argumente wie im Referenzmodell von Duffie/Lando (2001). Allerdings hat der Grad an Informationsunsicherheit in unserem Modell noch einen weitergehenden Einfluss auf die Bewertung, der im Modell von Duffie/Lando (2001) nicht auftritt.

Im Gegensatz zum Referenzmodell können die handelnden Personen in unserem Modell mit der Veröffentlichung der Bilanz eine Überschuldung des Unternehmens nicht ausschließen. Es gibt für sie somit bei ihrer Bewertung keine untere Schranke, die der unbekannte Unternehmenswert mindestens überschreitet. Darüber hinaus hat der Grad der Informationsunsicherheit, wie in Abschnitt 4.2.3 beschrieben und in den Abbildungen 4.5 und 4.4 zu erkennen, im Gegensatz zum Referenzmodell von Duffie/Lando (2001) in unserem Modell einen Einfluss auf den Wert des Unternehmens und die geforderte Risikoprämie im Primärmarkt. Der Grund hierfür liegt darin, dass Informationsunsicherheit den zusätzlichen Ausfall durch Zahlungsunfähigkeit auslöst und alle Entscheidungen über das Schicksal des Unternehmens somit nicht alleine in der Hand der vollständig informierten Insider liegen. Dieser Einfluss der Informationsunsicherheit schlägt sich auf die Bewertung im Sekundärmarkt durch, da hier die auf einen wahren Zustand bedingten Werte von Eigen- und Fremdkapital eine Rolle spielen. Dies ist beispielsweise in Beziehung (4.17) oder (4.18) zu erkennen und stellt einen wesentlichen Zusammenhang zwischen Primär- und Sekundärmarktbewertung dar. Eine in einem Parameter steigende Risikoprämie im Primärmarkt schlägt sich somit in gewissem Umfang auch auf das Verhalten im Sekundärmarkt durch, was intuitiv zu erwarten ist.

Im Ergebnis zeigt sich, dass sich die Risikoprämie in unserem Modell bei steigender Informationsunsicherheit im Prinzip ähnlich verhält wie im Referenzmodell, wie Abbildung 4.23 zu entnehmen ist. Auf die Unterschiede im Detail soll im Folgenden eingegangen werden. Zunächst fällt auf, dass auch in diesem Fall wieder die Spreads in unserem Modell durchgängig höher sind als in den vergleichbaren Fällen des Referenzmodells. Dies liegt zum einen an dem bereits diskutierten Umstand, dass die Outsider nicht von einem mindestens erreichten Unternehmenswert ausgehen können, was einen Fremdkapitalanspruch c.p. riskanter macht. Zum anderen schlägt sich hier der Einfluss der Informationsunsicherheit auf die Ausfallwahrscheinlichkeit des Unternehmens durch, der für die steigenden Spreads im Primärmarkt verantwortlich ist und in der beschriebenen Art und Weise ebenfalls einen Einfluss auf die im Sekundärmarkt geforderte Risikoprämie hat.

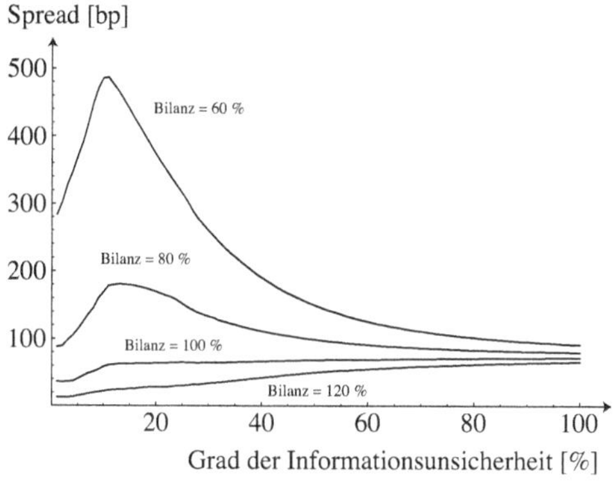

Abbildung 4.23: Spreadverhalten des Modells im Sekundärmarkt für verschiedene Grade von Informationsunsicherheit

Hierbei handelt es sich nicht um den Einfluss der Informationsunsicherheit auf die Wahrscheinlichkeit eines Ausfalls durch Zahlungsunfähigkeit im unmittelbar bevorstehenden Kupontermin, der bei bekanntem Bilanzwert mit Sicherheit bekannt ist, sondern um die Ausfallwahrscheinlichkeiten in zukünftigen Kuponterminen, die einen Einfluss auf den Wert des Fremdkapitals haben.

Neben der absoluten Höhe der Risikoprämie fällt auf, dass diese insbesondere bei niedrigen Bilanzwerten mit zunehmender Informationsunsicherheit stärker steigt und später ihr Maximum erreicht als im Referenzmodell. Dieses Verhalten lässt sich dem in unserem Modell im Vergleich zum Referenzmodell fehlenden Mindestwert des Unternehmens zuschreiben. Mit steigender Informationsunsicherheit steigen, wie beschrieben, die Chancen und Risiken der Outsider, da der wahre Unternehmenswert nach oben und nach unten abweichen kann. Da die Outsider in unserem Modell die möglichen Abweichungen nicht wie im Referenzmodell nach unten einschränken können, steigt der Spread im Grad der Informationsunsicherheit zunächst stärker und länger an, bevor auch hier die Bilanzinformation so unsicher wird, dass die Outsider beginnen, ihr weniger Gewicht zuzumessen und die Spreads beginnen zu fallen.

Bei hohen Bilanzwerten gilt in unserem Modell eine ähnliche Situation wie im Referenzmodell. Steigende Informationsunsicherheit führt zu mehr Risiko und entwertet den Informationsgehalt des hohen Bilanzwertes. Beide Effekte wirken in die gleiche Richtung und führen zu den beobachteten steigenden Spreads. Der zu beobachtende etwas steilere Anstieg bei vergleichsweise niedriger Informationsunsicherheit ist hier auf den beschriebenen Effekt aus dem Primärmarkt zurückzuführen[56], der sich im Sekundärmarkt niederschlägt.

4.4.4 Variation der Insolvenzquote bei der Sekundärmarktbewertung

Der nächste im Rahmen unserer Untersuchung der Sekundärmarktbewertung zu variierende Parameter betrifft die Insolvenzquote. Dieser Parameter beeinflusst die Werte von Eigen- und Fremdkapital im Sekundärmarkt darüber, dass sich bei der Bewertung deren Werte bedingt auf einen wahren Unternehmenswert ändern, und nicht darüber, dass die Outsider bedingt auf die öffentliche Information einen höheren oder niedrigeren Unternehmenswert erwarten oder den wahren Wert besser oder schlechter abschätzen können. Formal ist bei einer komparativ statischen Änderung der Insolvenzquote im Rahmen der Sekundärmarktbewertung somit nur der jeweils zweite Term der Zusammenhänge (4.17) und (4.18) betroffen und nicht auch gleichzeitig der erste, wie beispielsweise bei der Untersuchung des Grades der unvollständigen Information.

Da die in die Sekundärmarktbewertung eingehenden, auf einen wahren Wert bedingten Werte von Eigen- und Fremdkapital auch in die Primärmarktbewertung eingehen und hierbei prinzipiell nur anders gewichtet werden[57], sollte es nicht überraschen, dass sich die bei der Sekundärmarktbewertung beobachteten Effekte nicht sehr stark von den bereits in Abschnitt 4.2.4 beschriebenen Effekten bei der Primärmarktbewertung unterscheiden.

So zeigen sich in Abbildung 4.24 wie erwartet die bereits bei der Primärmarktbewertung beobachteten, mit steigender Insolvenzquote fallenden Risikoprämien. Auch hier zeigt sich, dass die Risikoprämie in unserem Modell stärker auf eine Variation der Insolvenzquote reagiert und die Spreads in unserem Modell für Insolvenzquoten nahe eins unter die des Referenzmodells fallen. Auffällig ist außerdem, dass der Einfluss des Bilanzwertes des Unternehmens auf die von den Investoren auf dem Sekundärmarkt geforderte Risikoprämie mit steigender Insolvenzquote stark abnimmt. Bei niedrigen Insolvenzquoten unterscheiden sich die Risikoprämien sowohl in unserem Modell als auch im Referenzmodell von

[56] Hier steigt die Risikoprämie für Grade der Informationsunsicherheit zwischen 5% und 20% steil an, um danach zu stagnieren. Vgl. Abschnitt 4.2.3 und Abbildung 4.4.

[57] Die betroffenen bedingten Werte von Eigen- und Fremdkapital gehen sowohl in die Primär- als auch in die Sekundärmarktbewertung ein. Während sie bei der Sekundärmarktbewertung zum Zeitpunkt $t = 1/2$ mit den betreffenden Wahrscheinlichkeiten auf der Basis öffentlicher Informationen gewichtet werden, werden sie für die Primärmarktbewertung in $t = 0$ ein weiteres halbes Jahr zeitlich gesehen rückwärts durch den Baum getragen. Die Gewichtung ergibt sich hierbei aus der risikoneutralen Wahrscheinlichkeit einer Up- bzw. Down-Bewegung der Zustandsvariablen (und der entsprechenden Diskontierung der Werte).

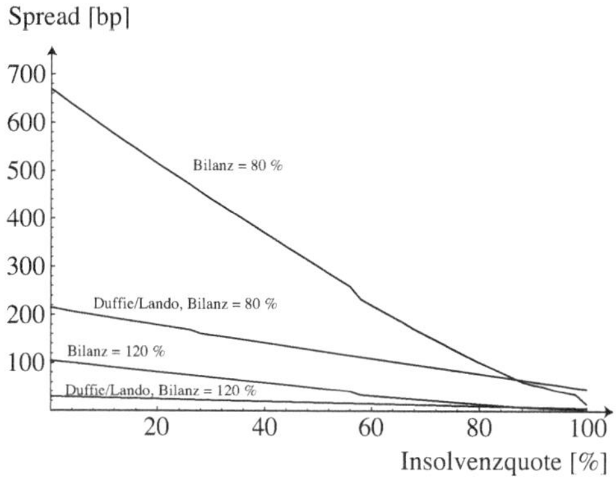

Abbildung 4.24: Spreadverhalten im Sekundärmarkt für verschiedene Insolvenzquoten

Duffie/Lando (2001) deutlich in Abhängigkeit des Bilanzwertes. Für hohe Insolvenzquoten reduziert sich die Abhängigkeit der Spreads vom Bilanzwert und die Unterschiede werden geringer. Der besonders geringe Unterschied der Risikoprämien bei Insolvenzquoten nahe eins in unserem Modell ist jedoch auf die hohe Ausfallwahrscheinlichkeit aufgrund von Zahlungsunfähigkeit zurückzuführen, deren Ursachen bereits ausführlich in Abschnitt 4.2.4 diskutiert wurden.

Ein interessantes Beispiel für den Einfluss des Bilanzwertes auf die Ergebnisse der komparativ statischen Untersuchung gibt Abbildung 4.25. Hier ist der Wert des Fremdkapitals des Unternehmens in Abhängigkeit der Insolvenzquote für verschiedene Bilanzwerte abgetragen. Für schlechte Bilanzwerte zeigt sich das erwartete Verhalten sinkender Fremdkapitalwerte für sinkende Insolvenzquoten. Dies erscheint sinnvoll, da niedrigere Insolvenzquoten dazu führen, dass die Fremdkapitalgeber im Falle einer Insolvenz geringere Zahlungen zu erwarten haben und der Wert des Fremdkapitals entsprechend abnimmt. Erstaunlich erscheint daher auf den ersten Blick das Wertverhalten des Fremdkapitalanspruchs bei hohen Bilanzwerten, da hier der Wert des Fremdkapitals mit sinkenden Insolvenzquoten zunimmt.

Eine Erklärung für diese Beobachtung findet sich in der Art und Weise, wie die komparativ statische Analyse vorgenommen wurde. Wir analysieren die Sekundärmarktbewertung zum Zeitpunkt $t = 1/2$, nachdem das Unternehmen zum Zeitpunkt $t = 0$ Fremdkapital emittiert hat. Wir haben hierbei unterstellt, dass Fremdkapital stets zum Nennwert und im Umfang von 50% des Wertes der Aktiva zum Emissionszeitpunkt begeben wird. Wenn wir im Rahmen unserer Untersuchung die Insolvenzquote variieren, unterstellen

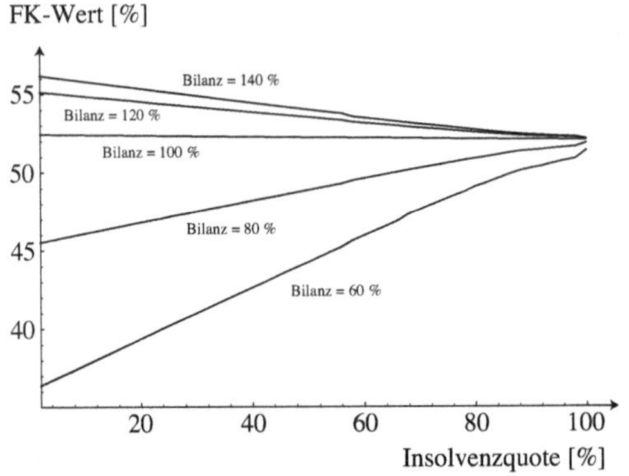

Abbildung 4.25: Verhalten des Fremdkapitalwertes im Sekundärmarkt für verschiedene Insolvenzquoten

wir, dass das Unternehmen nach wie vor in jeder Parameterkonstellation Fremdkapital im (Markt-)Wert von 50 emittiert. Dies führt, wie wir in Abschnitt 4.2.4 beschrieben haben und in Abbildung 4.6 sehr deutlich zu erkennen ist, zu steigenden Spreads und damit zu steigenden Fremdkapitalkupons bei sinkenden Insolvenzquoten. Veröffentlicht ein Unternehmen nun eine Bilanz mit hohem Wert, ist das Fremdkapital nahezu risikolos und sein Wert aufgrund des hohen Kupons relativ hoch. Das Gegenteil ist der Fall bei niedrigen Bilanzwerten.

4.4.5 Variation der Marktmacht der potentiellen Neuaktionäre bei der Sekundärmarktbewertung

Wie im vorigen Abschnitt gilt auch bei Variation der Marktmacht der potentiellen Neuaktionäre, dass bei der Sekundärmarktbewertung nicht die öffentliche Information über den Wert des Unternehmens, sondern lediglich der auf die jeweiligen Unternehmenswerte bedingte Wert der Kapitalien betroffen ist. Nachdem der Einfluss der Marktmacht auf die Risikoprämie des Fremdkapitals bereits im Primärmarkt nur gering war, wird auch für den Sekundärmarkt ein ähnliches Resultat erwartet.

Abbildung 4.26 zeigt, dass auch im Sekundärmarkt die Risikoprämie des Fremdkapitals mit zunehmender Marktmacht der potentiellen Neuaktionäre fällt. Neben dem bereits in Abschnitt 4.4.1 diskutierten Effekt des Bilanzwertes auf die absolute Höhe der Spreads fällt auf, dass die Reaktion der Risikoprämie auf eine Änderung der Marktmacht der po-

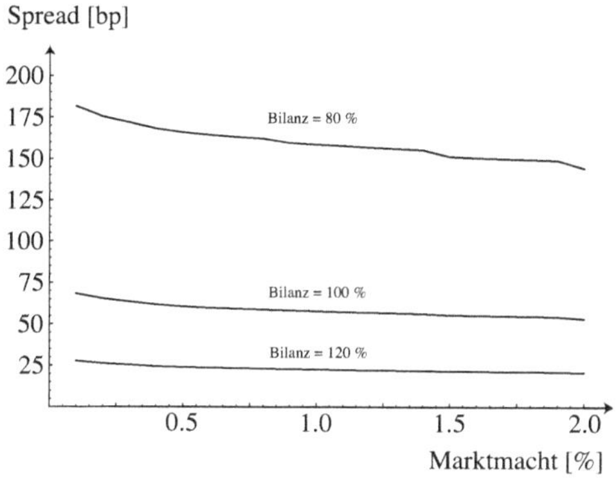

Abbildung 4.26: Spreadverhalten im Sekundärmarkt für verschiedene Marktmacht der potentiellen Neuaktionäre

tentiellen Neuaktionäre umso stärker ausfällt, je schlechter der Bilanzwert und je höher das Spreadniveau ist. Zur Begründung dieser Beobachtung diskutieren wir zunächst wie eine Änderung der Marktmacht auf das Risiko des Fremdkapitalanspruchs wirkt. Eine größere Marktmacht bedeutet, dass die potentiellen Neuaktionäre aus einer Investition bei einem gegebenen Unternehmenswert einen größeren Gewinn ziehen können. Sie werden daher mit steigender Marktmacht eher bereit sein, ein Unternehmen zu prüfen, und die Wahrscheinlichkeit eines Ausfalls durch Zahlungsunfähigkeit sinkt. Da Zahlungsunfähigkeit vermehrt für niedrige Unternehmenswerte in der Nähe der Ausfallschranke auftritt und in diesen Zuständen aufgrund der unvollständigen Befriedigung der Fremdkapitalansprüche darüber hinaus schädlich für die Fremdkapitalgeber ist, hat hier eine Erhöhung der Marktmacht der potentiellen Neuaktionäre die stärkste Wirkung.

Für den nicht dargestellten Wert des Eigenkapitals gilt auch hier, dass dieser in der Höhe maßgeblich vom Bilanzwert des Unternehmens beeinflusst wird. Darüber hinaus zeigt sich, dass das bei der Primärmarktbewertung festgestellte Maximum[58] auch im Sekundärmarkt auftritt. Allerdings verschiebt sich das Maximum mit abnehmendem Bilanzwert des Unternehmens auf der Abszisse nach rechts. Auch dieser Effekt lässt sich durch die Wirkungsweise der Marktmacht der potentiellen Neuaktionäre auf den Wert des Eigenkapitals erklären. Eine steigende Marktmacht der potentiellen Neuaktionäre reduziert auf der

[58] Abbildung 4.8 zeigt den Wert des Unternehmens abgetragen gegen die Marktmacht der potentiellen Neuaktionäre. Da allerdings der Wert des Fremdkapitals in allen Fällen 50 % des Wertes des unverschuldeten Unternehmens beträgt, gehen alle in der Abbildung dargestellten Wertänderungen zu Gunsten/Lasten des Eigenkapitals.

einen Seite die Wahrscheinlichkeit eines Ausfalls durch Zahlungsunfähigkeit und erhöht auf der anderen Seite den Wertverlust des Eigenkapitals durch Underpricing der zur Bedienung der Kupons nötigen Neuemissionen. Das Maximum des Eigenkapitalwertes tritt an der Stelle auf, an der die Grenzraten der Effekte auf den Barwert des Underpricings und den Barwert der Kosten der Insolvenz identisch sind. Bei niedrigen Bilanzwerten ist die Wahrscheinlichkeit eines Ausfalls durch Zahlungsunfähigkeit in der Zukunft[59] relativ hoch. Der Effekt einer marginalen Erhöhung der Marktmacht der potentiellen Neuaktionäre auf den Barwert der Kosten eines Ausfalls durch Zahlungsunfähigkeit ist somit für niedrige Bilanzwerte größer als für höhere. In der Folge verschiebt sich das Maximum des Eigenkapitalwertes in der Marktmacht der potentiellen Neuaktionäre mit sinkendem Bilanzwert des Unternehmens in Richtung eines höheren Marktmachtparameters.

4.4.6 Variation der Prüfkosten bei der Sekundärmarktbewertung

Der nächste zu variierende Parameter betrifft die Kosten, die die potentiellen Neuaktionäre zur Prüfung des Unternehmens aufzuwenden haben. Auch dieser Parameter besitzt keinen direkten Einfluss auf die Einschätzung des wahren Unternehmenswertes durch die Outsider. Allerdings beeinflusst er den kritischen Bilanzwert B_t^* oberhalb dessen das Unternehmen zum Fortführungswert und ansonsten zum Zerschlagungswert angesetzt wird. Bei einer Variation der Prüfkosten, wie wir sie in diesem Abschnitt vornehmen wollen, steigt mit den Prüfkosten in einem gegebenen Kupontermin der kritische Bilanzwert. Dies ist der Fall, da das Ergebnis einer etwaigen Investition in das Unternehmen immer höhere Prüfkosten decken muss und die potentiellen Neuaktionäre folglich immer höhere Bilanzwerte voraussetzen, um überhaupt zur Prüfung des Unternehmens bereit zu sein.

Die Auswirkungen dieses steigenden kritischen Bilanzwertes erkennt man besonders deutlich bei der Betrachtung des Eigenkapitalwertes des Unternehmens[60]. Abbildung 4.27 zeigt den Wert des Eigenkapitals in Abhängigkeit der Prüfkosten der potentiellen Neuaktionäre für verschiedene Bilanzwerte des Unternehmens. Eigenkapitalwerte und Prüfkosten sind

[59] Wie in Abschnitt 4.3 beschrieben, steht bei veröffentlichter Bilanz ein Ausfall durch Zahlungsunfähigkeit entweder fest oder ist ausgeschlossen. Da jedoch der wahre Zustand eines Unternehmens einen maßgeblichen Einfluss auf die Ausfallwahrscheinlichkeit durch Zahlungsunfähigkeit hat und der Bilanzwert eines Unternehmens ein Signal für den wahren Zustand ist, beeinflusst der heutige Bilanzwert aus der Sicht der Outsider die Wahrscheinlichkeit eines Ausfalls durch Zahlungsunfähigkeit in der Zukunft.

[60] Bei einer Betrachtung des Gesamtwertes des Unternehmens ergibt sich prinzipiell das gleiche Bild. Eine Betrachtung des Eigenkapitalwertes erscheint uns an dieser Stelle sinnvoller, weil hierbei die Effekte auf Eigen- und Fremdkapital nicht getrennt werden müssen.

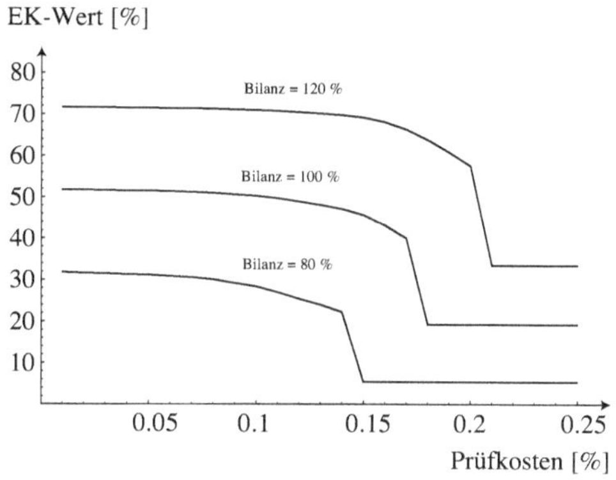

Abbildung 4.27: Verhalten des Eigenkapitalwertes im Sekundärmarkt für verschiedene Prüfkosten der Neuaktionäre

hierbei wiederum in Prozent des ursprünglichen Unternehmensvermögens abgetragen. Es zeigt sich, dass der Wert des Eigenkapitals mit zunehmenden Prüfkosten stetig abnimmt, bei einem von der Höhe des Bilanzwertes abhängigen Wert der Prüfkosten abrupt fällt und und danach nicht mehr auf eine Änderung der Prüfkosten reagiert.

Die stetige Abnahme des Eigenkapitalwertes kommt zustande, da steigende Prüfkosten die zukünftige Wahrscheinlichkeit eines Ausfalls des Unternehmens durch Zahlungsunfähigkeit erhöhen und somit den Wert des Eigenkapitalanspruchs reduzieren. Dies geschieht bis zu dem Punkt, an dem die Prüfkosten soweit gestiegen sind, dass der kritische Bilanzwert den aktuellen Bilanzwert im Bewertungszeitpunkt übersteigt.

Für höhere Prüfkosten werden die potentiellen Neuaktionäre keine Unternehmensprüfung mehr durchführen und das Unternehmen fällt auf Grund von Zahlungsunfähigkeit aus. Der Wert des Eigenkapitals ergibt sich dann in Höhe der erwarteten Zahlungen an die Altaktionäre aus der Insolvenzmasse. Aus Abbildung 4.27 wird deutlich, dass der Wert des Eigenkapitals und die Sprungstelle mit dem Bilanzwert wachsen. Dieses Ergebnis ist naheliegend, da wir in Abschnitt 3.6 festgestellt haben, dass eine Investition für die potentiellen Neuaktionäre umso vorteilhafter ausfällt, je höher der erwartete Wert des Unternehmens ist. Da der erwartete Wert des Unternehmens positiv vom Bilanzwert abhängt, findet der Sprung im Eigenkapitalwert bei höheren Bilanzwerten auch erst bei höheren Prüfkosten statt[61].

[61] Man könnte auch sagen, dass der in den Prüfkosten monoton steigende kritische Bilanzwert höhere Bilanzwerte des Unternehmens erst für höhere Prüfkosten schneidet.

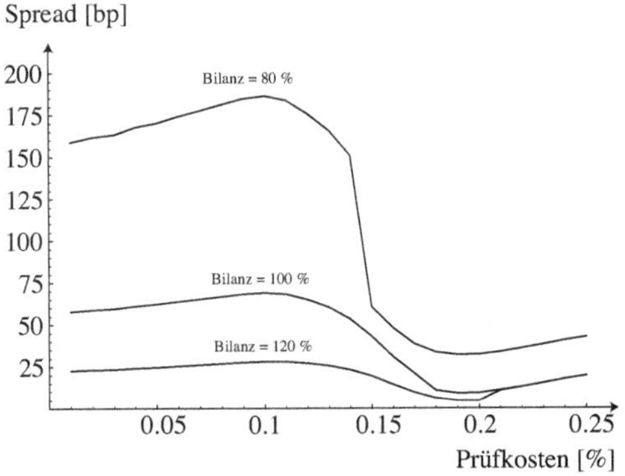

Abbildung 4.28: Spreadverhalten im Sekundärmarkt für verschiedene Prüfkosten der Neuaktionäre

Abbildung 4.28 zeigt den Spread des Fremdkapitalanspruchs in Abhängigkeit der Prüfkosten. Zunächst fällt auf, dass bei der Sekundärmarktbewertung die bereits im Primärmarkt beobachtete, nicht monotone Struktur der Risikoprämie prinzipiell erhalten bleibt. Solange das Unternehmen im Kupontermin nicht ausfällt, gelten für die Erklärung des Verlaufes der Spreadkurven die gleichen Argumente wie bei der Bewertung im Primärmarkt in Abschnitt 4.2.6. Dies ist der Fall, da die Prüfkosten, wie oben erwähnt, keinen Einfluss auf die öffentliche Wahrnehmung des Unternehmenswertes haben. Der Bilanzwert des Unternehmens hingegen hat einen Einfluss auf die öffentliche Wahrnehmung und wirkt sich sowohl auf das absolute Niveau der Risikoprämien als auch auf die Sensitivität der Spreads bei einer Variationen der Prüfkosten aus. Ein niedrigerer Bilanzwert impliziert hierbei einen niedrigeren erwarteten Unternehmenswert, der zu höheren Spreads führt. Die höhere Sensitivität beruht darauf, dass die mit steigenden Prüfkosten ebenfalls zunehmenden kritischen Bilanzwerte die Wahrscheinlichkeit eines Ausfalls durch Zahlungsunfähigkeit in den niedrigeren Zuständen zunächst vergleichsweise stärker erhöhen als in den hohen Zuständen[62]. Dieser Zusammenhang gilt nicht mehr, wenn ein Ausfall durch Zahlungsunfähigkeit in den niedrigen Zuständen (fast) nicht mehr zu vermeiden ist, eine weitere Erhöhung des kritischen Bilanzwertes aber nach wie vor einen Effekt auf die

[62] Der Wert der Dichtefunktion möglicher Bilanzwerte an der Stelle des kritischen Bilanzwertes bestimmt die Reaktion der Wahrscheinlichkeit eines Ausfalls durch Zahlungsunfähigkeit auf eine Änderung des kritischen Bilanzwertes in einem gegebenen Zustand. Für zwei beliebige Zustände und einen kritischen Bilanzwert, der unterhalb dieser beiden Zustände liegt (dies ist der Normalfall), ist leicht zu erkennen, dass bei einer Erhöhung des kritischen Bilanzwertes die Wahrscheinlichkeit eines Ausfalls durch Zahlungsunfähigkeit in dem niedrigeren Zustand stärker steigen wird.

Wahrscheinlichkeit eines Ausfalls durch Zahlungsunfähigkeit in den höheren Zuständen hat.

Im Ergebnis zeigt sich, dass die Spreads bis zum jeweiligen Ausfall des Unternehmens durch Zahlungsunfähigkeit (die Ausfallpunkte für die jeweiligen Bilanzwerte lassen sich in Abbildung 4.27 einfach erkennen) für niedrigere Bilanzwerte stärker reagieren als für höhere. Ab dem Punkt des sicheren Ausfalls bewerten die Marktteilnehmer das Unternehmen und damit den Fremdkapitalanspruch nach Zerschlagungswerten, auf die die Prüfkosten keinen Einfluss haben. Im Gegensatz zum Wert des Eigenkapitals in Abbildung 4.27 wird die Höhe der Risikoprämie auch dann noch durch die Prüfkosten beeinflusst, wenn ein Ausfall des Unternehmens sicher ist. Der Grund für dieses Verhalten liegt darin, dass das Unternehmen Fremdkapital im Primärmarkt stets zum Nennwert emittiert und der Kupon des Fremdkapitals somit von den Prüfkosten abhängt, wie Abbildung 4.10 zeigt. Da der Wert des Fremdkapitals, ebenso wie der Wert des Eigenkapitals, bei einem sicheren Ausfall des Unternehmens durch Zahlungsunfähigkeit nicht von den Prüfkosten abhängt, der Kupon aber steigt, erhöht sich auch der Spread.

Ein weiterer interessanter Aspekt in Abbildung 4.28 ist, dass der Spread für die kritischen Prüfkosten bei einem Bilanzwert von 80% und 100% sprunghaft sinkt, während er bei einem Bilanzwert von 120% steigt. Offensichtlich empfinden die Fremdkapitalgeber einen Ausfall bei niedrigeren Bilanzwerten als "Rettung" vor zukünftig möglicherweise größeren Verlusten, während er bei hohen Bilanzwerten als Risiko empfunden wird[63].

4.4.7 Variation des risikolosen Zinssatzes bei der Sekundärmarktbewertung

Der nächste zu variierende Parameter betrifft den risikolosen Zinssatz. Da dessen Variation auch die Drift des Unternehmenswertprozesses betrifft, beeinflusst er die öffentliche Wahrnehmung des Unternehmens im Sekundärmarkt. Bei einer Erhöhung des risikolosen Zinssatzes erwarten die Outsider c.p. bei der Sekundärmarktbewertung einen höheren Unternehmenswert. Alle anderen Effekte einer Erhöhung des risikolosen Zinssatzes, die den Wert der Kapitalien bedingt auf einen bestimmten Unternehmenswert betreffen, wurden bereits im Rahmen der Primärmarktbewertung in Abschnitt 4.2.7 diskutiert und gelten hier analog.

[63] Die Spreads bei Bilanzwerten von 100% und 120% sind für sehr hohe Prüfkosten nicht identisch. Obwohl die Differenz in Abbildung 4.28 nur sehr schwer zu erkennen ist, sind die Spreads bei dem niedrigeren Bilanzwert stets höher.

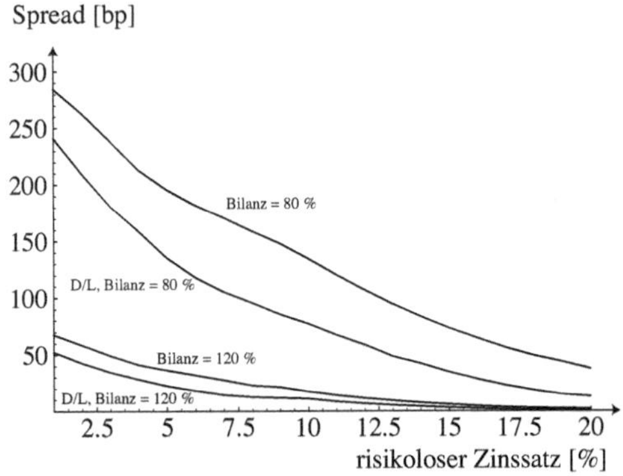

Abbildung 4.29: Spreadverhalten im Sekundärmarkt für verschiedene risikolose Zinssätze

Im Ergebnis zeigt sich, dass die Auswirkungen einer Variation des risikolosen Zinssatzes auf die Risikoprämien im Sekundärmarkt denen einer entsprechenden Variation im Primärmarkt sehr ähnlich sind. Abbildung 4.29 zeigt auch hier wie erwartet im risikolosen Zinssatz fallende Spreads und der Einfluss des Bilanzwertes auf die absolute Höhe der Spreads ist eindeutig zu erkennen. Es zeigt sich darüber hinaus, dass die Sensitivität der Spreads bezüglich des risikolosen Zinssatzes mit steigendem Bilanzwert abnimmt. Hohe Bilanzwerte signalisieren hohe Unternehmenswerte und führen dazu, dass eine Erhöhung der Driftrate einen geringeren Einfluss auf das Risiko des Unternehmens hat als im Fall niedriger Bilanzwerte.

4.4.8 Variation des Unternehmenssteuersatzes bei der Sekundärmarktbewertung

Der vorletzte im Rahmen dieser komparativ statischen Analyse zu variierende Parameter betrifft den Unternehmenssteuersatz. Auch hier weichen die Ergebnisse in der Struktur nicht wesentlich von denen ab, die wir bei der Analyse der Primärmarktbewertung in Abschnitt 4.2.8 ermittelt haben. Abbildung 4.30 zeigt, dass die Risikoprämie des Fremdkapitals im Unternehmenssteuersatz fällt und die absolute Höhe der Spreads vom Bilanzwert des Unternehmens abhängt. Die Risikoprämie reagiert umso stärker auf Änderungen des Steuersatzes, je niedriger der Bilanzwert des Unternehmens ist.

Dies sollte vor dem Hintergrund der Modellierung nicht überraschen, da die Steuerersparnis prinzipiell wie ein Zufluss wirkt und bei niedrigen erwarteten Unternehmenswerten

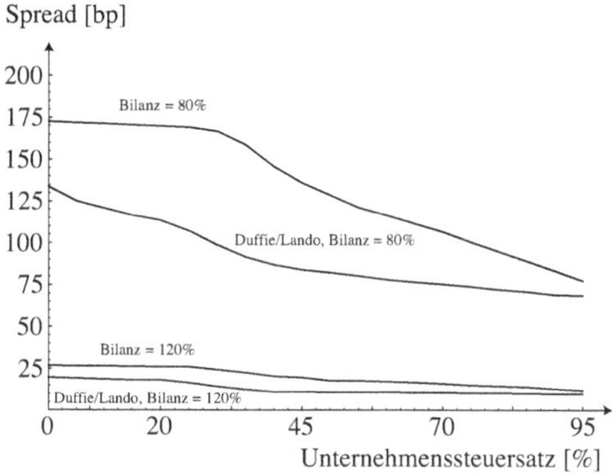

Abbildung 4.30: Spreadverhalten im Sekundärmarkt für verschiedene Unternehmenssteuersätze

eine größere Wirkung entfaltet. Da der Unternehmenssteuersatz darüber hinaus keinen Einfluss auf die öffentliche Wahrnehmung des Unternehmenswertes im Sekundärmarkt hat, gelten hier für das Verhalten der Risikoprämien die gleichen Erklärungen wie für ihr Verhalten zum Emissionszeitpunkt, die wir bereits in Abschnitt 4.2.8 aufgeführt haben.

4.4.9 Variation der Volatilität des Unternehmenswertprozesses bei der Sekundärmarktbewertung

Der letzte Parameter, den wir im Rahmen dieser komparativ statischen Sekundärmarktbewertung mit fixem Fremdkapitalvolumen variieren, betrifft die Volatilität des Unternehmenswertprozesses. Den Effekt der Volatilität auf die Risikoprämie bedingt auf einen (bekannten) Unternehmenswert konnten wir bereits im Rahmen der Primärmarktbewertung in Abschnitt 4.2.9 zeigen. Hier zeigte sich, dass die Spreads mit zunehmender Volatilität überlinear steigen. Bei der Sekundärmarktbewertung kommt nun hinzu, dass die Outsider bei steigender Volatilität den Wert des Unternehmens am Kupontermin schlechter abschätzen können. Dies ist der Fall, da bei steigender Volatilität die Menge an Informationen über den aktuellen Zustand des Unternehmens abnimmt, die die Outsider aus der Kenntnis des Unternehmenswertprozesses und des letzten bekannten Zustands ziehen können.

Als Folge dieser beiden Effekte steigt auch bei der Sekundärmarktbewertung die Risikoprämie des Fremdkapitals überlinear in der zunehmenden Volatilität des Unternehmens-

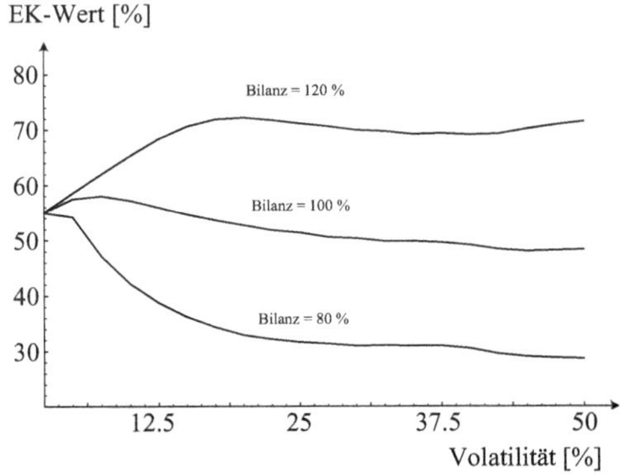

Abbildung 4.31: Verhalten des Eigenkapitalwertes im Sekundärmarkt für verschiedene Volatilitäten des Unternehmenswertprozesses

wertprozesses. Auch hier gilt wieder, dass die Reaktion für niedrigere Bilanzwerte stärker ausfällt und der Spread in unserem Modell für vergleichbare Fälle stets über dem des Referenzmodells liegt. Da die Spreads insbesondere in unserem Modell für den Fall niedriger Bilanzwerte sehr stark ansteigen und in der Abbildung neben den beschriebenen Effekten keine weiteren überraschenden Details zu erkennen sind, haben wir an dieser Stelle auf eine separate Darstellung der Risikoprämien verzichtet.

Abbildung 4.31 zeigt den Wert des Eigenkapitals des verschuldeten Unternehmens im Sekundärmarkt. Hierbei fällt zunächst auf, dass der Wert des Eigenkapials für eine Volatilität des Unternehmenswertes von Null unabhängig vom Bilanzwert des Unternehmens ist. Dies ist offensichtlich, da für eine risikolose Entwicklung des Unternehmenswertprozesses Bilanzinformation wertlos ist. Mit zunehmender Volatilität steigt die Unsicherheit über den Wert des Unternehmens und die Bilanzinformation spielt zunehmend eine Rolle bei der Bewertung. Interessant und auffällig ist hierbei, dass bei hohen Bilanzwerten eine Zunahme der Volatilität zunächst werterhöhend auf das Eigenkapital wirkt, während bei niedrigen Bilanzwerten das Gegenteil der Fall ist. Dies ist für niedrige Bilanzwerte deshalb bemerkenswert, da der Wert des Eigenkapitals als Call-Option auf den Unternehmenswert von einer Zunahme der Volatilität des Underlyings profitieren sollte, was hier offensichtlich nicht der Fall ist.

Wir haben in Abschnitt 3.7 argumentiert, dass eine erhöhte Volatilität das Risiko eines Ausfalls durch Zahlungsunfähigkeit c.p. senkt, was unserer Beobachtung an dieser Stelle ebenfalls zu widersprechen scheint. Nicht beachtet haben wir hierbei jedoch, dass eine

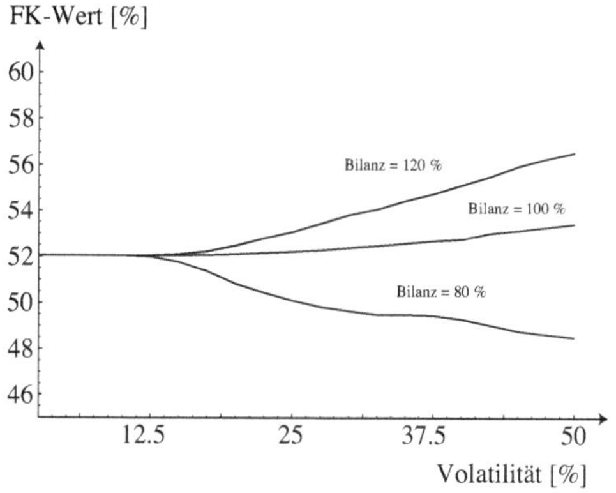

Abbildung 4.32: Verhalten des Fremdkapitalwertes im Sekundärmarkt für verschiedene Volatilitäten des Unternehmenswertprozesses

Erhöhung der Volatilität im Rahmen unserer komparativ statischen Untersuchung zu einer starken Erhöhung der von den Fremdkapitalgebern (im Primärmarkt) geforderten Risikoprämie führt. Diese erhöhte Risikoprämie ist im Kupontermin von den potentiellen Neuaktionären als Teil der Kapitalerhöhung aufzubringen, wodurch sich der kritische Bilanzwert in jedem Kupontermin erhöht. Da die Wahrscheinlichkeit eines Ausfalls durch Zahlungsunfähigkeit insbesondere für niedrige Unternehmenswerte sehr sensibel auf eine Erhöhung des kritischen Bilanzwertes reagiert, dominiert dieser Effekt hier und überdeckt den werterhöhenden Effekt einer steigenden Volatilität. In Folge dessen sinkt bei niedrigen Bilanzwerten der Wert des Eigenkapitals des Unternehmens bei steigender Volatilität.

Ein ähnliches Bild zeigt sich bei der Betrachtung des Fremdkapitalwertes im Sekundärmarkt, wie in Abbildung 4.32 zu erkennen ist. Auch hier steigt der Wert des Anspruchs mit steigender Volatilität für hohe Bilanzwerte und sinkt für niedrige. Im Gegensatz zum Wertverhalten des Eigenkapitals ist es hier nicht der sinkende, sondern der steigende Wert, der überrascht. Üblicherweise würde man vermuten, dass der Wert des Fremdkapitals mit steigender Volatilität sinkt, da er in der klassischen Interpretation im Sinne von Merton (1974) eine verkaufte Verkaufsoption beinhaltet, deren Wert mit steigender Volatilität des Underlyings zunimmt. Auch an dieser Stelle nimmt jedoch wieder die Art und Weise unserer komparativ statischen Analyse Einfluss auf das Ergebnis. Wie schon mehrfach erläutert nimmt mit steigender Volatilität der Kupon des Fremdkapitalanspruchs zu, da dieser stets zum Nennwert von 50% des Wertes der Aktiva emittiert wird. Die steigende Volatilität hat somit keinen Effekt auf den Wert des

Fremdkapitals im Primärmarkt, da zum Emissionszeitpunkt die wertmindernden Effekte einer erhöhten Ausfallwahrscheinlichkeit durch die höheren Kupons kompensiert werden. Bei der Sekundärmarktbewertung zeigt sich nun der Einfluss des Bilanzwertes. Bei einem im Vergleich zum Emissionszeitpunkt gestiegenen Unternehmenswert hat sich die Ausfallwahrscheinlichkeit des Unternehmens reduziert und der Wert der versprochenen Zahlungsreihe ist gestiegen. Das Gegenteil ist der Fall bei einem vergleichsweise schlechten Unternehmenswert. Da, ähnlich wie im Fall des Eigenkapitals, der Informationswert der Bilanz mit steigender Volatilität relativ zunimmt, ist der Effekt bei hoher Volatilität des Unternehmenswertprozesses stärker ausgeprägt.

Tabelle 4.1 fasst abschließend die Ergebnisse der komparativ statischen Untersuchung mit fixer Kapitalstruktur zusammen.

		unser Modell		Duffie/Lando	
		U.-wert	Spread	U.-wert	Spread
Laufzeit	PM	Maximum, niedriger	hump shaped, höher	steigend, höher	hump shaped, niedriger
	SM	Maximum	hump shaped, höher	n.a.	hump shaped, niedriger
Grad der Informations-unsicherheit	PM	fallend	begrenzt steigend	n.a.	n.a.
	SM	n. monoton	n. monoton, höher	n.a.	n. monoton, niedriger
Insolvenzquote	PM	Maximum, niedriger	fallend	lin. steigend, höher	lin. fallend
	SM	Maximum	fallend	n.a.	fallend
Marktmacht	PM	Maximum	fallend	n.a.	n.a.
	SM	Maximum	fallend	n.a.	n.a.
Prüfkosten	PM	fallend	nicht monoton	n.a.	n.a.
	SM	fallend	nicht monoton	n.a.	n.a.
risikoloser Zinssatz	PM	steigend, niedriger	fallend, höher	steigend, höher	fallend, niedriger
	SM	steigend	fallend, höher	n.a.	fallend, niedriger
Unternehmens-steuersatz	PM	steigend, niedriger	fallend, höher	steigend, höher	fallend, niedriger
	SM	steigend	fallend, höher	n.a.	fallend, niedriger
Volatilität	PM	n. monoton, niedriger	steigend, höher	n. monoton, höher	steigend, niedriger
	SM	n. monoton	steigend, höher	n.a.	steigend, niedriger
Bilanzwert	SM	steigend, m. Sprung	fallend m. Sprung, höher	n.a.	fallend, niedriger

Tabelle 4.1: Zusammenfassung der Ergebnisse der komparativen Statik mit fixer Kapitalstruktur

Kapitel 5

Optimale Kapitalstruktur bei Informationsunsicherheit

Eines der wesentlichen Ziele dieser Arbeit ist es, den Einfluss der Informationsunsicherheit auf die optimale Kapitalstruktur eines Unternehmens zu untersuchen. Wie wir bereits in Abschnitt 3.1 dargelegt haben, ist dieses Problem unseres Erachtens bisher nicht ausreichend diskutiert worden. Es mangelt an Modellen, die einen quantitativen Zusammenhang zwischen dem Grad der Informationsunsicherheit und dem Wert des Unternehmens in Abhängigkeit der Kapitalstruktur darstellen. Unser Modell stellt diesen Zusammenhang dar und soll daher in der Folge genutzt werden, um die Effekte von Informationsunsicherheit zu untersuchen.

Wir werden unser Modell zunächst in die bestehende Literatur zum Thema optimale Kapitalstruktur einordnen und danach im Rahmen einer komparativ statischen Untersuchung den Einfluss der Informationsunsicherheit beleuchten. Der im Rahmen der Einordnung unseres Modells gegebene Literaturüberblick ist sehr knapp gehalten, da es zu diesem Thema zahlreiche Übersichten[1] gibt und dies nicht der Schwerpunkt der vorliegenden Arbeit sein soll. Die komparativ statische Untersuchung wird nicht erneut alle in Kapitel 4 diskutierten Fälle in allen Details aufgreifen, sondern sich auf die wesentlichen Effekte beschränken und die Unterschiede zu den Fällen mit gegebener Kapitalstruktur herausstellen.

[1] Vgl. z.B. Uhrig-Homburg (2001).

5.1 Überblick über die Diskussion der optimalen Kapitalstruktur

Für jeden Eigentümer/Manager eines Unternehmens stellt sich die Frage, inwieweit sich der Wert seines Anspruchs gegen das Unternehmen durch eine Entscheidung über die Kapitalstruktur beeinflussen lässt. Hierbei sind grundsätzlich zwei Situationen zu unterscheiden. Wenn das Unternehmen bereits Fremdkapital ausstehen hat, besteht das Interesse der Eigentümer in der Maximierung des Wertes des Eigenkapitals. Hierbei ist es prinzipiell egal, ob eine Wertsteigerung des Eigenkapitals zu Lasten Dritter, wie beispielsweise der Fremdkapitalgeber, geht oder nicht. Eine solche Situation ist zum Beispiel gegeben, wenn die Eigentümer eines verschuldeten Unternehmens entscheiden, weiteres (gleichrangiges) Fremdkapital aufzunehmen und die Gläubiger des Unternehmens diesen Fall bei der ursprünglichen Emission des Fremdkapitals nicht antizipiert haben[2]. Bei einer weiteren Emission von Fremdkapital profitieren dann die Eigenkapitalgeber zu Lasten der bestehenden Fremdkapitalgeber. Da die Entscheidung über die aus der Sicht der Eigenkapitalgeber optimale Kapitalstruktur in diesem Fall immer von der zum Zeitpunkt der Entscheidung bereits bestehenden Verschuldung abhängt, eignet er sich nicht für eine generelle Diskussion über die optimale Kapitalstruktur.

Der zweite denkbare Fall, der in der Regel den Ausgangspunkt einer Kapitalstrukturbetrachtung bildet, berücksichtigt ein zunächst unverschuldetes Unternehmen, über dessen optimale Kapitalstruktur die Eigenkapitalgeber zu entscheiden haben. Sie entscheiden, wie viel Fremdkapital das Unternehmen optimalerweise aufnehmen soll. Die Entscheidung über die Kapitalstruktur wird hierbei in der Regel von der Entscheidung über die realwirtschaftlichen Aktivitäten des Unternehmens in der Art getrennt, dass das Unternehmen im Anschluss an die Aufnahme des Fremdkapitals eine Sonderdividende an die Aktionäre in gleicher Höhe ausschüttet oder Aktien zurückkauft und einzieht. In diesem Fall ist die Aktivseite des Unternehmens von der Kapitalstrukturmaßnahme unberührt und die Entscheidung über die Kapitalstruktur kann unabhängig von deren Auswirkung auf die realwirtschaftlichen Aktivitäten getroffen werden. Die Entscheidung der Eigentümer über die Maximierung des Wertes ihres Anspruchs fällt in diesem Fall zusammen mit der Entscheidung über die Maximierung des Unternehmenswertes als Ganzes. Dies gilt, da die Aktionäre des ursprünglich unverschuldeten Unternehmens nach der Kapitalumstrukturierung sowohl den Wert des Eigenkapitals des nun verschuldeten Unternehmens als auch den

[2] Vgl. z.B. Leland (1994), S. 1245 ff..

Wert des Fremdkapitals in Form beispielsweise einer Sonderdividende besitzen. Der Wert des verschuldeten Unternehmens ist somit identisch mit dem Wert, den die Aktionäre des ursprünglich unverschuldeten Unternehmens aus der Verschuldung ihres Unternehmens ziehen können. Bei der Maximierung des Wertes ihres Eigenkapitalanspruchs maximieren sie somit den Wert des verschuldeten Unternehmens.

Die traditionelle Finanzierungstheorie[3] ging hierbei lange davon aus, dass der Verschuldungsgrad des Unternehmens einen Einfluss auf dessen Wert hat. Ausgehend von einem rein eigenfinanzierten Unternehmen wird sukzessive relativ riskantes Eigenkapital durch Fremdkapital ersetzt, dessen Verzinsung aufgrund des geringeren Risikos unter der Renditeforderung der Eigenkapitalgeber liegt. Solange die Verschuldung in Maßen geschieht, hält sich das Ausfallrisiko des Unternehmens in Grenzen und die Kapitalgeber reagieren nicht mit einer Anpassung ihrer Renditeforderung. Als Folge der Substitution des relativ teueren Eigenkapitals durch das relativ günstige Fremdkapital sinken die durchschnittlichen Kapitalkosten des Unternehmens und der Unternehmenswert steigt. Auf eine weiter zunehmende Verschuldung reagieren zunächst die Eigen- und dann die Fremdkapitalgeber, indem sie ihre Renditeforderung dem gestiegenen Risiko anpassen. Als Folge steigen die durchschnittlichen Kapitalkosten und es resultiert ein U-förmiger Verlauf im Verschuldungsgrad. Der niedrigste Punkt auf der Kurve der durchschnittlichen Kapitalkosten markiert die optimale Kapitalstruktur, da hier der Unternehmenswert am größten ist.

Eine schlagartige Wendung nahm die Diskussion der optimalen Kapitalstruktur durch die Irrelevanzhypothese von Modigliani/Miller (1958). Die Autoren zeigen, dass die Kapitalstruktur eines Unternehmens auf friktionslosen Märkten unter bestimmten Annahmen[4] keine Rolle spielt, da Investoren jede beliebige Verschuldung nachbilden können ("homemade leverage"). Für die unterstellte Handelbarkeit der Unternehmensansprüche bedeutet dies, dass Arbitragemöglichkeiten bestehen, falls der Wert des Unternehmens von der Kapitalstruktur abhängt. Aus der Unabhängigkeit des Unternehmenswertes von der Kapitalstruktur folgt, dass die durchschnittlichen Kapitalkosten des Unternehmens ebenfalls unabhängig vom Verschuldungsgrad sind und die Eigenkapitalkosten des Unternehmens linear im Verschuldungsgrad[5] wachsen.

---

[3] Vgl. hierzu bspw. Gutenberg (1980).

[4] Vgl. Modigliani/Miller (1958) 265 ff.

[5] Der Verschuldungsgrad ist hier definiert als das Verhältnis von Fremd- zu Eigenkapital, jeweils gemessen in Marktwerten.

Diese fundamentale Erkenntnis von Modigliani/Miller (1958) hat die Literatur zur optimalen Kapitalstruktur bis heute geprägt. Dies gilt insbesondere, da man alle darauf folgenden Arbeiten nach den Friktionen einordnen kann, die dafür verantwortlich sind, dass die Unabhängkeit des Unternehmenswertes von der Kapitalstruktur gerade nicht gilt. Modigliani/Miller (1963) haben hierzu den ersten Schritt getan, indem sie Erfolgssteuern in die Diskussion eingeführt haben. Da sich die Zinszahlungen des Unternehmens von der Steuerbemessungsgrundlage absetzen lassen, ergibt sich ein ökonomischer Vorteil der Fremd- gegenüber der Eigenfinanzierung. Als Resultat dieser Überlegungen folgt, dass eine reine Fremdfinanzierung des Unternehmens optimal sein sollte, was insbesondere vor dem Hintergrund empirischer Beobachtungen kein befriedigendes Ergebnis war.

Die Begründung eines inneren Optimums gelang Kraus/Litzenberger (1973), die in einem statischen Einperiodenmodell den Steuerersparnissen durch die Fremdfinanzierung den Verlust an Unternehmenswert durch eine Insolvenz gegenüberstellen. Insolvenz tritt auf, wenn das Unternehmen nicht mehr in der Lage ist, seine Fremdkapitalverpflichtungen zu erfüllen, und ist kostenpflichtig. Da eine Insolvenz bei zunehmender Verschuldung immer wahrscheinlicher wird, steigen die erwarteten Insolvenzkosten des Unternehmens und es kommt zu einem inneren Optimum. Mit dieser Gegenüberstellung von Steuern und Insolvenzkosten bildet die statische Trade-Off-Theory von Kraus/Litzenberger (1973) den Ausgangspunkt für viele weitere Arbeiten, die dieses Konzept verfolgen. Hierunter fällt nicht zuletzt die Arbeit von Leland (1994), die wir bereits in Abschnitt 2.4 ausführlich beschrieben haben und die sich die Trade-Off-Theory zunutze macht, um in einem dynamischen Modellkontext die Kreditrisikoliteratur mit der Literatur zur Bewertung ausfallrisikobehafteter Ansprüche gegen Unternehmen zu verbinden.

Einen zwischenzeitlichen Rückschlag hat die Trade-Off-Theory dadurch erfahren, dass die Berechtigung von Insolvenzkosten als Gegengewicht zu den Steuerersparnissen der Fremdfinanzierung in Frage gestellt wurde. Haugen/Senbet (1978) argumentieren, dass sich Insolvenzkosten durch Verhandlungen zwischen Schuldnern und Gläubigern zu Gunsten aller Beteiligten vermeiden lassen und eine Fortführung des Unternehmens daher gegenüber einer Zerschlagung von allen Beteiligten vorgezogen wird. In diesem Fall würde eine kostenpflichtige Zerschlagung bei rational handelnden Agenten niemals auftreten und Insolvenzkosten hätten keine Berechtigung als Gegengewicht zur Steuerersparnis bei der Frage nach der optimalen Kapitalstruktur. Zu den theoretischen Problemen der Rechtfertigung von Insolvenzkosten kommt das empirische Problem ihrer Messung. Beides hat dazu beigetragen, dass sich die Diskussion der optimalen Kapitalstruktur in der Folge von der Trade-Off-Theory abgewandt und nach anderen Erklärungen gesucht hat.

Wesentliche Beiträge zur Diskussion um die optimale Kapitalstruktur kamen in der Folge hauptsächlich aus dem Bereich der informationsökonomischen Literatur[6]. Die zur Erklärung der Existenz einer optimalen Kapitalstruktur notwendigen Friktionen resultieren hier aus einer asymmetrischen Informationsverteilung der handelnden Agenten. Hierbei kann die asymmetrische Informationsverteilung das Zustandekommen von Finanzierungsverträgen be- oder verhindern (hidden information) und so zu adverser Selektion führen oder ein schädigendes Verhalten (moral hazard) der besser informierten Partei nach Vertragsabschluss auslösen, wenn die schlechter informierte Partei das Verhalten der anderen (hidden action) nicht kostenlos beobachten kann. Die Kapitalstruktur des Unternehmens dient in diesen Modellen entweder der glaubwürdigen Übermittlung privater Information oder wird derart gewählt, dass die Agencykosten minimiert werden. Zu den bekanntesten Vertretern der ersten Kategorie zählen beispielsweise die Modelle von Ross (1977), Leland/Pyle (1977) und Myers/Majluf (1984), den Startpunkt der zweiten Kategorie bildete die Arbeit von Jensen/Meckling (1976), deren grundsätzliche Idee der Minimierung von Agencykosten durch Kapitalstrukturentscheidungen vielfältig aufgegriffen und erweitert wurde. Ein wesentlicher Nachteil aller informationsökonomischen Modelle ist, dass sich die Effekte der asymmetrischen Information zwar qualitativ beschreiben, aber in der Regel nicht quantitativ erfassen lassen. Die Bewertung eines Unternehmens unter der Annahme asymmetrischer Information ist somit ebenso unmöglich wie die Bestimmung der optimalen Kapitalstruktur für eine konkrete Parameterkonstellation.

Das im Rahmen dieser Arbeit vorgestellte Modell steht in der Tradition der klassischen Trade-Off-Literatur, da es den Wert des verschuldeten Unternehmens unter der Annahme von Steuern und Insolvenzkosten maximiert und so die optimale Kapitalstruktur bestimmt. Es hat aber darüber hinaus ebenso Anknüpfungspunkte zur informationsökonomischen Literatur, auch wenn es deren hauptsächliche Merkmale einer asymmetrischen Informationsverteilung vermeidet. Da die Insider in unserem Modell ihre private Information nicht zu ihrem Vorteil nutzen (können), löst die unvollständige Information keine Probleme von adverser Selektion oder moral hazard aus. Sie führt aber zum Ausfall des Unternehmens durch Zahlungsunfähigkeit und beeinträchtigt so dessen Wert, was einen Zusammenhang zwischen der unvollständigen Information und der optimalen Kapitalstruktur herstellt. Der wesentliche Vorteil dieser Art der Modellierung ist, dass

[6] Vgl. hierzu insbesondere die Übersichtsarbeit von Harris/Raviv (1991).

die unvollständige Information in unserem Modell eine direkte Auswirkung auf die Werte von Eigen- und Fremdkapital des Unternehmens hat. Insofern lassen sich die Effekte von Informationsunsicherheit nicht lediglich qualitativ, sondern auch quantitativ erfassen und beschreiben. Da wir den Wert des Unternehmens bei unvollständiger Information bestimmen können, ist es uns möglich, die optimale Kapitalstruktur zu ermitteln und unsere Ergebnisse einer komparativ statischen Analyse zu unterziehen.

5.2 Komparativ statische Analyse bei optimaler Kapitalstruktur

Der wesentliche Unterschied zwischen der in der Folge dieses Abschnitts durchgeführten komparativ statischen Untersuchung und derjenigen in Kapitel 4 besteht darin, dass wir nun stets eine optimale Kapitalstruktur des Unternehmens zum Emissionszeitpunkt des Fremdkapitals in $t = 0$ unterstellen. Während das Unternehmen bisher in Abhängigkeit der Parameter die versprochene Zinszahlung derart angepasst hat, dass der Marktwert des Fremdkapitals zum Emissionszeitpunkt stets dem (fixen) Nennwert in Höhe von 50% des Wertes der Aktiva entsprochen hat, wählt es nun den (Markt-)Wert des Fremdkapitals, der den Wert des gesamten verschuldeten Unternehmens maximiert. Hierbei unterstellen wir nach wie vor aus den in Abschnitt 4.2 genannten Gründen, dass der Marktwert des Fremdkapitals im Emissionszeitpunkt dem Nennwert entspricht, das Unternehmen seine Anleihen also zu pari emittiert. Ermittelt wird somit mit Hilfe einer numerischen Nullstellensuche[7] der den Wert des verschuldeten Unternehmens maximierende Nennwert des Fremdkapitals, unter der Nebenbedingung, dass der Kupon stets derart gewählt wird, dass der Nennwert dem Marktwert entspricht.

Aufgrund der Emission der Anleihen zu pari lässt sich die Risikoprämie des Fremdkapitals zum Emissionszeitpunkt nach wie vor aus dem Vergleich des versprochenen Kupons und dem risikolosen Zinssatz bestimmen, während die Spreads bei der Sekundärmarktbewertung mit Hilfe der versprochenen Zahlungen, dem Sekundärmarktwert

[7] Bei der Bewertung mit Binomialbäumen ergibt sich ein besonderes Problem bei der numerischen Bestimmung der optimalen Kapitalstruktur daraus, dass der Wert des verschuldeten Unternehmens in Abhängigkeit der gewählten Kapitalstruktur zahlreiche lokale Maxima aufweist und eine Standard-Nullstellensuche somit in der Regel nicht das globale Maximum findet. Eine Untersuchung des gesamten Spektrums möglicher Verschuldungsgrade ist entweder zu grobmaschig oder verbraucht zu viel Rechenzeit. Gelöst wurde dieses Problem durch eine intervallhalbierende Suche nach dem maximalen Unternehmenswert. Teilweise ergeben sich bei der komparativ statischen Auswertung Sprünge in den Ergebnissen, wenn durch Parameteränderung ein lokales Maximum zum globalen Maximum wird. In diesen Fällen wurden die Ergebnisse geglättet, um eine bessere Lesbarkeit der Diagramme zu erreichen.

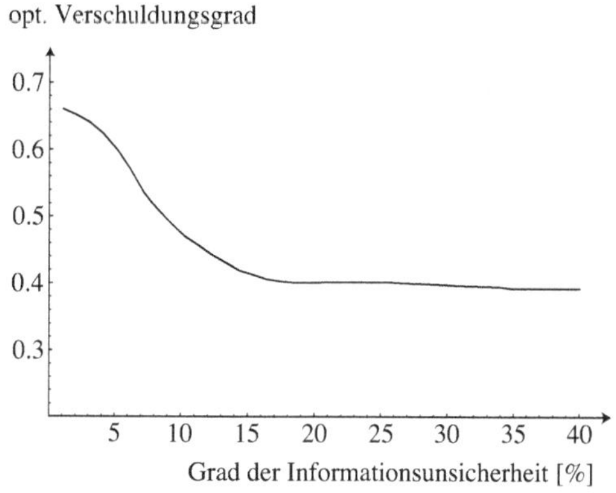

Abbildung 5.1: Verhalten des optimalen Verschuldungsgrades für verschiedene Grade von Informationsunsicherheit

des Fremdkapitals und einer geeigneten Nullstellensuche des entsprechenden Polynoms bestimmt werden. Im Gegensatz zur Analyse mit fixer Kapitalstruktur, wo wir den Wert des Fremdkapitals konstant zum Wert der Aktiva des unverschuldeten Unternehmens gewählt haben, definieren wir die optimale Kapitalstruktur als Marktwert des Fremdkapitals relativ zum Gesamtwert des verschuldeten Unternehmens. Diese Definition des Verschuldungsgrades nach Marktwerten ist üblich bei Unternehmensbewertungen und erscheint uns hier zweckmäßiger als eine alternativ mögliche Definition in Bezug auf den Wert des unverschuldeten Unternehmens.

Ein wesentliches Ergebnis dieser komparativ statischen Analyse, welches einen Einfluss auch auf die anderen noch zu untersuchenden Fälle hat, zeigt sich bereits in Abbildung 5.1. Der Grad der Informationsunsicherheit hat in unserem Modell nicht nur einen Einfluss auf die Wahrscheinlichkeit eines Ausfalls durch Zahlungsunfähigkeit, sondern beeinflusst auch den optimalen Verschuldungsgrad. Die Eigentümer des zunächst unverschuldeten Unternehmens reagieren im Zeitpunkt $t = 0$ auf die zunehmende Unsicherheit, indem sie weniger Fremdkapital emittieren. Sie tun dies, weil sie für die Zukunft zunehmend größere Probleme bei der zur Deckung der Kupons notwendigen Eigenkapitalbeschaffung erwarten, und verzichten daher lieber auf die zusätzlich mögliche Steuerersparnis als das Risiko eines Ausfalls durch Zahlungsunfähigkeit einzugehen. Ähnlich wie im Fall mit fixer Verschuldung zeigt sich auch hier, dass der marginale Einfluss der Informationsunsicherheit abnimmt. Insgesamt führt die Reduktion des optimalen Verschuldungsgrades durch die Eigentümer dazu, dass die Risikoprämie des Fremdkapitals mit zunehmender Infor-

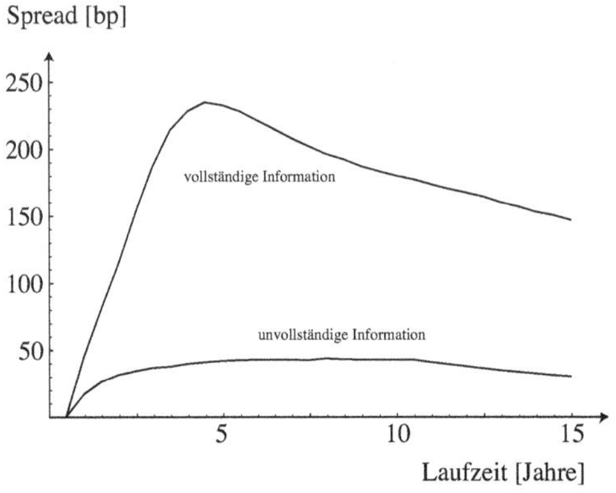

Abbildung 5.2: Spreadverhalten für verschiedene Laufzeiten des Fremdkapitals bei optimaler Kapitalstruktur

mationsunsicherheit *sinkt*[8]. Offensichtlich verschlechtert eine Zunahme der Informationsunsicherheit das Verhältnis von Risiko und Ertrag der Fremdfinanzierung aus der Sicht der Eigentümer derart, dass diese sich entscheiden, bei zunehmender Unsicherheit insgesamt weniger Risiko einzugehen. Da das Risiko des Fremdkapitals im Emissionsmarkt fair bepreist ist, sinkt somit der Spread der Anleihen.

Dieses Verhalten der Risikoprämie zeigt sich bei steigender Informationsunsicherheit nicht nur im Primär-, sondern auch im Sekundärmarkt, wo der Effekt der sinkenden Verschuldung den der größeren Unsicherheit über den Unternehmenswert überkompensiert und ebenfalls sinkende Risikoprämien zu beobachten sind. Der Wert des verschuldeten Unternehmens zum Emissionszeitpunkt sinkt ebenfalls bei zunehmender Unsicherheit, während das Verhalten des Unternehmenswertes im Sekundärmarkt vom Bilanzwert abhängt. Bei schlechten Bilanzwerten profitiert der Unternehmenswert davon, dass mit zunehmender Unsicherheit der Informationgehalt der Bilanz entwertet wird, während bei hohen Bilanzwerten das Gegenteil der Fall ist und der Unternehmenswert sinkt.

Weil die unvollständige Information in unserem Modell einen Einfluss auf die optimale Kapitalstruktur hat, kehren sich einige Ergebnisse der komparativ statischen Analyse im Vergleich zur Situation mit fixer Kapitalstruktur um, wie beispielsweise beim Vergleich der Risikoprämien für verschiedene Fremdkapitallaufzeiten in Abbildung 5.2 zu

[8] Dieses Ergebnis widerspricht nicht den empirischen Erkenntnissen von Yu (2005), da dieser in seiner Untersuchung unter anderem eine identische Verschuldung voraussetzt.

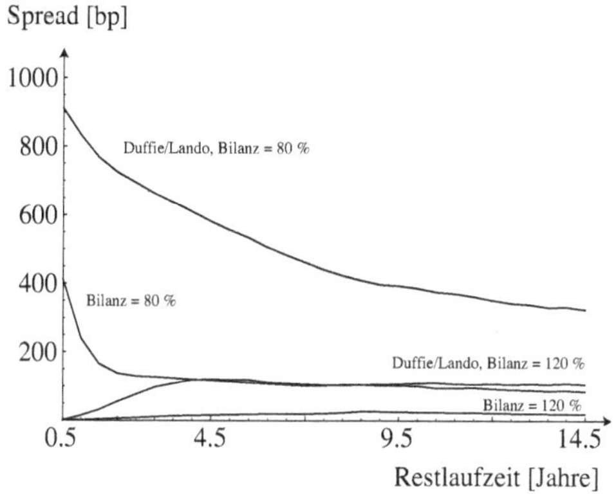

Abbildung 5.3: Spreadverhalten im Sekundärmarkt für verschiedene Restlaufzeiten des Fremdkapitals bei optimaler Kapitalstruktur

erkennen ist. Während wir bei der vergleichbaren Analyse in Abschnitt 4.2.2 noch festgestellt haben, dass der Spread bei fixer Kapitalstruktur im Primärmarkt aufgrund des höheren Risikos in unserem Modell mit unvollständiger Information für alle Laufzeiten höher ist, zeigt sich bei optimaler Kapitalstruktur das Gegenteil. Die Spreadkurven zeigen zwar noch den erwarteten buckligen Verlauf, die Risikoprämie ist nun jedoch im Modell mit unvollständiger Information wesentlich höher. Der Grund für dieses Verhalten liegt auch hier wieder in der höheren optimalen Verschuldung bei vollständiger Information, die darüber hinaus für längere Laufzeiten des Fremdkapitals steigt, während der optimale Verschuldungsgrad bei unvollständiger Information für steigende Laufzeiten abnimmt. Die geringere optimale Verschuldung im Modell mit unvollständiger Information führt hier dazu, dass das prinzipiell höhere Risiko aufgrund des zusätzlich möglichen Ausfalls durch Zahlungsunfähigkeit im Bezug auf die geforderte Risikoprämie des Fremdkapitals nicht nur ausgeglichen, sondern überkompensiert wird.

Der Wert des verschuldeten Unternehmens hat in unserem Modell nach wie vor ein Maximum in der Laufzeit des Fremdkapitals, das für den Fall unserer Ausgangsparameter und optimaler Kapitalstruktur bei 11 Jahren liegt. Bei vollständiger Information steigt der Wert des Unternehmens weiterhin und strebt gegen seinen Wert bei unendlicher Laufzeit des Fremdkapitals. Nach wie vor gilt ebenfalls, das der Wert des Unternehmens bei vollständiger Information über dem bei unvollständiger Information liegt.

Bei der Betrachtung des Verhaltens der Risikoprämie in Abhängigkeit der Restlaufzeit des Fremdkapitals im Sekundärmarkt wird deutlich, dass die Wahl der optimalen Ka-

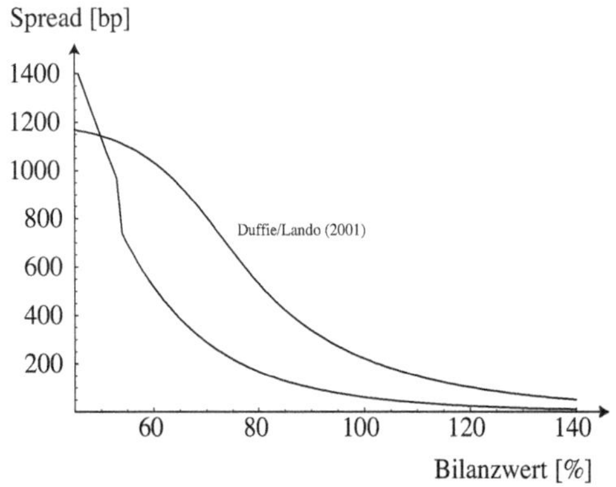

Abbildung 5.4: Spreadverhalten im Sekundärmarkt für verschiedene Bilanzwerte des Unternehmens bei optimaler Kapitalstruktur

pitalstruktur zum Emissionszeitpunkt auch hier Auswirkungen hat. In Abbildung 5.3 fällt zunächst auf, dass auch bei der Sekundärmarktbewertung die Risikoprämien des Referenzmodells die unseres Modells übersteigen. Dies ist bemerkenswert, da die Outsider im Modell von Duffie/Lando (2001) im Gegensatz zu unserem Modell bei der Sekundärmarktbewertung sicher sein können, dass das Unternehmen nicht überschuldet ist. Diese Information reicht allerdings offensichtlich nicht aus, um den Effekt der wesentlich höheren Verschuldung[9] zu kompensieren. Weiterhin fällt auf, dass die Spreads insbesondere bei kurzen Restlaufzeiten aufgrund der höheren Verschuldung wesentlich sensibler auf Änderungen des Bilanzwertes reagieren. Dieser Effekt könnte der Grund dafür sein, dass Duffie/Lando (2001) in ihrer Originalarbeit für die graphische Darstellung der Risikoprämien im Sekundärmarkt eine optimal Kapitalstruktur bei der Emission des Fremdkapitals[10] und einen relativ niedrigen Bilanzwert unterstellen. Beides wäre für den Beweis der positiven Ausfallintensität in einem Strukturmodell, der den eigentlichen Kern der Arbeit bildet, nicht notwendig gewesen. Es steht aber zu vermuten, dass ohne diese Annahmen deutlich positive Spreads für kurze Restlaufzeiten nicht darstellbar gewesen wären.

Bei der Betrachtung der komparativ statischen Variation des Bilanzwertes des Unternehmens im Sekundärmarkt in Abbildung 5.4 werden insbesondere zwei Aspekte deut-

[9] Für unseren Basisfall einer Laufzeit von 5 Jahren beträgt der optimale Verschuldungsgrad bei Emission im Referenzmodell mit vollständiger Information ca. 75% und in unserem Modell ca. 47%.

[10] Da die unvollständige Information im Modell von Duffie/Lando (2001) keinen Einfluss auf die Primärmarktbewertung hat, ergibt sich hier eine unserem Referenzmodell mit vollständiger Information entsprechende hohe optimale Verschuldung.

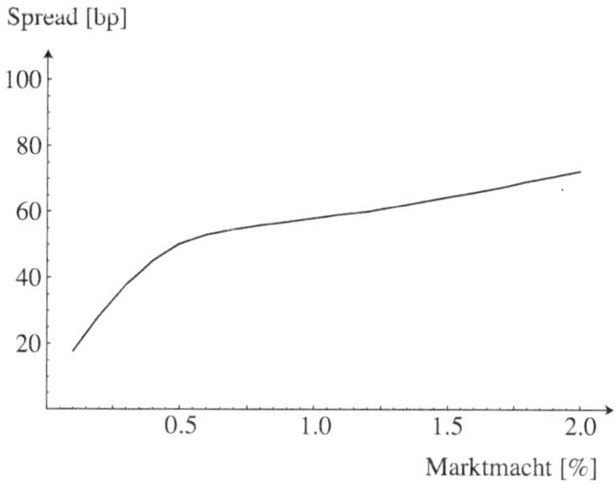

Abbildung 5.5: Spreadverhalten für verschiedene Marktmacht der Neuaktionäre bei optimaler Kapitalstruktur

lich. Zum einen zeigt sich, dass auch bei optimaler Kapitalstruktur für unseren Standardfall einer Restlaufzeit von 4,5 Jahren zum Zeitpunkt der Sekundärmarktbewertung praktisch jede beliebige Risikoprämie in Abhängigkeit des Bilanzwertes darstellbar ist. Dieser Effekt sollte bei der Interpretation jeder Sekundärmarktbewertung berücksichtigt werden, da der Bilanzwert des Unternehmens stets exogen zu wählen ist. Zum Zweiten zeigt sich, dass die bereits angesprochene garantierte Nichtüberschuldung im Modell von Duffie/Lando (2001) einen Effekt hat, der sich insbesondere bei niedrigen Bilanzwerten bemerkbar macht. Während in unserem Modell bei sinkenden Bilanzwerten des Unternehmens der kritische Bilanzwert des Unternehmens unterschritten wird und ein Ausfall durch Zahlungsunfähigkeit nicht mehr zu vermeiden ist, können die Outsider im Modell von Duffie/Lando (2001) sicher sein, dass das Unternehmen nicht überschuldet ist und zumindest den aktuellen Bilanz- und Kupontermin mit Sicherheit überleben wird. Während somit in unserem Modell der erwarte Unternehmenswert und damit der erwartete Erlös bei der Liquidation des Unternehmens weiter mit dem Bilanzwert sinkt, ist der erwartete Unternehmenswert in Modell von Duffie/Lando (2001) nach unten begrenzt. Dies führt dazu, dass bei sehr niedrigen Bilanzwerten der Effekt der höheren Verschuldung überkompensiert wird und die Spreads in unserem Modell über die des Referenzmodells steigen.

Für das Verhalten der Risikoprämie des Fremdkapitals bei der komparativ statischen Variation der Marktmacht der potentiellen Neuaktionäre gilt ebenfalls, dass die Ergebnisse bei optimaler Kapitalstruktur deutlich von denen bei exogener Verschuldung abweichen.

Während bei fixer Kapitalstruktur die steigende Marktmacht der potentiellen Neuaktionäre dazu geführt hat, dass durch die Reduktion des Risikos eines Ausfalls durch Zahlungsunfähigkeit das Risiko des Fremdkapitals insgesamt gesunken ist, tritt bei optimaler Kapitalstruktur ein gegensätzlicher Effekt ein, wie Abbildung 5.5 deutlich macht. Bei steigender Marktmacht der potentiellen Neuaktionäre wählen die Eigentümer des Unternehmens eine zunehmende optimale Verschuldung, die im Endeffekt dazu führt, dass das Risiko des Fremdkapitals steigt.

Auf den ersten Blick erscheint es verwunderlich, warum die Eigentümer auf eine steigende Marktmacht der potentiellen Neuaktionäre mit einer steigenden und nicht etwa mit einer sinkenden Verschuldung reagieren, da die Beschaffung des Eigenkapitals zur Deckung der Kupons teurer wird. Wenn man sich jedoch vor Augen führt, welche Auswirkungen eine steigende Marktmacht der potentiellen Neuaktionäre auf den Wert des Eigenkapitals des Unternehmens hat, lässt sich der Effekt nachvollziehen. Die Marktmacht der potentiellen Neuaktionäre regelt die Verteilung des aus der Sicht der Aktionäre durch die Deckung der Kuponzahlung verhinderten Verlustes. Dieser Verlust hängt direkt davon ab, was die Aktionäre im Fall eines Ausfalls zu verlieren haben, und ist somit c.p. negativ abhängig von der Höhe des Fremdkapitalanspruchs. Vereinfacht formuliert haben die Eigenkapitalgeber in einer gegebenen Situation umso weniger zu verlieren, je geringer ihr Anspruch gegen das verschuldete Unternehmen ist. Dies lässt sich dadurch erreichen, dass der Anspruch der Fremdkapitalgeber und damit der Verschuldungsgrad steigt. Im Fall einer höheren Verschuldung entnehmen die ursprünglichen Eigentümer dem Unternehmen in $t = 0$ einen größeren Teil des Wertes ihres Anteils am Unternehmen in Form einer Sonderdividende und entziehen diesen damit dem späteren Zugriff potentieller Neuaktionäre. Zusammen mit der höheren möglichen Steuerersparnis, die sich aus einer höheren Verschuldung ergibt und sich aufgrund des gesunkenen Risikos eines Ausfalls durch Zahlungsunfähigkeit (wegen der größeren Marktmacht der potentiellen Neuaktionäre) auch besser realisieren lässt, erklärt sich somit der steigende optimale Verschuldungsgrad. Die höhere Verschuldung steigert das Ausfallrisiko des Unternehmens mehr, als dieses durch das geringere Risiko eines Ausfalls durch Zahlungsunfähigkeit gesenkt wird, und die Risikoprämie des Fremdkapitals steigt insgesamt.

Das Verhalten der Risikoprämien im Sekundärmarkt unterscheidet sich auch bei der komparativ statischen Variation der Marktmacht der potentiellen Neukationäre nicht wesentlich vom Verhalten im Primärmarkt. Wie bereits mehrfach beobachtet, reagieren auch hier die Spreads bei niedrigen Bilanzwerten sensibler auf Parameteränderungen und sind insgesamt höher.

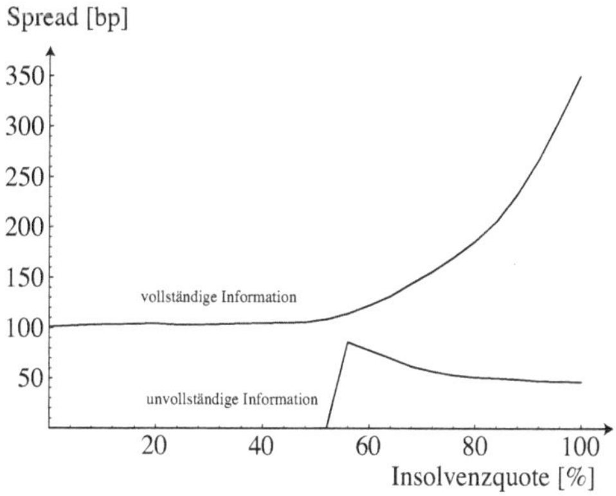

Abbildung 5.6: Spreadverhalten für verschiedene Insolvenzquoten bei optimaler Kapitalstruktur

Der Wert des verschuldeten Unternehmens ist bei optimaler Kapitalstruktur offensichtlich höher[11] als bei exogener Verschuldung, weist aber im Fall der komparativ statischen Variation der Marktmacht der potentiellen Neuaktionäre den gleichen Verlauf auf wie bei der Untersuchung mit fixer Kapitalstruktur in Abschnitt 4.2.5. Auch hier zeigt der Wert des verschuldeten Unternehmens ein Maximum bei einer Marktmacht der potentiellen Neuaktionäre von 0,2%. Die Erklärung für diesen Unternehmenswertverlauf unterscheidet sich nicht von der, die wir bereits für den Fall der fixen Kapitalstruktur gegeben haben, und soll deshalb an dieser Stelle nicht nochmals wiederholt werden.

Bei der komparativ statischen Analyse des Modellverhaltens bei Variation der Insolvenzquote zeigt sich ebenfalls, dass das Verhalten sowohl unseres Modells mit unvollständiger Information als auch das des Referenzmodells bei optimaler Kapitalstruktur vom bereits in Abschnitt 4.2.4 diskutierten Verhalten bei exogenem Verschuldungsgrad abweicht. Während bei fixer Verschuldung mit steigender Insolvenzquote das Risiko des Fremdkapitalanspruchs aufgrund der höheren im Fall eines Ausfalls zur Verfügung stehenden Masse sinkt, steigt zumindest bei vollständiger Information und optimaler Kapitalstruktur die Risikoprämie bei steigenden Insolvenzquoten, wie Abbildung 5.6 zeigt. Auch hier gilt wieder für alle untersuchten Fälle, dass der Verschuldungsgrad im Referenzmodell den unseres Modells übersteigt. Es zeigt sich allerdings an dieser Stelle erstmals eine weitere Besonderheit unseres Modells, die darin besteht, dass die Eigentümer für niedrige Insol-

[11] Da wir die optimale Kapitalstruktur so wählen, dass der Wert des verschuldeten Unternehmens maximiert wird, ist der Wert mindestens so hoch wie im Fall fixer Kapitalstruktur.

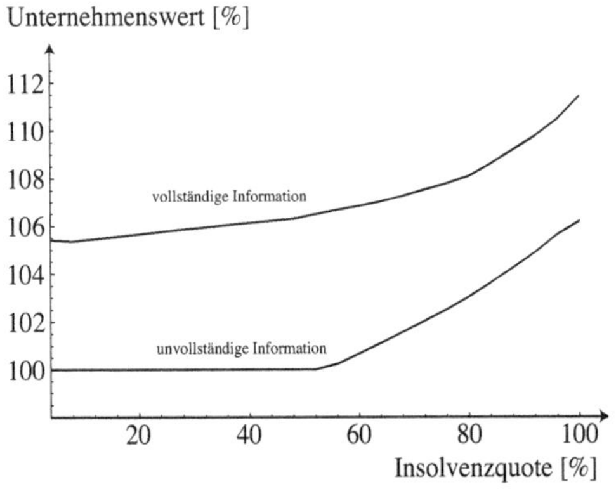

Abbildung 5.7: Verhalten des Unternehmenswertes für verschiedene Insolvenzquoten bei optimaler Kapitalstruktur

venzquoten in $t = 0$ auf eine Verschuldung des Unternehmens verzichten. Sie tun dies, weil bei niedrigen Insolvenzquoten der Wert des verschuldeten Unternehmens in unserem Modell für jeden möglichen positiven Verschuldungsgrad unter dem des unverschuldeten Unternehmens liegt. Der Grund für dieses Verhalten liegt darin, dass die Nachteile einer Fremdkapitalaufnahme nicht wie im Referenzmodell mit steigender Verschuldung graduell auftreten, sondern teilweise den Charakter von sprungfixen Kosten haben. Dies gilt insbesondere für die erwarteten Kosten einer Insolvenz aufgrund von Zahlungsunfähigkeit und die erwarteten Kosten des Underpricings bei der Eigenkapitalemission. Beide hängen zwar auch von der Höhe des emittierten Fremdkapitals ab, treten aber, anders beispielsweise als die erwarteten Insolvenzkosten im Referenzmodell mit vollständiger Information, schon bei sehr geringen Mengen an Fremdkapital deutlich in Erscheinung. Die Vorteile einer Verschuldung in Form eines Überschusses der erwarteten Steuerersparnis über die erwarteten Insolvenzkosten müssen daher in unserem Modell deutlich positiv sein, um die sonstigen Nachteile einer Fremdfinanzierung zu kompensieren. Da dies bei niedrigen Insolvenzquoten nicht der Fall ist, verzichten die Outsider auf eine ansonsten mögliche Verschuldung. Deutlich wird diese Entscheidung der Insider bei einem Blick auf den Wert des verschuldeten Unternehmens in Abbildung 5.7. Man erkennt, dass der Wert des verschuldeten Unternehmens bei unvollständiger Information deutlich unter dem des (ansonsten bis auf die Kapitalstruktur) identischen Unternehmens bei vollständiger Information liegt und bei niedrigen Insolvenzquoten unter den Wert des unverschuldeten Unternehmens fallen würde.

Für Insolvenzquoten über 55% lohnt es sich schließlich auch für die Eigentümer des Unternehmens im Modell mit unvollständiger Information Fremdkapital zu emittieren, wobei der optimale Verschuldungsgrad von 0% auf circa 50% springt. Wie man in Abbildung 5.6 erkennt, springt hier entsprechend die Risikoprämie des Fremdkapitals auf ein positives Niveau. Bei weiter steigenden Insolvenzquoten erhöhen die Insider zwar weiter den Verschuldungsgrad, dies führt aber nicht zu weiter steigenden Spreads, da der Effekt der höheren Verschuldung davon überkompensiert wird, dass für den Fremdkapitalanspruch im Insolvenzfall mehr Masse zur Verfügung steht und er somit sicherer wird. Dies gilt nicht für das Modell mit vollständiger Information, wo die Insider den optimalen Verschuldungsgrad bei steigenden Insolvenzquoten wesentlich stärker erhöhen und die Spreads im Endeffekt mit steigenden Insolvenzquoten steigen, wie man ebenfalls in Abbildung 5.6 erkennt. Bei der Bewertung des Fremdkapitals im Sekundärmarkt gleicht das Verhalten der Risikoprämien dem beschriebenen Verhalten im Primärmarkt. Der einzige wesentliche Unterschied ist, dass das Level der Spreads je nach Bilanzwert variiert und die Risikoprämien für niedrige Bilanzwerte stärker auf eine Änderung der Insolvenzquote reagieren.

Der im Rahmen der komparativen Statik bei fixer Kapitalstruktur beschriebene Effekt des nicht monotonen Unternehmenswertes bei unvollständiger Information, der dadurch ausgelöst wird, dass die potentiellen Neuaktionäre bei vollständiger Recovery keine Verhandlungsposition mehr haben und das Unternehmen aufgrund von Zahlungsunfähigkeit ausfällt, findet sich in dieser Form nicht mehr bei optimaler Kapitalstruktur, wie man deutlich in Abbildung 5.7 erkennt. Hier ist der von den Insidern bei einer Insolvenzquote von 100% optimal gewählte Verschuldungsgrad so hoch, dass die Altaktionäre beim Ausfall im ersten Kupontermin einen beträchtlichen Vermögensschaden in Form verlorener Steuerersparnis aufgrund der Fremdfinanzierung erleiden würden. Die potentiellen Neuaktionäre wissen dies und sind daher zu Verhandlungen bereit, was das Unternehmen vor einem sicheren Ausfall durch Zahlungsunfähigkeit bewahrt. Im Ergebnis steigt somit bei optimaler Kapitalstruktur der Unternehmenswert sowohl im Referenzmodell mit vollständiger Information als auch in unserem Modell mit unvollständiger Information monoton mit der Insolvenzquote.

Das Verhalten unseres Modells bei einer komparativ statischen Variation der Prüfkosten und optimaler Kapitalstruktur liefert nur wenige interessante Erkentnisse. Es gilt zunächst wie im in Abschnitt 4.2.6 beschriebenen Fall mit fixer Kapitalstruktur, dass Unternehmenswert und Risikoprämie nur sehr wenig auf eine Änderung der Prüfkosten reagieren. Für unseren Basisfall von Prüfkosten in Höhe von 0,01% des Wertes der Aktiva des Unternehmens zum Emissionszeitpunkt ergibt sich ein optimaler Verschuldungsgrad von circa

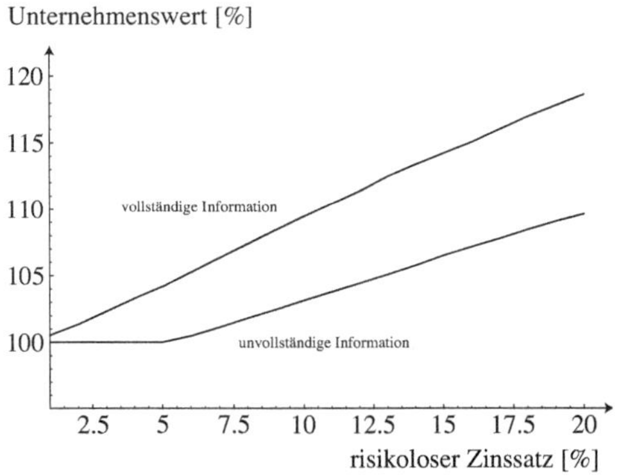

Abbildung 5.8: Verhalten des Unternehmenswertes für verschiedene risikolose Zinssätze bei optimaler Kapitalstruktur

50%. Auf eine Erhöhung der Prüfkosten bis auf das fünffache Niveau unseres Basisfalles reagieren die Eigentümer zunächst fast gar nicht, bei einer weiteren Erhöhung bis auf das 12-fache Niveau senken sie den Verschuldungsgrad auf circa 40%, wodurch die Risikoprämie des Fremdkapitals insgesamt sinkt. Mit steigenden Prüfkosten sinkt der Wert des verschuldeten Unternehmens, wie wir bereits im Fall mit fixer Kapitalstruktur in Abbildung 4.11 festgestellt haben. Das dort beobachtete Verhalten gilt grundsätzlich auch für den Fall optimaler Kapitalstruktur mit dem einzigen Unterschied, dass sich die Eigentümer für Prüfkosten über 0,12% des Wertes der Aktiva in $t = 0$ entscheiden, auf eine Fremdkapitalaufnahme zu verzichten. Sie tun dies wie im Fall der Insolvenzquote, weil der Wert des verschuldeten Unternehmens ansonsten unter dem des identischen, aber unverschuldeten Unternehmens liegen würde. Für höhere Prüfkosten verzichten die Eigentümer somit auf eine Fremdkapitalaufnahme und das Unternehmen bleibt unverschuldet. Bei der Sekundärmarktbewertung zeigen sich ebenfalls fallende Risikoprämien bei steigenden Prüfkosten. Sobald das Unternehmen aufgrund der gestiegenen Prüfkosten kein Fremdkapital mehr emittiert, lässt sich natürlich auch im Sekundärmarkt keine (positive) Risikoprämie mehr ermitteln.

Ähnliche Effekte, wie wir sie für die Variation der Insolvenzquote beschrieben haben, beobachten wir auch bei der komparativ statischen Analyse im Bezug auf den risikolosen Zinssatz. Nachdem wir bereits bei der Analyse für fixe Kapitalstrukturen in Abschnitt 4.2.7 festgestellt haben, dass der Wert des Unternehmens mit dem risikolosen Zinssatz steigt, zeigt sich, dass es für unseren Standardfall auch einen risikolosen Zinssatz gibt,

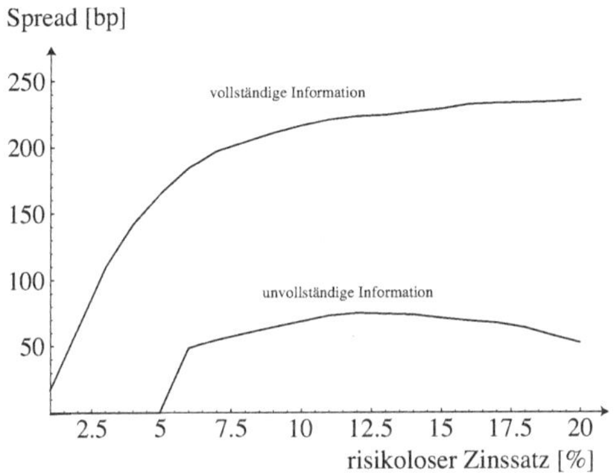

Abbildung 5.9: Spreadverhalten für verschiedene risikolose Zinssätze bei optimaler Kapitalstruktur

unterhalb dessen die Eigentümer auf eine Verschuldung des Unternehmens verzichten. Für risikolose Zinssätze bis 5% lohnt es sich bei unvollständiger Information nicht, das zusätzliche Risiko einer Fremdfinanzierung des Unternehmens einzugehen, wie Abbildung 5.8 zeigt. Der Grund hierfür ist, dass bei geringer Drift des Unternehmenswertprozesses die Ausfallwahrscheinlichkeit des Unternehmens relativ hoch ist und somit der mögliche Überschuss der erwarteten Steuerersparnis über die Insolvenzkosten bei unvollständiger Information nicht ausreicht, die sonstigen Nachteile einer teilweisen Fremdfinanzierung zu überdecken. Dieses Verhalten steht auch hier im Gegensatz zum Modell mit vollständiger Information, wo ein positiver Verschuldungsgrad für alle risikolosen Zinssätze vorteilhaft ist.

Auch bei der komparativ statischen Variation des risikolosen Zinssatzes liegt der optimale Verschuldungsgrad bei vollständiger Information stets über dem bei unvollständiger Information. Der Effekt der höheren Verschuldung ist auch hier wieder, dass die Risikoprämie im Modell mit vollständiger Information über der unseres Modells mit unvollständiger Information liegt, wie Abbildung 5.9 deutlich macht. Für den untersuchten Bereich zeigt sich darüber hinaus, dass der Spread in unserem Modell ein Maximum erreicht, während er im Referenzmodell monoton steigt. Auch dieser Effekt ist darauf zurückzuführen, dass die Eigentümer bei vollständiger Information einen besseren Trade-Off zwischen erwartetem Ertrag und Risiko der Fremdfinanzierung vorfinden und entsprechend bereit sind, ein höheres Risiko einzugehen und dieses bei steigender Drift des Unternehmenswertprozesses

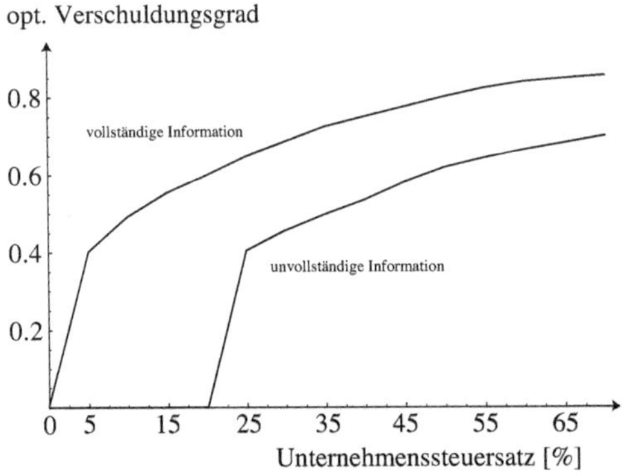

Abbildung 5.10: Verhalten des optimalen Verschuldungsgrades für verschiedene Unternehmenssteuersätze

noch zu steigern, während die steigende Drift im Modell mit unvollständiger Information dazu führt, dass die Risikoprämie wieder sinkt.

Bei der Sekundärmarktbewertung gilt sowohl für unser Modell mit unvollständiger Information als auch für das Referenzmodell von Duffie/Lando (2001), dass das Verhalten der Risikoprämie von der Höhe des Bilanzwertes abhängt. Bei schlechten Bilanzwerten überwiegt der Effekt der mit dem risikolosen Zinssatz steigenden Verschuldung des Unternehmens und der Spread steigt, während bei hohen Bilanzwerten schließlich der Effekt der steigenden Drift überwiegt und der Spread ein Maximum aufweist, nachdem er wieder fällt. Unabhängig davon gilt jeweils, dass die Spreads umso höher sind, je schlechter der Bilanzwert des Unternehmens ausfällt, und die Spreads aufgrund der stärkeren Verschuldung bei vollständiger Information stets höher sind als bei unvollständiger Information.

Ebenso wie bei der Untersuchung unseres Modells im Hinblick auf die Insolvenzquote, die Prüfkosten und den risikolosen Zinssatz stellen wir auch bei der Variation des Unternehmenssteuersatzes fest, dass die Eigentümer des Unternehmens sich im Gegensatz zur Situation bei vollständiger Information nicht in allen Fällen für eine Emission von Fremdkapital entscheiden. Dieser Umstand ist, zusammen mit der Tatsache, dass auch hier wieder die optimale Verschuldung bei vollständiger Information stets höher ist als bei unvollständiger Information, in Abbildung 5.10 erkennbar. Für Unternehmenssteuersätze bis 20% lohnt es sich für die Eigentümer des unverschuldeten Unternehmens bei unvollständiger Information nicht Fremdkapital zu emittieren, weil die Nachteile aus der Emission die Vorteile überwiegen und der Wert des verschuldeten Unternehmens unter dem des unverschuldeten liegen würde. Der Grund für diesen Effekt liegt auch hier wieder darin, dass bei unvollständiger Information ein großer Teil der Nachteile der Fremdfinanzierung mit der ersten Einheit an Fremdkapital auftritt, während bei vollständiger Information die Nachteile in Form von erwarteten Insolvenzkosten graduell mit steigendem Verschuldungsgrad anfallen.

Während es sich somit bei einem Unternehmenssteuersatz von null in keinem der Modelle lohnt, Fremdkapital aufzunehmen, da sich kein Steuervorteil der Fremdfinanzierung realisieren lässt, steigt der optimale Verschuldunggrad bei vollständiger Information auf ein positives Niveau, sobald ein positiver Steuersatz erhoben wird. Obwohl der Steuersatz niedrig und somit die Möglichkeiten der Ersparnis aufgrund von Fremdfinanzierung gering ist, lohnt sich eine mäßige Verschuldung des Unternehmens, da die Ausfallwahrscheinlichkeit zunächst nur sehr gering im Verschuldungsgrad steigt[12]. Die optimale Verschuldung ist bei vollständiger Information erreicht, wenn die fallende Grenzrate der Vorteile der Verschuldung der steigenden Grenzrate der Nachteile der Verschuldung entspricht. Bei einem unverschuldeten Unternehmen ist die Grenzrate der Vorteile positiv und die der Nachteile null[13], weshalb sich auch bei sehr geringen Steuersätzen eine positive Verschuldung lohnt. Dies ist in unserem Modell nicht der Fall, da die Vorteile der Fremdfinanzierung zunächst die "fixen" Nachteile decken müssen, bevor eine Verschuldung vorteilhaft ist. Sobald sich die Eigentümer bei unvollständiger Information hingegen entschieden haben, Fremdkapital zu emittieren, gilt auch hier, dass die optimale Kapitalstruktur an der Stelle gegeben ist, an der die Grenzrate der Vorteile der der Nachteile der Fremdfinanzierung entspricht.

Anhand dieses Kriteriums für die optimale Kapitalstruktur wird deutlich, warum der Verschuldungsgrad im Modell mit vollständiger Information stets höher liegt. Für einen gegebenen Steuersatz fallen die Vorteile aus der Fremdfinanzierung in Form von Steuerersparnissen an, so lange das Unternehmen überlebt. Da durch die zusätzliche Möglichkeit eines Ausfalls aufgrund von Zahlungsunfähigkeit die Ausfallwahrscheinlichkeit in unserem Modell für einen gegebenen Verschuldungsgrad c.p. stets höher ist, fallen die Steuerersparnisse im Mittel weniger häufig an und die Grenzrate der Vorteile der Verschuldung ist geringer. Da weiterhin gilt, dass bei identischen Insolvenzkosten die Grenzrate der Nachteile der Fremdfinanzierung aufgrund der höheren Ausfallwahrscheinlichkeit höher ist, wird deutlich, dass sich die Grenzraten bei unvollständiger Information bei einer geringeren Menge ausstehenden Fremdkapitals entsprechen als bei vollständiger Information und der optimale Verschuldungsgrad folglich geringer sein muss.

[12] Vgl. z.B. Koziol/Thabe (2005).

[13] Wir gehen hierbei davon aus, dass die Ausfallwahrscheinlichkeit eines Unternehmens mit einer Einheit ausstehendes Fremdkapital zu vernachlässigen ist.

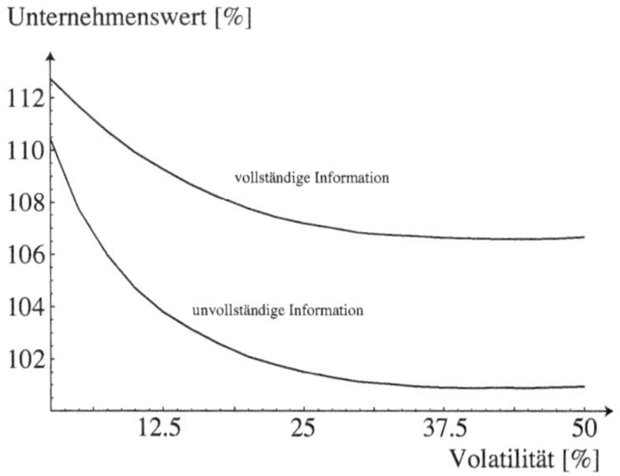

Abbildung 5.11: Verhalten des Unternehmenswertes für verschiedene Volatilitäten des Unternehmenswertprozesses bei optimaler Kapitalstruktur

Aus der obigen Argumentation folgt direkt, dass der Unternehmenswert bei vollständiger Information für alle positiven Steuersätze über dem bei unvollständiger Information liegen muss, da der Überschuss der Vorteile aus der Verschuldung über die Nachteile bei unvollständiger Information insgesamt geringer ist. Es zeigt sich außerdem, dass die Spreads beider Modelle sowohl auf dem Primär- als auch auf dem Sekundärmarkt aufgrund der steigenden Verschuldung mit dem Steuersatz steigen. Hierbei liegen die Risikoprämien bei vollständiger Information stets über denen bei unvollständiger Information.

Als letzten Teil dieser Untersuchung betrachten wir das Modellverhalten bei einer komparativ statischen Variation der Volatilität des Unternehmenswertprozesses. Wie Abbildung 5.11 zeigt, führt eine Erhöhung der Volatilität sowohl in unserem Modell mit unvollständiger Information als auch im Referenzmodell mit vollständiger Information zu fallenden Unternehmenswerten. Das Unternehmen emittiert hierbei auch bei unvollständiger Information in allen untersuchten Parameterkonstellationen positive Mengen an Fremdkapital, da der Wert des verschuldeten Unternehmens stets über dem des unverschuldeten liegt. Anders als im Fall mit exogener Kapitalstruktur ist hier eindeutig zu erkennen, dass der Wert des Unternehmens mit zunehmender Volatilität bei beiden Modellen fällt[14]. Dieses Verhalten ergibt sich vor allem daraus, dass mit zunehmender Volatilität die Attraktivität des Fremdkapitalanspruchs relativ abnimmt und die Eigentümer jeweils geringere Mengen an Fremdkapital emittieren, was die Steuerersparnis der Unternehmen reduziert.

[14] Leland (1994) kommt für den Fall optimaler Kapitalstruktur zu dem gleichen Ergebnis. Vgl. Leland (1994), S. 1232.

Da darüber hinaus bei steigender Volatilität trotz reduziertem Verschuldungsgrad die Ausfallwahrscheinlichkeiten der Unternehmen insgesamt steigen[15], steigen zusätzlich die erwarteten Kosten der Insolvenz und die Werte der verschuldeten Unternehmen sinken.

In beiden Modellen steigen die Risikoprämien sowohl bei der Primär- als auch bei der Sekundärmarktbewertung monoton mit der Volatilität des Unternehmenswertprozesses. Auch hierbei gilt wieder, dass die Spreads bei vollständiger Information aufgrund des höheren optimalen Verschuldungsgrades stets über denen des Modells mit unvollständiger Information liegen.

Die folgenden Tabellen 5.1 und 5.2 fassen nochmals die Ergebnisse der komparativ statischen Untersuchung mit optimaler Kapitalstruktur zusammen. "Höher" bzw. "niedriger" bezieht sich hierbei wiederum auf den Vergleich der Modelle im Bezug auf das Niveau der betrachteten Größe. Die sonstigen Bezeichnungen beziehen sich auf das Verhalten bei Variation des entsprechenden Parameters. "Bis null" oder "von 100 %" bezieht sich auf die beschriebenen Fälle, wo das Unternehmen unverschuldet bleibt und in diesem Fall beispielsweise kein positiver Spread ermittelt werden kann. "Maximum" bezeichnet den Fall eines klaren inneren Maximums, "nicht monoton" bezeichnet den Fall, dass mehrere Effekte gegeneinander wirken und keine klare Aussage möglich ist. "Abhängig von Bilanz" bedeutet, dass sich das Verhalten der betrachteten Größe im Bezug auf die variierte Variable je nach Höhe des Bilanzwertes ändert.

[15] Vgl. Koziol/Thabe (2005) für den Fall mit vollständiger Information.

		Unternehmenswert	Spread	Verschuldungsgrad
Laufzeit	PM	steigend, höher	hump shaped, höher	steigend, höher
	SM	n. a.	abh. von Bilanz, höher	n. a.
Grad der Informations-unsicherheit	PM	n. a.	n. a.	n. a.
	SM	n. a.	abh. von Bilanz	n. a.
Insolvenzquote	PM	steigend, höher	steigend, höher	steigend, höher
	SM	n. a.	steigend	n. a.
risikoloser Zinssatz	PM	steigend, höher	n. monoton, höher	steigend, höher
	SM	n. a.	abh. von Bilanz, höher	n. a.
Unternehmens-steuern	PM	steigend, höher	steigend, höher	steigend, höher
	SM	n. a.	steigend, höher	n. a.
Volatilität	PM	fallend, höher	steigend, höher	fallend, höher
	SM	n. a.	steigend, höher	n. a.
Bilanzwert	SM	n. a.	fallend	n. a.

Tabelle 5.1: Zusammenfassung der Ergebnisse der komparativen Statik mit optimaler Kapitalstruktur für das Referenzmodell von Duffie/Lando (2001)

		Unternehmenswert	Spread	Verschuldungsgrad
Laufzeit	PM	Maximum, niedriger	hump shaped, niedriger	fallend, niedriger
	SM	Maximum	abh. von Bilanz, niedriger	n. a.
Grad der Informations-unsicherheit	PM	fallend	fallend	fallend
	SM	abh. von Bilanz	fallend	n. a.
Insolvenzquote	PM	steigend, niedriger	fallend, niedriger	steigend, niedriger
	SM	steigend	n. monoton	n. a.
Marktmacht	PM	Maximum	steigend	steigend
	SM	Maximum	steigend	steigend
Prüfkosten	PM	fallend bis 100 %	fallend bis null	fallend bis null
	SM	fallend bis 100 %	fallend bis null	n.a.
risikoloser Zinssatz	PM	steigend, niedriger	n. monoton, niedriger	steigend, niedriger
	SM	steigend	abh. von Bilanz, niedriger	n. a.
Unternehmens-steuern	PM	steigend von 100 %, niedriger	steigend von null, niedriger	steigend von null, niedriger
	SM	steigend	steigend von null, niedriger	n. a.
Volatilität	PM	fallend, niedriger	steigend, niedriger	fallend, niedriger
	SM	abh. von Bilanz	steigend, niedriger	n. a.
Bilanzwert	SM	steigend m. Sprung,	fallend m. Sprung,	n. a.

Tabelle 5.2: Zusammenfassung der Ergebnisse der komparativen Statik mit optimaler Kapitalstruktur für unser Modell mit unvollständiger Information

5.3 Agencykosten der unvollständigen Information

Im folgenden Abschnitt soll unser Modell dazu genutzt werden, die Agencykosten der unvollständigen Information zu quantifizieren. Die Vorgehensweise hierbei gleicht am ehesten der im Modell von Mello/Parsons (1992), das wir in Abschnitt 2.4 bereits kurz beschrieben und in die Literatur eingeordnet haben. Das Modell von Mello/Parsons (1992) quantifiziert Agencykosten der Fremdfinanzierung, die dadurch entstehen, dass die Eigentümer des Unternehmens von der optimalen realwirtschaftlichen Strategie abweichen. Konkret haben die Eigenkapitalgeber die Möglichkeit, die von ihnen betriebene Mine in Abhängigkeit des Marktpreises des geförderten Rohstoffes offen zu halten bzw. zu öffnen, endgültig zu schließen oder vorübergehend stillzulegen. Sie werden dies bei reiner Eigenfinanzierung in einer Art und Weise tun, die den Wert der Mine insgesamt maximiert. Diese unternehmenswertmaximierende Strategie stellt die First-Best-Lösung des Betriebsproblems der Mine dar.

Bei teilweiser Fremdfinanzierung ist das Ziel der Eigentümer der Mine nicht mehr die Maximierung des Wertes der Unternehmens, sondern lediglich die Maximierung des Wertes des Eigenkapitals. Die Autoren zeigen, dass bei teilweiser Fremdfinanzierung die realwirtschaftliche Strategie zum Betrieb der Mine von der First-Best-Lösung abweicht und der Wert der Mine sinkt. Die Differenz der Werte der Mine unter der First- und Second-Best-Betriebsstrategie wird von den Autoren als Agencykosten der Fremdfinanzierung quantifiziert. Träger dieser Agencykosten sind die Eigenkapitalgeber dann, wenn die Fremdlkapitalgeber den Wechsel der Bertiebsstrategie antizipieren und den Effekt zum Zeitpunkt der Fremdkapitalemission in ihrer Zahlungsbereitschaft für den Fremdkapitalanspruch gegen das Unternehmen berücksichtigen.

Wie bereits in Abschnitt 2.4 erläutert, gehen die meisten Strukturmodelle im Gegensatz zur Arbeit von Mello/Parsons (1992) von einer exogenen realwirtschaftlichen Seite des Unternehmens aus. Dies gilt auch für das Modell von Leland (1994), für das darüber hinaus gilt, dass die Eigenkapitalgeber ex-post (nach der Emission von Fremdkapital) keinen Anreiz haben, von der ex-ante (vor der Emission von Fremdkapital) optimalen Ausfallschranke V_B abzuweichen[16]. Der durch die optimale Verschuldung unter Berücksichtigung von V_B in $t = 0$ realisierte Unternehmenswert stellt somit im Modell von Leland (1994) die First-Best-Lösung im Bezug auf die Kapitalstruktur- und Insolvenzpolitik des Unternehmens dar.

[16] Vgl. Leland (1994), S. 1222. Das Gleiche gilt auch für das Modell von Duffie/Lando (2001) und das hier vorgestellte Modell mit unvollständiger Information.

Im Modell von Duffie/Lando (2001) herrscht zum Zeitpunkt der Emission des Fremdkapitals in $t = 0$ keine Unsicherheit über den wahren Wert des Unternehmens. Es gilt weiterhin, dass eine mögliche Insolvenz des Unternehmens nur von den stets vollständig informierten Insidern des Unternehmens ausgelöst wird, die die Kuponzahlung dann verweigern, wenn es sich aus ihrer Sicht nicht länger lohnt, das Unternehmen am Leben zu erhalten. Aufgrund dessen, dass die Insider stets über den wahren Wert des Unternehmens informiert sind und außer ihnen keine andere (uninformierte) Partei Einfluss auf die Ausfallwahrscheinlichkeit des Unternehmens hat, entspricht die optimale Ausfallschranke im Modell von Duffie/Lando (2001) der First-Best-Lösung, die auch im Modell von Leland (1994) gilt.

Die Fremdkapitalgeber wissen somit im Modell von Duffie/Lando (2001) zum Zeitpunkt der Emission zwar, dass sie in Zukunft nur unvollständig über den wahren Wert des Unternehmens informiert sein werden, dies hat aber keinen Einfluss auf ihrer Zahlungsbereitschaft für den Fremdkapitalanspruch. Der Grund hierfür liegt darin, dass sich die Wahrscheinlichkeit eines Ausfalls ebenso wie die Erwartung über die Zahlung im Falle eines Ausfalls nicht von der Situation unterscheidet, die bei vollständiger Information beispielsweise im Modell von Leland (1994) bestünde. Die Eigentümer des zunächst unverschuldeten Unternehmens erlösen somit für eine gegebene versprochene Zinszahlung im Modell von Duffie/Lando (2001) und Leland (1994) bei der Emission des Fremdkapitals den gleichen Wert. Da sich die Werte des Eigenkapitals[17] aus den genannten Gründen ebenfalls nicht unterscheiden, unterscheidet sich der Wert eines verschuldeten Unternehmens im Modell von Duffie/Lando (2001) nicht von dem eines identischen Unternehmens im Modell von Leland (1994) und die Agencykosten der unvollständigen Information sind entsprechend null.

Die Situation in unserem Modell unterscheidet sich von der im Modell von Duffie/Lando (2001) dahingehend, dass die unvollständige Information bei uns einen Einfluss auf die Ausfallwahrscheinlichkeit des Unternehmens hat. Kostenpflichtige Ausfälle durch Zahlungsunfähigkeit werden ausgelöst durch Informationsunsicherheit und fänden dann nicht statt, wenn der wahre Wert des Unternehmens öffentlich bekannt oder eine kostenfreie Prüfung des Unternehmens möglich wäre. Da dies nicht der Fall ist, antizipieren die Fremdkapitalgeber zum Emissionszeitpunkt die zusätzlich möglichen Ausfälle durch Zahlungsunfähigkeit und berücksichtigen die damit verbundenen Kosten bei der Ermittlung

[17] Vernachlässigt wird hierbei beispielsweise, dass die Eigenkapitalgeber ihre Ansprüche während der (unendlichen) Laufzeit des Fremdkapitals nicht (Eigenkapital wird nicht gehandelt) verkaufen können. Da allerdings kein Handelsmotiv besteht, hat die Illiquidität hier keinen Wert und führt entsprechend nicht zu einem Abschlag.

ihrer Zahlungsbereitschaft für den Fremdkapitalanspruch. Träger dieser Kosten sind letztendlich die Eigentümer des ursprünglich rein eigenfinanzierten Unternehmens, da sie für eine gegebene versprochene Zinszahlung einen geringeren Betrag in Form der emittierten Anleihe erlösen.

Neben diesen Agencykosten des Fremdkapitals fallen auch Agencykosten des Eigenkapitals in Form von Underpricing der jungen Aktien in den Kuponterminen an[18]. Die Höhe des Underpricings richtet sich hierbei, wie in Abschnitt 3.6 beschrieben, zum einen nach der Höhe der Marktmacht der potentiellen Neuaktinäre und zum anderen nach der Höhe des Verlustes, der sich durch eine erfolgreiche Investition verhindern lässt. Träger dieser Kosten sind auch hier wieder die Eigentümer des ursprünglich rein eigenfinanzierten Unternehmens. Zwar fallen die Kosten des Underpricings in jedem Kupontermin an und es werden die Besitzanteile aller Eigentümer des Unternehmens (also auch derer, die sich erst später beteiligt haben) gleichmäßig verwässert. Allerdings antizipieren die potentiellen Neuaktionäre zum Zeitpunkt ihrer jeweiligen Investition bei der Bewertung des Eigenkapitals des Unternehmens die ihnen später drohende Verwässerung. Da somit die neuen Eigenkapitalgeber zu jedem Zeitpunkt bereits die vollständige erwartete Verwässerung ihres Anteils bis zum Ende der Fremdkapitallaufzeit bei ihrer Zahlungsbereitschaft berücksichtigen, tragen die ursprünglichen Eigentümer in $t = 0$ die vollständigen erwarteten Kosten des Underpricings.

Die Begründung des Underpricings in unserem Modell ist, dass das Unternehmen einen Ausfall durch Zahlungsunfähigkeit nicht vermeiden kann, wenn es seine Aktien nicht unter dem fairen Wert emittiert. Es liegt daher im Interesse des Unternehmens, seine jungen Aktien unter dem fairen Wert zu begeben und damit eine wesentlich teurere Insolvenz zu verhindern. Das Unternehmen kann hierbei nicht von dieser Strategie abweichen und nach erfolgter Prüfung auf einer fairen Emission bestehen, da dies einen sicheren Ausfall im nächsten Kupontermin bedeuten würde, wenn die potentiellen Neuaktionäre ein entsprechendes Verhalten des Unternehmens antizipieren und auf eine Unternehmensprüfung verzichten. Wie sich bei der komparativ statischen Untersuchung in den Abschnitten 4.2.5 und 5.2 gezeigt hat, kann es für das Unternehmen sogar vorteilhaft sein, seine vollständige Marktmacht nicht auszuüben und ein höheres Underpricing zuzulassen, da dies die Wahrscheinlichkeit einer Unternehmensprüfung in der Zukunft erhöht.

Die Begründung des Underpricings in unserem Modell weicht von den in der Literatur üblichen Begründungen ab, die sich hauptsächlich auf asymmetrische Information stützen.

[18] Vgl. Abschnitt 3.5.

Die klassische Begründung von Rock (1986) beispielsweise bezieht sich darauf, dass eine Gruppe von Anlegern besser informiert ist als die anderen. Emittenten begeben jungen Aktien unter ihrem fairen Wert, um ein für sie nachteilhaftes Crowding Out der uninformierten Anleger durch die informierten zu verhindern[19]. Eine Vielzahl anderer Arbeiten modelliert den Fall asymmetrischer Informationen zwischen dem Emittenten und den Anlegern bzw. dem Emissionshaus. Für den Fall, dass der Emittent des Eigenkapitals besser informiert ist als die Anleger, modellieren Grinblatt/Hwang (1989) Underpricing als Signal für die Qualität des Emittenten bei einmaliger Emission, Allen/Faulhaber (1989) und Welch (1989) betrachten den Fall wiederholter Emissionen. Einen Fall, der der Situation in unserem Modell in gewisser Weise ähnlich ist, betrachtet Chemmanur (1993), wo Underpricing dazu dient, Outsider zur kostenpflichtigen Informationsbeschaffung über die Qualität des Unternehmens zu bewegen. Einen Fall, in dem das Emissionshaus besser informiert ist als der Emittent, betrachtet beispielsweise Baron (1982). Andere Modelle, die sich nicht auf eine asymmetrische Informationsverteilung stützen, betrachten beispielsweise die Übernahme der Emissionen durch Emissionshäuser als Grund des Underpricings. Tinic (1988) modelliert Underpricing als Versicherung des Emissionshauses gegen juristische Risiken und möglichen Reputationsverlust als Folge einer (missglückten) Emission. Logue (1973) führt Underpricing auf mangelnden Wettbewerb zwischen Emissionsbanken zurück. Einige neuere Ansätze betrachten Underpricing im weiteren Sinne als Werbung für das emittierende Unternehmen. Die gestiegene Publicity steigert hierbei entweder die operative Performance des Unternehmens (vgl. bspw. Hakenes/Nevries (2002)) oder führt dazu, dass sich die Nachfrage nach den Aktien des Unternehmens erhöht und die Altaktionäre bei einer zweiten Emission hiervon profitieren können (vgl. bspw. Aggrawal/Krigman/Womack (2002)).

Der dritte Teil der Agencykosten der unvollständigen Information entsteht dadurch, dass sich die optimale Kapitalstruktur in unserem Modell von der optimalen Kapitalstruktur unterscheidet, die die Eigentümer bei vollständiger Information einrichten würden. Wie wir im Rahmen der komparativ statischen Untersuchung in Abschnitt 5.2 gesehen haben, wählen die Eigentümer im Zeitpunkt $t = 0$ bei unvollständiger Information einen wesentlich geringeren Verschuldungsgrad als bei vollständiger Information. Sie tun dies, weil es sich für sie nicht lohnt, ein höheres Risiko in Form einer höheren Verschuldung einzugehen. In der Folge müssen sie somit jedoch auf einen Teil der Steuerersparnis aufgrund von Fremdfinanzierung verzichten, den die Eigentümer des ansonsten identischen Unternehmens bei vollständiger Information realisieren können.

[19] Vgl. Rock (1986), S.188 ff.

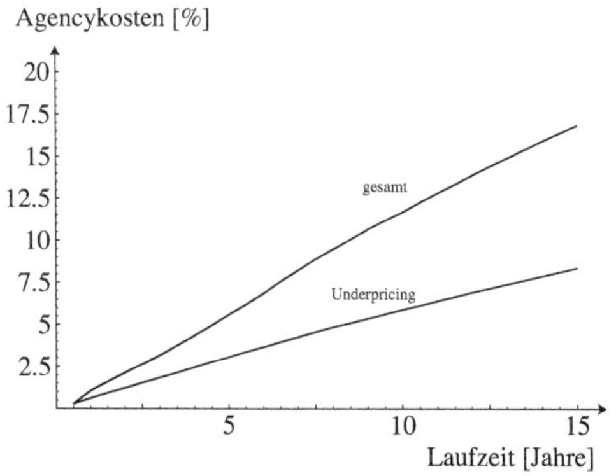

Abbildung 5.12: Agencykosten der unvollständigen Information für verschiedene Laufzeiten des Fremdkapitals

Die Gesamtkosten der unvollständigen Information messen wir somit in der Folge als Differenz der Werte des jeweils optimal verschuldeten Unternehmens im Zeitpunkt $t = 0$[20] einmal bei vollständiger und einmal bei unvollständiger Information. Weiterhin ermitteln wir die Kosten des Underpricings, die ein Teil der gesamten Kosten der unvollständigen Information sind, rekursiv mit Hife des gleichen Binomialbaumes, den wir auch zur Bewertung von Eigen- und Fremdkapital des verschuldeten Unternehmens verwenden.

Abbildung 5.12 zeigt, dass die Kosten der unvollständigen Information mit der Laufzeit des Fremdkapitalanspruchs steigen. Dies liegt zum einen daran, dass das Unternehmen bei steigender Laufzeit häufiger Eigenkapital aufnehmen muss, um die Ansprüche der Fremdkapitalgeber zu befriedigen. Dieser Effekt wird daran deutlich, dass die Kosten des Underpricings mit der Laufzeit des Fremdkapitals steigen. Dies ist allerdings nicht der einzige Effekt, was man daran erkennt, dass der Anteil des Underpricings an den gesamten Agencykosten in etwa konstant bleibt. Mit steigender Laufzeit des Fremdkapitals steigt darüber hinaus die Wahrscheinlichkeit, dass das Unternehmen wegen Zahlungsunfähigkeit ausfällt, da sich hierfür mehr Gelegenheiten ergeben. Außerdem macht sich mit steigender Laufzeit zunehmend die höhere Verschuldung des Unternehmens im Modell mit vollständiger Information bemerkbar, die zu höheren Steuerersparnissen führt. Da der Unternehmenswertprozess eine positive Drift aufweist, sind es gerade die Steuerersparnisse in den späteren Perioden, die mit einer vergleichsweise hohen Wahrscheinlichkeit anfallen und so für den Wertunterschied verantwortlich sind.

[20] Dies ist der Wert, der den Eigentümern des ursprünglich unverschuldeten Unternehmens zusteht.

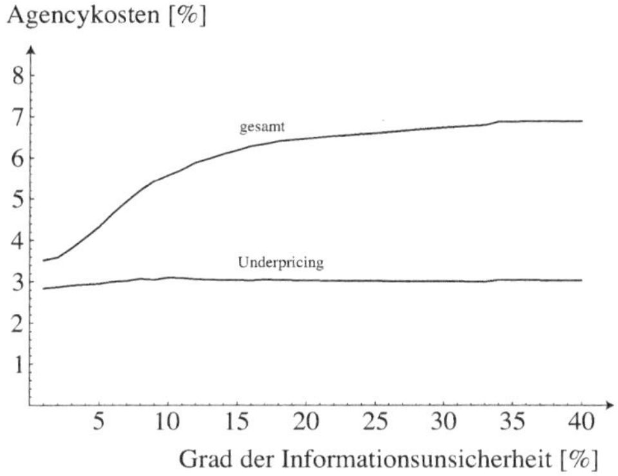

Abbildung 5.13: Agencykosten der unvollständigen Information für verschiedene Grade der Informationsunsicherheit

Bei der Betrachtung der Agencykosten in Abhängigkeit des Grades der Informationsunsicherheit in Abbildung 5.13 fällt auf, dass die Kosten des Underpricings fast gar nicht betroffen sind, während die gesamten Kosten mit zunehmender Unsicherheit steigen. Der Grund hierfür liegt darin, dass die Höhe des Underpricings in einem Kupontermin nicht von der öffentlichen Wahrnehmung des Unternehmenswertes abhängt, sondern vom tatsächlichen wahren Wert des Unternehmens. Als solches sind die Kosten des Underpricings als "Barwert des Underpricings" nur indirekt vom Grad der Informationsunsicherheit betroffen, beispielsweise dadurch, dass die Informationsunsicherheit einen Einfluss auf die Ausfall- bzw. Überlebenswahrscheinlichkeit des Unternehmens hat und entsprechend im Erwartungswert mehr oder weniger Eigenkapitalemissionen stattfinden. Die gesamten Kosten der Informationsunsicherheit hingegen sind vom Grad der Informationsunsicherheit abhängig, wie Abbildung 5.13 zeigt. Die Wahrscheinlichkeit eines Ausfalls durch Zahlungsunfähigkeit hängt direkt von der Informationsunsicherheit ab und verursacht erwartete Insolvenzkosten. Darüber hinaus sinkt mit zunehmender Informationsunsicherheit der optimale Verschuldungsgrad, wie wir beispielsweise in Abbildung 5.1 gesehen haben. Dies reduziert die möglichen Steuerersparnisse aufgrund der Fremdfinanzierung und erhöht so die Agencykosten der unvollständigen Information. Ähnlich wie bei der Betrachtung der Spreads in den vorherigen Abschnitten wird auch bei der Betrachtung der Agencykosten deutlich, dass der Einfluss der Informationsunsicherheit begrenzt ist. Dies liegt auch hier wieder daran, dass mit zunehmendem Rauschen der Informationsgehalt der Bilanz wertlos wird und sich die Agenten im Modell auf andere Informationsquellen verlassen.

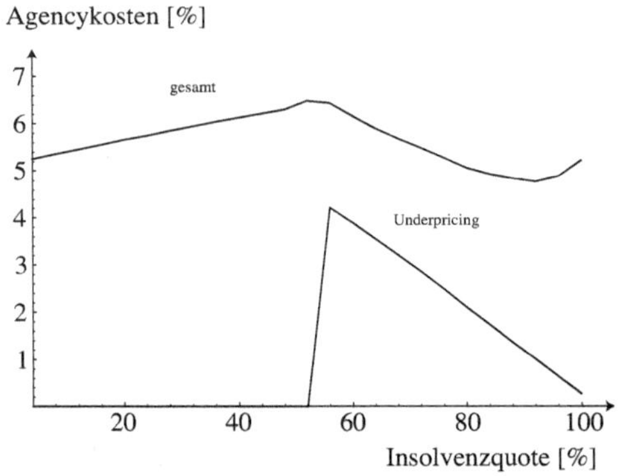

Abbildung 5.14: Agencykosten der unvollständigen Information für verschiedene Insolvenzquoten

Das Verhalten der Agencykosten in Abhängigkeit der Insolvenzquote verläuft in drei Phasen, wie Abbildung 5.14 zu entnehmen ist. Für niedrige Insolvenzquoten steigen zunächst die Kosten der unvollständigen Information. In diesem Bereich weist das Unternehmem bei unvollständiger Information optimalerweise keine Verschuldung auf. Dies ist unter anderem daran zu erkennen, dass die Kosten des Underpricings null betragen, da das Unternehmen bei reiner Eigenfinanzierung keine jungen Aktien emittieren muss um Kupons zu decken. In diesem Bereich profitiert das Unternehmen von steigenden Insolvenzquoten bei vollständiger Information aufgrund der positiven Verschuldung, während diese bei unvollständiger Information keinen Einfluss haben. Infolgedessen dessen steigen die Kosten der unvollständigen Information. In der zweiten Phase ist aufgrund der gestiegenen Insolvenzquoten nun auch bei unvollständiger Information eine positive Verschuldung vorteilhaft[21]. An dem Punkt, an dem das Unternehmen indifferent ist zwischen reiner Eigenfinanzierung und einem positiven Verschuldungsgrad, tauscht es die Kosten der ansonsten verlorenen Steuerersparnis gegen die Kosten des Underpricings und des zusätzlichen Ausfalls aufgrund von Zahlungsunfähigkeit. Wie in Abbildung 5.14 zu erkennen ist, sinken in der Folge die Kosten des Underpricings mit steigenden Insolvenzquoten. Dies sollte nicht verwundern, da die Altaktionäre mit steigenden Insolvenzquoten in eine bessere Verhandlungsposition kommen[22]. Als Folge der sinkenden Kosten des Underpricings sinken die Kosten der unvollständigen Information insgesamt. In der dritten Phase beginnen die Agencykosten der unvollständigen Information trotz weiterhin sinkender Kosten des Un-

[21] Vgl. hierzu auch Abschnitt 5.2.

[22] Vgl. hierzu auch Abschnitt 4.2.4.

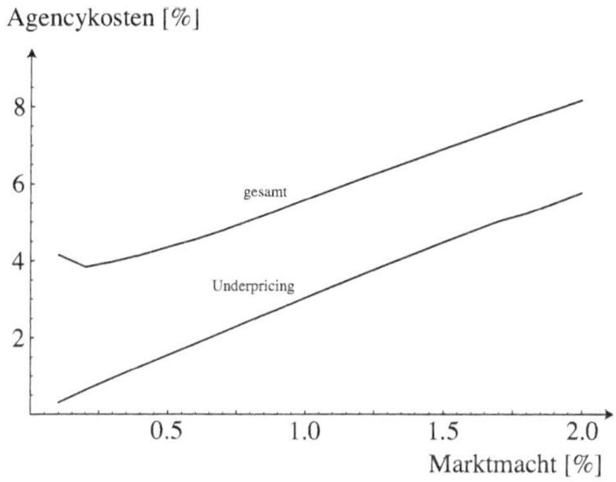

Abbildung 5.15: Agencykosten der unvollständigen Information für verschiedene Marktmacht der potentiellen Neuaktionäre

derpricings wieder zu steigen. Dieses Verhalten ist wiederum auf den bereits in Abschnitt 4.2.4 ausführlich erläuterten Effekt zurückzuführen, dass bei sehr hohen Insolvenzquoten Ausfälle aufgrund von Zahlungsunfähigkeit wegen der starken Verhandlungsposition der Altaktionäre sehr wahrscheinlich werden. Obwohl dies wie in Abschnitt 5.2 gesehen bei optimaler Kapitalstruktur nicht mehr wie im Fall exogener Verschuldung zu einem Absinken des Unternehmenswertes führt, ist es dennoch ursächlich dafür, dass die Kosten der unvollständigen Information steigen.

Bei der Interpretation der Agencykosten in Abhängigkeit der Marktmacht der potentiellen Neuaktionäre in Abbildung 5.15 ist zu beachten, dass dieser Parameter bei vollständiger Information keinen Einfluss auf den Wert des Unternehmens hat. Der Verlauf der Agencykosten spiegelt somit das Verhalten des Wertes des optimal verschuldeten Unternehmens bei unvollständiger Information wider. Auch hier zeigt sich entsprechend das bereits diskutierte Maximum des Unternehmenswertes, welches sich entsprechend als Minimum der Agencykosten darstellt. Es zeigt sich darüber hinaus das erwartet steigende Verhalten der Kosten des Underpricings, was auf die sich mit steigender Markmacht verbessernde Verhandlungsposition der potentiellen Neuaktionäre bei der Eigenkapitalemission zurückzuführen ist.

Auf eine detaillierte Abbildung des Verhaltens der Agencykosten bei Variation der Prüfkosten wollen wir an dieser Stelle verzichten, da eine solche Abbildung wenig informativ wäre. Da die Prüfkosten genau wie die Marktmacht der potentiellen Neuaktionäre

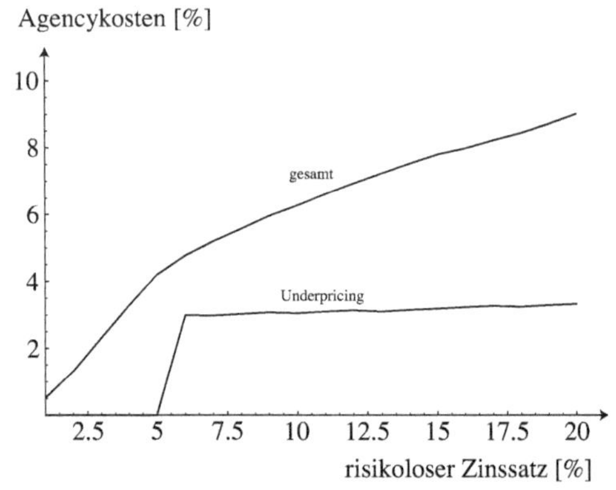

Abbildung 5.16: Agencykosten der unvollständigen Information für verschiedene risikolose Zinssätze

keinen Einfluss auf den Wert des Unternehmens bei vollständiger Information haben, ist auch hier wieder alleine das Wertverhalten des Unternehmens bei unvollständiger Information für das Verhalten der Agencykosten verantwortlich. Wie bereits in Abschnitt 5.2 beschrieben, sinkt der Wert des optimal verschuldeten Unternehmens bei steigenden Prüfkosten auf den Wert des ansonsten identischen unverschuldeten Unternehmens und verweilt dort, da die Eigentümer bei weiter steigenden Prüfkosten auf eine Verschuldung des Unternehmens verzichten. Entsprechend steigen die Agencykosten auf die Differenz zwischen dem Wert des optimal verschuldeten Unternehmens bei vollständiger Information und dem Wert des unverschuldeten Unternehmens. Mit steigenden Prüfkosten sinken zudem die Kosten des Underpricings leicht wegen der steigenden Ausfallwahrscheinlichkeit, um schließlich an der Stelle auf null zu fallen, an der sich die Eigentümer entscheiden, das Unternehmen optimalerweise unverschuldet zu belassen.

Bei der Variation des risikolosen Zinssatzes in Abschnitt 5.2 haben wir gesehen, dass die Eigentümer des Unternehmens es bei unvollständiger Information und niedrigen risikolosen Zinssätzen auch hier vorziehen, das Unternehmen unverschuldet zu belassen. Da der Wert des optimal verschuldeten Unternehmens somit bei unvollständiger Information erst gar nicht und dann weniger stark auf eine Erhöhung des risikolosen Zinssatzes reagiert als der Wert des entsprechenden Unternehmens bei vollständiger Information[23], steigen die Agencykosten in Abbildung 5.16. Die Kosten des Underpricings steigen leicht mit dem

[23] Vgl. Abbildung 5.8 auf Seite 172.

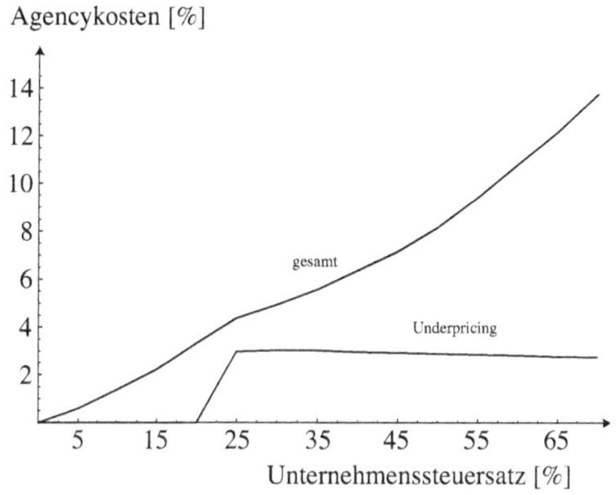

Abbildung 5.17: Agencykosten der unvollständigen Information für verschiedene Unternehmenssteuersätze

risikolosen Zinssatz, was zum einen darauf zurückzuführen ist, dass mit steigender Drift des Unternehmenswertprozesses die Wahrscheinlichkeit eines Ausfalls des Unternehmens sinkt und ein Underpricing entsprechend im Erwartungswert häufiger stattfinden wird. Zum anderen steigt mit der Drift der erwartete Wert des Unternehmens in der Zukunft, was die erwartete Höhe des Underpricings in allen zukünftigen Perioden erhöht. Insgesamt sinkt jedoch der Anteil des Underpricings an den gesamten Agencykosten bei steigendem risikolosen Zinssatz[24]. Dies weist darauf hin, dass die Agencykosten insbesondere durch die nicht realisierten Steuerersparnisse verursacht werden, die dem Unternehmen bei unvollständiger Information aufgrund des geringeren Verschuldungsgrades entgehen[25]. Diese werden bei steigender Drift des Unternehmenswertprozesses zunehmend sicher und führen so zu einem steigenden Wertunterschied der Unternehmen bei vollständiger und unvollständiger Information.

Das Verhalten der Agencykosten bei komparativ statischer Variation des Unternehmenssteuersatzes zeigt Abbildung 5.17. Ähnlich wie im Fall des risikolosen Zinssatzes zeigt sich auch hier, dass die Agencykosten mit steigendem Steuersatz zunehmen und Kosten des Underpricings erst bei deutlich positiven Unternehmenssteuersätzen anfallen, da die

[24] Betrachtet wird an dieser Stelle nur der Abschnitt, in dem das Unternehmen sowohl bei vollständiger als auch bei unvollständiger Information einen positiven Verschuldungsgrad aufweist.

[25] Wäre der Unterschied hauptsächlich durch den zusätzlich möglichen Ausfall aufgrund von Zahlungsunfähigkeit verursacht, würde der Effekt in die entgegengesetzte Richtung wirken, da mit steigender Drift des Unternehmenswertprozesses die Wahrscheinlichkeit eines Ausfalls durch Zahlungsunfähigkeit sinkt.

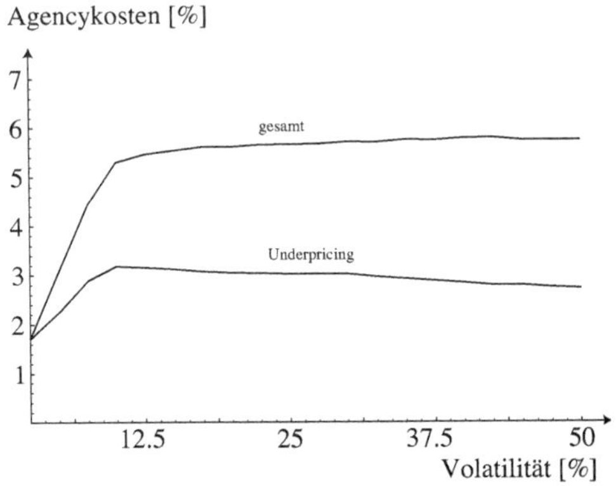

Abbildung 5.18: Agencykosten der unvollständigen Information für verschiedene Volatilitäten des Unternehmenswertprozesses

Eigentümer bei niedrigen Steuersätzen auf eine Emission von Fremdkapital verzichten. Bei einem Steuersatz von null besteht für die Eigentümer des Unternehmens sowohl bei vollständiger als auch bei unvollständiger Information kein Anreiz zur Verschuldung und es entstehen entsprechend auch keine Agencykosten. Auffällig ist, dass die gesamten Kosten der unvollständigen Information überlinear im Steuersatz wachsen, was insbesondere darauf zurückzuführen sein sollte, dass die Eigentümer bei vollständiger Information die steigenden Vorteile der Fremdfinanzierung mit Hilfe höherer Verschuldungsgrade[26] besser nutzen können, als dies im Fall von unvollständiger Information möglich ist. Darüber hinaus ist auffällig, dass die Kosten des Underpricings mit steigenden Unternehmenssteuersätzen sinken. Der Grund hierfür ist wiederum der steigende Verschuldungsgrad, der den Wert des Eigenkapitals des verschuldeten Unternehmens sinken lässt und somit zu geringeren Kosten des Underpricings führt.

Der letzte zu betrachtende Fall betrifft die Variation der Volatilität des Unternehmenswertprozesses. Wie wir bereits in Abbildung 5.11 gesehen haben, sinkt der Wert des Unternehmens bei steigender Volatilität sowohl bei vollständiger als auch bei unvollständiger Information. Der Rückgang der Unternehmenswerte ist hierbei in beiden Fällen beschränkt, weshalb auch die Kosten der unvollständigen Information beschränkt sind, wie Abbildung 5.18 zeigt. Auf den ersten Blick erstaunlich erscheint das Verhalten der Kosten des Underpricings, die zunächst stark ansteigen, um danach ein Maximum zu

[26] Vgl. Abbildung 5.10 auf Seite 174.

erreichen und wieder zu fallen. Dieses Verhalten lässt sich auch hier wieder mit der optimalen Kapitalstruktur des Unternehmens erklären. Bei sehr niedriger Volatilität besteht für das Unternehmen ein hoher Anreiz Fremdkapital zu emittieren, um relativ risikolos die damit verbundenen Steuervorteile realisieren zu können. Der Wert des Eigenkapitals des verschuldeten Unternehmens ist entsprechend niedrig und der Barwert des Underpricings, der vom Wert des Eigenkapitals abhängt, gering. Mit steigender Volatilität des Unternehmenswertprozesses wird die Emission von Fremdkapital aufgrund des gestiegenen Risikos unattraktiver und der optimale Verschuldungsgrad sinkt. Dies führt dazu, dass der Wert des Eigenkapitals des verschuldeten Unternehmens steigt, obwohl der Wert des verschuldeten Unternehmens sinkt. In der Folge steigen die Kosten des Underpricings mit dem steigenden Wert des Eigenkapitals. Bei weiter steigender Volatilität stagniert der Wert des Eigenkapitals, da sowohl der Wert des verschuldeten Unternehmens als auch der optimale Verschuldungsgrad stagnieren. Die weiterhin steigende Ausfallwahrscheinlichkeit des Unternehmens führt dann dazu, dass das Underpricing im Erwartungswert weniger häufig anfällt und der Barwert des Underpricings sinkt.

Kapitel 6

Schlußbemerkungen

In der vorliegenden Arbeit gelingt es mit Hilfe unvollständiger Information, in einem Strukturmodell die Zahlungsunfähigkeit eines Unternehmens unabhängig von gleichzeitiger Überschuldung abzubilden. Zahlungsunfähigkeit tritt ein, weil sich unvollständig informierte Outsider auf Basis öffentlicher Informationen entscheiden, an der angestrebten Kapitalerhöhung des Unternehmens nicht teilzunehmen. Die Wahrscheinlichkeit eines Ausfalls durch Zahlungsunfähigkeit ergibt sich hierbei endogen und beeinflusst den Wert der Ansprüche gegen das Unternehmen. Dieser Zusammenhang erlaubt es, den Effekt unterschiedlicher Grade von Informationsunsicherheit auf den Wert des Unternehmens zu untersuchen und eine optimale Kapitalstruktur bei unvollständiger Information zu ermitteln. Hieraus lassen sich durch einen Vergleich mit einem entsprechenden Unternehmen bei vollständiger Information die Kosten der unvollständigen Information errechnen. Unser Modell liefert eine Erklärung für die Notwendigkeit eines Underpricings von Neuemissionen und quantifiziert den Barwert der dem Unternehmen dadurch entstehenden Kosten.

Es zeigt sich, dass bei einer gegebenen Kapitalstruktur die Risikoaufschläge bei unvollständiger Information wegen des zusätzlich möglichen Ausfalls durch reine Zahlungsunfähigkeit stets höher und die Unternehmenswerte stets niedriger sind als bei vollständiger Information. Während dieser Zusammenhang für den Unternehmenswert auch bei optimaler Kapitalstruktur erhalten bleibt, zeigt sich, dass dies nicht für die Risikoprämie des Fremdkapitalanspruchs gilt. Die unvollständige Information führt zu erheblich geringeren optimalen Verschuldungsgraden die wiederum dazu führen, dass das Risiko des Fremdkapitalanspruchs bei unvollständiger Information in der Regel geringer ist als bei vollständiger Information.

Während die Ergebnisse der Bewertung im Sekundärmarkt stark von der unterstellten Bilanzinformation abhängen, zeigt sich, dass unvollständige Information in der hier modellierten Art und Weise nicht geeignet ist, die den Strukturmodellen eigene kurzfristige Risikolosigkeit im Primärmarkt zu beheben. Dies gilt sowohl für unser Modell als auch für das Referenzmodell von Duffie/Lando (2001) und legt die in der jüngeren empirischen Literatur[1] häufig geäußerte Vermutung nahe, dass es insbesondere am kurzen Laufzeitende und bei hoch gerateten Bonds andere Effekte sind, wie z.B. Liquidität, Zinsrisiko oder die steuerliche Besserstellung von Staatsanleihen gegenüber Unternehmensanleihen (in den USA), die eine wichtige Rolle spielen.

Empirische Unterstützung erfährt sowohl unser Modell als auch das Referenzmodell von Duffie/Lando (2001) durch die empirische Studie von Yu (2005). Der Autor findet, dass Risikoprämien von Fremdkapital im Sekundärmarkt bei gegebener Kapitalstruktur mit zunehmender Informationsunsicherheit steigen und dieser Effekt am kurzen Laufzeitende besonders ausgeprägt ist.

Mögliche Erweiterungen des hier vorgestellten Modells könnten versuchen, die genannten Effekte zu integrieren um realistischere Risikoprämien auch bei der Primärmarktbewertung zu erreichen. Ebenso denkbar wäre es, statt unvollständiger Information asymmetrische Information zu berücksichtigen und strategische Spiele zwischen den beteiligten Parteien zuzulassen. Wünschenswert wäre es darüber hinaus, ein (möglicherweise vereinfachtes) Modell mit unvollständiger oder asymmetrischer Information zu entwickeln, das sich geschlossen lösen lässt, und so allgemeingültige Aussagen zur komparativen Statik ermöglicht. Ein solches Modell ließe sich dann unter Umständen empirisch validieren. Da alle diese Fragen im Rahmen der vorliegenden Arbeit nicht adressiert werden konnten, müssen sie für zukünftige Forschungsprojekte verbleiben.

[1] Vgl z.B. Eom/Helwege/Huang (2004), Delianedis/Geske (2001) oder Covitz/Downing (2002).

Literaturverzeichnis

[1] **Aggrawal, R. K., Krigman, L., Womack, K. L.**, 2002, "Strategic IPO Underpricing, Information Momentum, and Lockup Expiration Selling," *Journal of Financial Economics,* **66**, 105–137.

[2] **Allen, F., Faulhaber, G.**, 1989, "Signalling by Underpricing in the IPO Market," *Journal of Financial Economics,* **23**, 303–323.

[3] **Altman, E.**, 1998, "Market Dynamics and Investment Performance of Distressed and Defaulted Debt Securities," *Working Paper, NY University.*

[4] **Ammann, M.**, 2001, "Credit Risk Valuation" *Springer,* Berlin, 2. Auflage.

[5] **Anderson, R., Sundaresan, S. M.**, 1996, "Design and Valuation of Debt Contracts," *Review of Financial Studies,* **9**, 37–68.

[6] **Andrade, G., Kaplan, S.**, 1998, "How Costly is Financial (Not Economic) Distress? Evidence from Highly Leveraged Transaktions that Became Distressed," *Journal of Finance,* **53**, 1443–1493.

[7] **Baron, D. P.**, 1982, "A Model of the Demand for Investment Banking Advising and Distribution Services for New Issues," *Journal of Finance,* **37**, 955–976.

[8] **Black, F., Cox, J. C.**, 1976, "Valuing Corporate Securities: Some Effects of Bond Indenture Provisions," *Journal of Finance,* **31**, 351–367.

[9] **Black, F., Scholes, M.**, 1973, "The Pricing of Options and Corporate Liabilities," *Journal of Political Economy,* **81**, 637–654.

[10] **Bork, R.**, 1998, "Einführung in das neue Insolvenzrecht," *2. Auflage, Hamburg.*

[11] **Brennan, M. J., Schwartz, E. S.**, 1978, "Corporate Income Taxes, Valuation, and the Problem of Optimal Capital Structure," *Journal of Business,* **51**, 103–114.

[12] **Brennan, M. J., Schwartz, E. S.**, 1980, "Analyzing Convertible Bonds," *Journal of Financial and Quantitative Analysis,* **15**, 907–929.

[13] **Brennan, M. J., Schwartz, E. S.**, 1985, "Evaluating Natural Resource Investments," *Journal of Business,* **58**, 135–157.

[14] **Bühler, W., Sauerbier, P.**, 2005, "Modeling Illiquid Securities: A Survey," *Working Paper, Universität Mannheim.*

[15] **Bühler, W., Thabe, T.**, 2004, "Bewertung von Anleihen bei potentieller Zahlungsunfähigkeit," in: Bank, M., Schiller, B. (Hrsg.), *Finanzintermediation.*

[16] **Cathcart, L., El-Jahel, L.**, 2002, "Defaultable Bonds and Default Correlation," *Working Paper, Imperial College, London.*

[17] **Cathcart, L., El-Jahel, L.**, 2003, "Semi-Analytical Pricing of Defaultable Bonds in a Signalling Jump-Default Model ," *Journal of Computational Finance,* **6**, 91–108.

[18] **Chemmanur, T. J.**, 1993, "The Pricing of Initial Public Offerings: A Dynamic Model with Information Production," *Journal of Finance,* **48**, 285–304.

[19] **Covitz, D., Downing, C.**, 2002,"Insolvency or liquidity squeeze? Explaining very short- term corporate yield spreads," *Working Paper, Federal Reserve Board.*

[20] **Cox, J., Ingersoll, J., Ross, S.**, 1985, "A Theory of the Term Structure of Interest Rates," *Econometrica,* **53**, 385–408.

[21] **Dangl, H., Zechner, J.**, 2004, "Voluntary Debt Reductions," *Working Paper, Universität Wien.*

[22] **Delianedis, G., Geske, R.**, 2001,"The components of corporate credit spreads: Default, recovery, tax, jumps, liquidity, and market factors," *Working Paper, University of California, Los Angeles.*

[23] **Drukarczyk, J., Schüler, A.**, 1997, "Zahlungsunfähigkeit, drohende Zahlungsunfähigkeit und Überschuldung als Insolvenzauslöser," in *Kölner Schrift zur Insolvenzordnung,* Hrsg. Arbeitskreis für Insolvenz- und Schiedsgerichtswesen e.V. Köln, Herne, Berlin, 57-95.

[24] **Duffie, D., Singleton, K. J.**, 1999, "Modeling Term Structures of Defaultable Bonds," *Review of Finacial Studies,* **12**, 687–720.

[25] **Duffie, D., Lando, D.**, 2001, "On the Pricing of Corporate Debt: The Risk Structure on Interest Rates," *Journal of Finance,* **29**, 449–470.

[26] **Eom, Y., Helwege, J., Huang, J.**, 2004,"Structural models of corporate bond pricing: An empirical analysis," *Review of Financial Studies,* **17**, 499–544.

[27] **Ericsson, J., Reneby, J.**, 1999, "A Note on Contingent Claims Pricing with Non-Traded Assets," *Working Paper, McGill University, Montreal.*

[28] **Fan, H., Sundaresan, S. M.**, 2000, "Debt Valuation, Strategic debt service and optimal dividend policy," *Review of Financial Studies,* **13**, 1057–1099.

[29] **Fischer, E., Heinkel, R., Zechner, J.**, 1989, "Dynamic Capital Structure Choice: Theory and Tests," *Journal of Finance,* **44**, 19–40.

[30] **Franks, J., Torous, W.**, 1989, "An Empirical Investigation of U.S. Firms in Reorganization," *Journal of Finance,* **44**, 747–769.

[31] **Gebhard, G., Mansch, H.**, 2001, "Risikomanagement und Risikocontrolling in Industrie- und Handelsunternehmen," *ZfbF Sonderheft,* **46**.

[32] **Geske, R.**, 1977, "The Valuation of Corporate Liabilities as Compound Options," *Journal of Financial and Quantitative Analysis,* **18**, 21–30.

[33] **Giesecke, K.**, 2001, "Default Compensator, Incomplete Information, and the Term Structure of Credit Spreads," *Working Paper, Humbold Universität zu Berlin.*

[34] **Giesecke, K.**, 2002, "Credit Risk Modeling and Valuation: An Introduction," *Working Paper, Cornell University.*

[35] **Giesecke, K., Goldberg, L.**, 2003, "Forecasting Default in the Face of Uncertainty," *Working Paper, Cornell University and Barra Inc..*

[36] **Goldstein, R., Ju, N., Leland, H.**, 2001, "An EBIT-Based Model of Dynamic Capital Structure," *Journal of Business,* **74**, 483–512.

[37] **Grinblatt, M., Hwang, C. H.**, 1989, "Signalling and the Pricing of New Issues," *Journal of Finance,* **44**, 393–420.

[38] **Groß, P., Amen, M.**, 2002, "Die Fortbestehensprognose – Rechtliche Anforderungen und ihre betriebswirtschaftlichen Grundlagen," *Die Wirtschaftsprüfung,* **55**, 225–240.

[39] **Gutenberg, E.** 1980, *Grundlagen der Betriebswirtschaftslehre, Bd. 3 Finanzen,* Springer Verlag, Berlin, Heidelberg, New York.

[40] **Hakenes, H., Nevries, P.,** 2002, "Underpricing Initial Public Offerings due to the Value Increasing Publicity Effect," *Working Paper, Westfälische Wilhelms-Universität Münster.*

[41] **Harris, M., Raviv, A.,** 1991, "The Theory of Capital Structure," *Journal of Finance,* **46**, 297–355.

[42] **Haugen, R., Senbet, L.,** 1978, "The Insignificance of Bankruptcy Costs to the Theory of Optimal Capital Structure," *Journal of Finance,* **33**, 383–393.

[43] **Heath, D., Jarrow, R., Morton, A.,** 1992, "Bond Pricing and the Term Strucure of Interest Rates: A new Methodology for Contingent Claims Valuation," *Econometrica,* **60**, 77–105.

[44] **Hilberink, B., Rogers, L.,** 2002, "Optimal Capital Structure and Endogenous Default," *Finance and Stochastics* **6**, 237–263.

[45] **Ho, T., Lee, S.,** 1986, "Term Structure Movements and Pricing Interest Rate Contingent Claims," *Journal of Finance,* **41**, 1011–1029.

[46] **Huang, J., Huang, M.,** 2002, "How Much of the Corporate-Treasury Yield Spread is Due to Credit Risk?," *Working Paper, Stanford University.*

[47] **Hull, J.,** 1997, "Options, Futures, and other Derivatives" *Prentice Hall,* N.Y., 3. Auflage.

[48] **Hull, J., White, A.,** 1990, "Pricing Interest Rate Sensitive Securities," *Review of Financial Studies,* **3**, 573–592.

[49] **Jarrow, R., Turnbull, S. M.,** 1995, "Pricing Derivatives on Financial Securities Subject to Credit Risk," *Journal of Finance,* **50**, 53–86.

[50] **Jarrow, R., Lando, D., Turnbull, S. M.,** 1997, "A Markov Model of the Term Structure of Credit Risk Spreads," *Review of Financial Studies,* **10**, 481–523.

[51] **Jensen, M., Meckling, W.,** 1976, "Theory of the Firm: Managerial Behaviour, Agency Costs, and Ownership Structure," *Journal of Financial Economics,* **4**, 305–360.

[52] **Jones, P., Mason, S., Rosenfeld, E.** 1984, "Contingent Claims Analysis of Corporate Capital Structures: An Empirical Investigation," *Journal of Finance,* **39**, 611–625.

[53] **Jostarndt, P.,** 2006, "Of bail-outs and Bankruptcies. A Study of Distressed Debt Restructurings in Germany," *Working Paper, Munich School of Management.*

[54] **Kim, J., Ramaswamy, K., Sundaresan, S.,** 1993, "Does Default Risk in Coupons Affect the Valuation of Corporate Bonds? A Contingent Claims Model," *Financial Management,* **22**, 117–131.

[55] **Kochheim, D.,** 1998, "Die Prüfung der Zahlungsunfähigkeit und der Überschuldung nach der neuen Insolvenzordnung," *Working Paper.*

[56] **Korn, O.,** 2004, "Liquidity Risk and Hedging Decisions," *Zeitschrift für Betriebswirtschaft,***74**, 837–857.

[57] **Koziol, C., Thabe, T.,** 2005, "Streben Unternehmen nach ihrem optimalen Rating? Theorie und Evidenz vom deutschen Kapitalmarkt," *Zeitschrift für Betriebswirtschaft,***75**, 919–946.

[58] **Kraus, A., Litzenberger, R.,** 1973, "A State Preference Theory of Optimal Financial Leverage," *Journal of Finance,* **28**, 911–922.

[59] **Leland, H.,** 1994, "Corporate Debt Value, Bond Covenants, and optimal Capital Structure," *Journal of Finance,* **49**, 1213–1252.

[60] **Leland, H.,** 1994b, "Bond Prices, Yield Spreads and Optimal Capital Structure with Default risk," *Working Paper, University of California, Berkeley.*

[61] **Leland, H.,** 1998, "Agency Costs, Risk Management, and Capital Structure," *Journal of Finance,* **53**, 1213–1252.

[62] **Leland, H,** 2002, "Predictions of Expected Default Frequencies in Structural Models of Debt," *Working Paper, University of California, Berkeley.*

[63] **Leland, H., Pyle, D.** 1977, "Informational Asymmetries, Financial Structure, and Financial Intermediation," *Journal of Finance,* **32**, 371–387.

[64] **Leland, H., Toft, K.** 1996, "Optimal Capital Structure, Endogenous Bankruptcy, and the Term Structure of Credit Spreads," *Journal of Finance,* **51**, 987–1019.

[65] **Logue, D. E.**, 1973, "On the Pricing of Unseasoned Equity Issues: 1965-1969," *Journal of Finance,* **8**, 91–103.

[66] **Longstaff, F., Schwartz, E.**, 1995, "A Simple Approach to Valuing Risky Fixed and Floating Rate Debt," *Journal of Finance,* **50**, 789–819.

[67] **Madan, D., Unal, H.**, 2000, "A two Factor Hazard Rate Model for Princing Risky Debt and the Term Structure of Credit Spreads," *Journal of Financial and Quantitative Analysis,* **35**, 43–65.

[68] **Mella-Barral, P.**, 1999, "The Dynamics of Default and Debt Reorganization," *Review of Financial Studies,* **12**, 535–578.

[69] **Mella-Barral, P., Perraudin, W.**, 1997, "Strategig Debt Service," *Journal of Finance,* **52**, 531–556.

[70] **Mello, A., Parsons, J.**, 1992, "Measuring the Agency Costs of Debt," *Journal of Finance,* **47**, 1887–1904.

[71] **Merton, R. C.**, 1974, "On the Pricing of Corporate Debt: The Risk Structure on Interest Rates," *Journal of Finance,* **29**, 449–470.

[72] **Modigliani, F., Miller, M.**, 1958, "The Cost of Capital, Corporation Finance, and the Theory of Investment," *American Economic Review,* **48**, 261–297.

[73] **Modigliani, F., Miller, M.**, 1963, "Corporate Income Taxes and the Cost of Capital: A Correction," *American Economic Review,* **53**, 433–443.

[74] **Myers, S., Majluf, N.**, 1984, "Corporate Financing and Investment Decisions When Firms have Information that Investors do not Have," *Journal of Financial Economics,* **13**, 187–221.

[75] **Rock, K.**, 1986, "Why new Issues are Underpriced," *Journal of Financial Economics,* **15**, 187–212.

[76] **Ross, S.**, 1977, "The Determination of Financial Structure: The Incentive-Signalling Approach," *Bell Journal of Economics,* **8**, 23–40.

[77] **Schönbucher, P.**, 2003, "Credit Derivatives Pricing models" *Wiley,* Chichester.

[78] **Tinic, S. M.**, 1988, "Anatomy of Initial Public Offerings of Common Stock," *Journal of Finance,* **43**, 789–822.

[79] **Uhrig-Homburg, M.**, 2001, "Fremdkapitalkosten, Bonitätsrisiken und optimale Kapitalstruktur," *Habilitationsschrift, Universität Mannheim.*

[80] **Uhrig-Homburg, M.**, 2002, "Valuation of Defaultable Claims- A Survey," *Schmalenbach Business Review,* **54**, 24–57.

[81] **Vasicek, O.**, 1977, "An Equilibrium Characterization of the Term Structure," *Journal of Financial Economics,* **5**, 177–188.

[82] **Welch, I.**, 1989, "Seasoned Offerings, Imitation Costs, and the Underpricing of Initial Public Offerings," *Journal of Finance,* **44**, 421–449.

[83] **Yu, F.**, 2005, "Accounting transparency and the term structure of credit spreads," *Journal of Financial Economics,* **75**, 53–84.

[84] **Zhou, C.**, 2001, "The Term Structure of Credit Spreads with Jumps," *Journal of Banking and Finance,* **25**, 2015–2040.

FSC
www.fsc.org
MIX
Papier | Fördert
gute Waldnutzung
FSC® C083411

Kolibri 360 GmbH
Ferdinand-Jühlke-Straße 7
99095 Erfurt, Deutschland
produktsicherheit@kolibri360.de